京都の産物

献上・名物・土産

東　昇

臨川書店

まえがき

舞鶴を訪ねると、万願寺甘とうを購入し、おいしくいただきます。万願寺甘とうは、舞鶴市万願寺発祥の万願寺とうがらしの最上品です。万願寺とうがらしは、一九八八年「京の伝統野菜」（京都府農林水産部）の「京の伝統野菜に準じる野菜」に、一九八九年「京のブランド産品」（公益社団法人京のふるさと産品協会）の第一号となりました。万願寺とうがらしは、舞鶴以外でも栽培されていますが、万願寺甘とうは舞鶴市・綾部市・福知山市の限られた農家だけで生産されています。

この万願寺甘とうは、二〇一七年京都府内ではじめて、農林水産省が設定する地理的表示（ＧＩ）保護制度に登録されました。そのＧＩとは「地域で長年培われた生産方法や気候・風土・土壌などの生産地の特性により、高い品質と評価を獲得した産品を国が知的財産として認定・保護する制度」と定義されています。二〇一五年六月の制度開始以来、全国で一二三産品も登録されていますが、京都府はいまだ「万願寺甘とう」のみです（二〇二三年一月現在）。

この地名（万願寺）＋産物（とうがらし）の組み合わせは、伏見とうがらし、鷹ヶ峰とうがらしなど、現在の京都でもたくさんあります。実は、すでに室町時代成立の『庭訓往来』に、鞍馬木芽漬・東山蕪・淀鯉等と地名＋産物は登場し、特に近世以降に増加します。本書の枠組みの一つは、まず、地名に表される地域と産物を軸にしています。例えば、雲ヶ畑の鮎、舞鶴（田辺藩）の鰤・鯵・桐油、天橋立の智恵の餅、京の松茸、青谷の梅、宇治の喜撰糖などです。それぞれの地域と産物の関わりを史料に即してみていきます。

また、京都の産物をみていくもう一つの枠組みとして、「献上・名物・土産」をあてはめてみました。これは、近世における伊予大洲藩の産物の特徴を浮かび上がらせる方法として考えたものです。現在の愛媛県にあった大洲藩の産物は、藩主が将軍に献上する時献上（鮎・蕨粉・串海鼠）、幕閣への進上（伊予簾）、領民（庄屋）から藩の台所への献上（柿・蜜柑など）、名物として領外へ販売する専売品（和紙・焼物・蝋）と区分されていました。

そして、この献上や名物の基盤になったのが、各村で生産される「土産《どさん》」です。「土産」には、①その土地の産物、②みやげ、という二つの意味がありますが、ここでは①の意味です。全国各藩からの将軍への時献上も、享保七年（一七二二）幕法により「領内土産物」と領国内の産物に限定され、藩では献上品となる産物を統制・保護する動きがでます。大洲藩の時献上の鮎も鮎目付がおかれ、禁猟期間が設けられるなど管理されています。一方で、一八世紀中期、領内一四か村（藩領全体の約一割）で鮎が土産と記録され、肱川という伊予で一番大きな河川の支流も含め領内各地で捕獲されていました。しかし、鮎は時献上のみで利用され、他の産物との差があり領内では「献上・名物・土産」の階層認識があったといえます。

一方、京都は、近世から寺社参詣や名所めぐり、いわゆる「観光」の地であり、みやげとしての「土産」もあります。三都や全国の城下町、門前町・宿場町などではみやげも多く、本書では土産に二つの意味を含んでいます。

大洲藩は、私の出身地、愛媛県大洲市を中心とした藩であり、現在では鮎を名物とし、鮎を捕獲する鵜飼いも観光として売り出されています。「献上・名物・土産」という枠組みは、近世・近代という時代の特徴的なものです。もちろん、現在でも名物や土産はあり、各地に行幸啓する皇族に対し産物を献上する場合もあります。このように地域の産物には歴史があり、現在につながるものもたくさん存在します。本書では、九章にわたり京都（京都府全域）内の各地域を軸に、「献上・名物・土産」という枠組みから、各産物の歴史をみていきます。

・「万願寺甘とう」WEB、JA京都にのくに
・東昇「日本近世における産物記録と土産・名物・時献上―伊予大洲藩の伊予簾と鮎―」『洛北史学』一二、二〇一〇

目次

II　名物　109

I 献上

1章 近世雲ヶ畑の鮎と朝廷への御用

はじめに

近世、京の名物の一つに鮎がありました。今も夏の風物ですが、この鮎は朝廷へも献上され、天皇他公家などが賞味していました。この鮎献上について、数多くの史料が残る京都市の雲ヶ畑の事例を紹介していきます。まず、京の名物としての鮎漁や鯖鮎、宇治の汲鮎など概観します。つぎに、鮎の名所雲ヶ畑が、上皇の所領、仙洞御料であり、御用・御留川に指定されていたこと、一八世紀の鮎御用の断絶と網料や下行米、生業である木柴の運送路との関係を考えます。最後に、幕末から明治にかけての鮎献上の減少と負担の増加、明治新政府への政権交代への対応から、近世を通じた雲ヶ畑の鮎献上の変遷と変化をみていきます。

1 京都の鮎

鮎を捕る 汲鮎・捍網・扇網・簗

近世の京都の鮎について、もっとも詳しい史料は、延宝四年（一六七六）に完成した『日次紀事《ひなみきじ》』です。著者は安芸国（広島県）出身の医者黒川道祐で、山城国初の総合地誌『雍州府志《ようしゅうふし》』も編纂しています。『日次紀事』は、当時の京都の朝廷や庶民の年中行事・風物の解説書であり、正月から月日別にまとめられています。

鮎は、三月、嵯峨大井川で木杓を使って捕る斟鮎（汲鮎）が行われます。新秋になって簗を設置し網で捕るのを落鮎といいます。汲鮎とは、鮎が川上へ登る際に網に追い込んで柄杓や叉手《さで》ですくいとることです。六月、天皇の所領である禁裏御料の高野村の住人が毎日鮎を禁裏に献上し、その運送には村中の寡婦が交代で勤めます。また賀茂川・高野川・八瀬川・嵯峨・大井川・梅津・桂川・吉祥院村・鳥羽・淀川・宇治川の各地で、捍《さで》網や扇網、簗を設けて鮎を捕ります。その他、夜には松明を灯して魚を驚かせて捕る夜振、鵜を放って捕る鵜飼もあります。賀茂川の鮎・鮠・鱒、大井川や丹波川の鮎は味がとても良く、大切な客のもてなしに利用していました。

錆鮎の変化

八月になりますと、鮎はやせて黒くなり、斑紋が出て刀の錆に似てきます。これを俗に錆びるといい、錆鮎は味も悪くなり食べられない、とあります。しかし、八〇年後の宝暦四年（一七五四）刊行の大坂の平瀬徹斎著『日本山海名物図会』では、同じ八月の「枯鮎《さびあゆ》」が、食用として紹介されます（図1）。図の解説には、鮎は春のはじめに海と川の間で生まれ、川を遡り成長し、八月から身にさびが生じ、その後、川上から下り海との境で子を産んで死ぬ、とあります。続いて、この八月の落鮎を捕るには、川の流れをせき止めて、真ん中を開けて竹の簀を敷き、その上に落ちてくる鮎を捕る魚簗《やな》を仕掛けます。鮎は人が音を立てると川底に沈んで動きませんので、魚簗で捕るためには人がいない

図１　「枯鮎」『日本山海名物図会』（国立国会図書館所蔵）

ように静かにすると捕れる、とあります。図にも魚簗の真ん中に落鮎が、それを見守っている二人が描かれています。『日次紀事』では、錆鮎を食べない、とありますが、『日本山海名物図会』では簗で捕り食するように変化しました。

宇治の鮎汲

安永九年（一七八〇）に刊行された京都のガイドブック『都名所図会』には、「宇治網代」として鮎汲の様子が描かれています（図2）。図上には、つぎのように解説されています。平安時代の「侍中群要《じちゅうぐんよう》」（朝廷の有職故実書）には、山城国宇治の御網代より毎日鮎を朝廷に献上していましたが、現在は行われていません。三月には鮎汲といって、宇治の平等院より一〇町（約一キロ）ばかり川上にある槇川の渡しのほとりで、人々は岩の肩

図2　「宇治網代」『都名所図会』（国立国会図書館所蔵）

にならんで、早瀬を登る若鮎を汲み上げ楽しんでいます。また、氷魚をとって毎年九月より一二月まで朝廷に献上していました、と室町時代の「花鳥余情」（「源氏物語」の注釈書）に書かれていた、とあります。図では左側の川で二人が網で鮎をすくい、真ん中の人物がざるに鮎を入れて客にみせています。客二人は串に刺したもの食べていますので、焼鮎ではないでしょうか。右側では、一人が酒をちろりに入れて燗の準備をし、一人が火吹き竹で鍋を温めています。当時の旅の記録に多い、鮎の吸物や汁ではないかと思います。このように、近世京都の鮎は、天皇から庶民まで食されていた名物であり風物でした。

2　雲ヶ畑の鮎御用

雲ヶ畑と車坂の鮎

鮎は、近世、徳川将軍に対して全国の多くの藩から時献上や多摩川の御菜鮎などが上納されていました。また、天皇に対して、京都近郊の高野（現京都市左京区）、雲ヶ畑（北区）、山国郷（右京区）などに鮎御用の記録が残っており、ここでは古文書の調査を進めてきた雲ヶ畑の鮎御用について詳しくみていきます。

雲ヶ畑は、京都市北部の西に位置する山間の集落で、木柴採取や材木生産など林業を主な生業としてきました。その歴史は古く、古代・中世には、小野山・小野庄に含まれたと考えられ、主殿寮《とのものりょう》といった朝廷の領地として、近世には小野郷に属し、上皇の仙洞御料として、明治・大正期には宮内省の御猟場として、ながく天皇・朝廷との繋がりの深い土地でした。近世の雲ヶ畑は、中畑村・出谷村・中津川村の三ヶ村で構成され、村高の合計は一〇〇石弱となり米の収穫量は少ない地域です。また、鴨川の源流に位置し、岩屋山志明院があることから、地理的にも由緒的にも源流といえる場所です（図3）。明治二二年（一八八九）頃の記録では、山林が全体の九九％を占めており、耕地はほんのわずかでした。行政の変遷は、明治七年二月に三ヶ村が合併して雲ヶ畑村となり、昭和二四年（一九四九）四月には京都市上京区に編入され、昭和三〇年九月北区となり現在に至っています。

雲ヶ畑の鮎は、まず正保二年（一六四五）刊行の俳諧書『毛吹草』に登場します。『毛吹草』には、洛中・洛外・山城あわせて四〇〇点もの産物が記され、魚類では「大井川鮎・モトキ（鮎もどき）・

図3　雲ヶ畑と小野郷（「山城国全図」部分　新修京都叢書23『古地図集』）

図４　惟喬親王関連の雌鳥社（『拾遺都名所図会』早稲田大学図書館所蔵）

谷川カジカ・車坂鮎・賀茂川鯇《ハヘ》・魚追《イシフシ》・ヲイカハ・伏見雑喉・淀川鯉《ニコイ》・サゴシ・名吉《ナヨシ》・宇治川小白魚《キスゴ》・魚水《ヒヲ》・鱸・鯉」と一五点もあります。

この内、「車坂鮎」が雲ヶ畑の鮎です。車坂とは、平安時代の清和天皇の兄惟喬《これたか》親王が、小野へ隠棲した際に乗ってきた車が急坂のため動かなくなった場所です（『山州名跡志』）。雲ヶ畑には車坂以外にも、雌鳥社など惟喬親王にまつわる伝承や史跡が数多く残されています（図４）。また、貞享元年（一六八四）刊行の『雍州府志』には、雲ヶ畑川の渓谷は夏場に魚が多く、村人が捕って京都に販売している、とあります。

小野郷と上皇の仙洞御料

雲ヶ畑を含む地域の名称である小野郷は、平安時代末の久安五年（一一四九）「壬生家文書」には主殿寮領と記されます。主殿寮とは宮内省に所属する役所で、天皇に関する輿・輦などの行幸用具、宮中調度品の帷帳、灯燭・薪炭など火関係、殿庭の清掃など、宮中雑事全般に関連する業務を担っていました。実際に永正六年（一五〇九）小野山供御人《くごにん》が禁裏へ松明を献上しています。また、鎌倉時代以降に成立した「年中行事抄」の五月四日には、禁裏殿舎に菖蒲を葺くとあります。この菖蒲葺は、小野郷全体の特定の家による役として近世も継続していきます。このように、平安時代末期から天

表1　近世の上皇一覧

上皇	開始	(西暦)	終了	(西暦)	御料年	除料年	天皇	御料石高
1 後陽成	慶長16.3.27	(1611)	元和3.8.26	(1617)	7		後水尾	慶長16年2000石
		(1617)		(1629)		13		
2 後水尾	寛永6.11.8	(1629)	慶安元頃	(1648)	20		明正・後光明	寛永7年2000石＋3000石、寛永11年3000石、計1万石
3 (明正)	寛永20.10.3	(1643)	元禄9.11.10	(1696)	43			宝永2年以前5000石(摂河現米)
		(1648)		(1663)		16		
後水尾	寛文3.1.26	(1663)	寛文9	(1669)	7		霊元	
4 後西	寛文3.1.26	(1663)	貞享2.2.22	(1685)	23			寛文3年5000石
		(1685)		(1687)		3		
5 霊元	貞享4.3.21	(1687)	元禄6.11.26	(1693)	7		東山	貞享4年7000石、宝永3年3000石、計1万石
		(1693)		(1709)		17		
6 東山	宝永6.6.21	(1709)	宝永6.12.17	(1709)	1		中御門	宝永6年7000石
霊元	宝永6.12.17	(1709)	享保2	(1717)	9		中御門	
		(1717)		(1735)		19		
7 中御門	享保20.3.21	(1735)	元文2.4.11	(1737)	3		桜町	享保20年1万石
		(1737)		(1747)		11		
8 桜町	延享4.5.2	(1747)	寛延3.4.23	(1750)	4		桃園	延享4年7000石
		(1750)		(1769)		20		
9 後桜町	明和7.11.24	(1770)	文化10.閏11.2	(1813)	44		桃園・光格	明和7年1万石
		(1813)		(1817)		5		
10 光格	文化14.3.22	(1817)	天保11.11.19	(1840)	24		仁孝	文化14年1万石
		(1840)		(1868)		29		

出典:『京都の歴史』5(平凡社、1972)、『皇室制度史料』太上天皇1(吉川弘文館、1978)他参照

霊元上皇御料　享保 14 年（1729）

	国	郡	村	石高(石)	旧高村高(石)	割合
1	山城	愛宕	一乗寺村	28.93	1868.803	2%
2	山城	愛宕	修学院村	272.143	872.143	31%
3	山城	愛宕	岩倉村	947.206	1904.91	50%
4	山城	愛宕	松ヶ崎村	299.25	1185.902	25%
5	山城	愛宕	西賀茂村	107.3974	1330.8	8%
6	山城	葛野	小野郷杉坂村	61.145	61.145	100%
7	山城	愛宕	同出谷村	18.646	18.646	100%
8	山城	愛宕	同中津川村	36.278	36.278	100%
9	山城	愛宕	同中畑村	44.197	44.197	100%
10	山城	葛野	同上村	118.065	118.823	99%
11	山城	葛野	同中村	167.174	167.174	100%
12	山城	葛野	同下村	64.616	64.574	100%
13	山城	葛野	同西河内村	198.81	198.81	100%
14	山城	葛野	同東河内村	178.075	178.075	100%
15	山城	葛野	同真弓村	110.224	110.224	100%
16	山城	葛野	川島村	403.26	1295.88	31%
17	山城	乙訓	浄谷村	58.859	58.859	100%
18	山城	乙訓	大原野村	45.62	671.202	7%
19	山城	乙訓	岩見上里村	23.437	760.735	3%
20	山城	久世	寺田村	2094.123	2939.321	71%
21	山城	綴喜	内里村	670.4604	1780.72	38%
22	山城	相楽	菱田村	150.9946	858.818	18%
23	山城	相楽	木津郷小寺村	200	712.807	28%
24	丹波	桑田		1798.813		
25	摂津	島下		1871.6606		
	合計			9969.384		

出典:「山城国高八郡村名帳」『京都の歴史』5(平凡社、1972)を修正・追加、明治初年「旧高旧領取調帳」(旧高)参照

表2　仙洞御料の村々

後水尾上皇御料　寛永11年(1634)

	国	郡	村	石高(石)
1	山城	葛野	小野之郷	998.029
2	山城	愛宕	修学院村	843.231
3	山城	愛宕	松ヶ崎村	50
4	山城	乙訓	大原野村	107.42
5	山城	久世	寺田村	2099.448
6	摂津	豊島	萱野之郷	1899.894
7	摂津	豊島	神田村	1038.001
8	摂津	川邊	小戸之庄	1692.752
9	摂津	豊島	木部村	89.913
10	摂津	豊島	新稲村	164.633
11	丹波	桑田	並河村	871.217
12	丹波	桑田	土田村	34.63
13	丹波	船井	千ヶ畑村	79.361
14	丹波	桑田	並河村新田	204.369
	合計			10172.898

出典:〔禁裡御料所〕『皇室制度史料』太上天皇1(吉川弘文館、1978)

皇・朝廷と関わり合いの深い地域であったことがうかがえます。

近世に入ると雲ヶ畑を含む小野郷一〇ヶ村は上皇の所領、仙洞御料になります。近世の上皇は、表1のように後陽成上皇から光格上皇まで一〇名存在しましたが、不在の場合も多く、天皇と違って不定、断続的でした。この仙洞御料は二千～一万石、一方天皇の所領である禁裏御料は三万石（一七世紀末以降）あり、三分一程の規模といえます。実際の支配は、禁裏御料と同じく、京都の幕府領を支配し朝廷関連の諸事を担当した、京都代官の小堀氏が担当していました。上皇不在の時には「除料」として幕府領に準じた支配となっており、上皇の在位に連動して常に対応できるような仕組みを維持しています。仙洞御料は山城を中心に丹波や摂津にも及んでいましたが、畿内近国特有の相給（他の所領、天皇・公家・寺社・旗本との複数支配）が多く、近世を通じて一貫して村全体が仙洞御料であったのは小野郷のみでした。表2のように、寛永一一年（一六三四）後水尾上皇、享保一四年（一七二九）霊元上皇の仙洞御料をみますと、一部が仙洞御料という村が多いことがわかります。

鮎の御用川と禁漁

この雲ヶ畑の鮎は、各村の史料によると、①漁猟場は鴨川の上流一里（四キロ）、上皇のいる仙洞御所へ毎年四月～八月中旬、毎日鮎を献上（「出谷村明細帳」）、②天皇の禁裏御所への御用鮎を獲る漁猟は毎年五月～八月（慶応四年（一八六八）四月「中津川村明細帳」）、③八月中は制札を立てて、毎日鮎を禁裏に献上（明治四四年（一九一一）『愛宕郡村志』）、とあります。図5の「中畑村絵図」（波多野六之丞家文書（以下同）七―五）には、集落の下に描かれる川の右端に「鮎の御用川」と記されています。

雲ヶ畑は、領主である上皇の仙洞だけではなく、天皇の禁裏にも春から夏にかけて御用鮎を献上し、禁漁区として制札を立てていました。この制札は村役人を勤めていた波多野家に現存しています。制札には「小野川筋此所より川上にて御用之外あゆとるへからさるもの也、未三月、小堀数馬」と墨書され、雲ヶ畑を管轄した京都代官小堀数馬が、小野川のこの場所から川上では鮎捕りを禁じる文言を記しています（図6）。この制札の禁漁は守られており、寛政一一年（一七九九）六月には、雲ヶ畑の

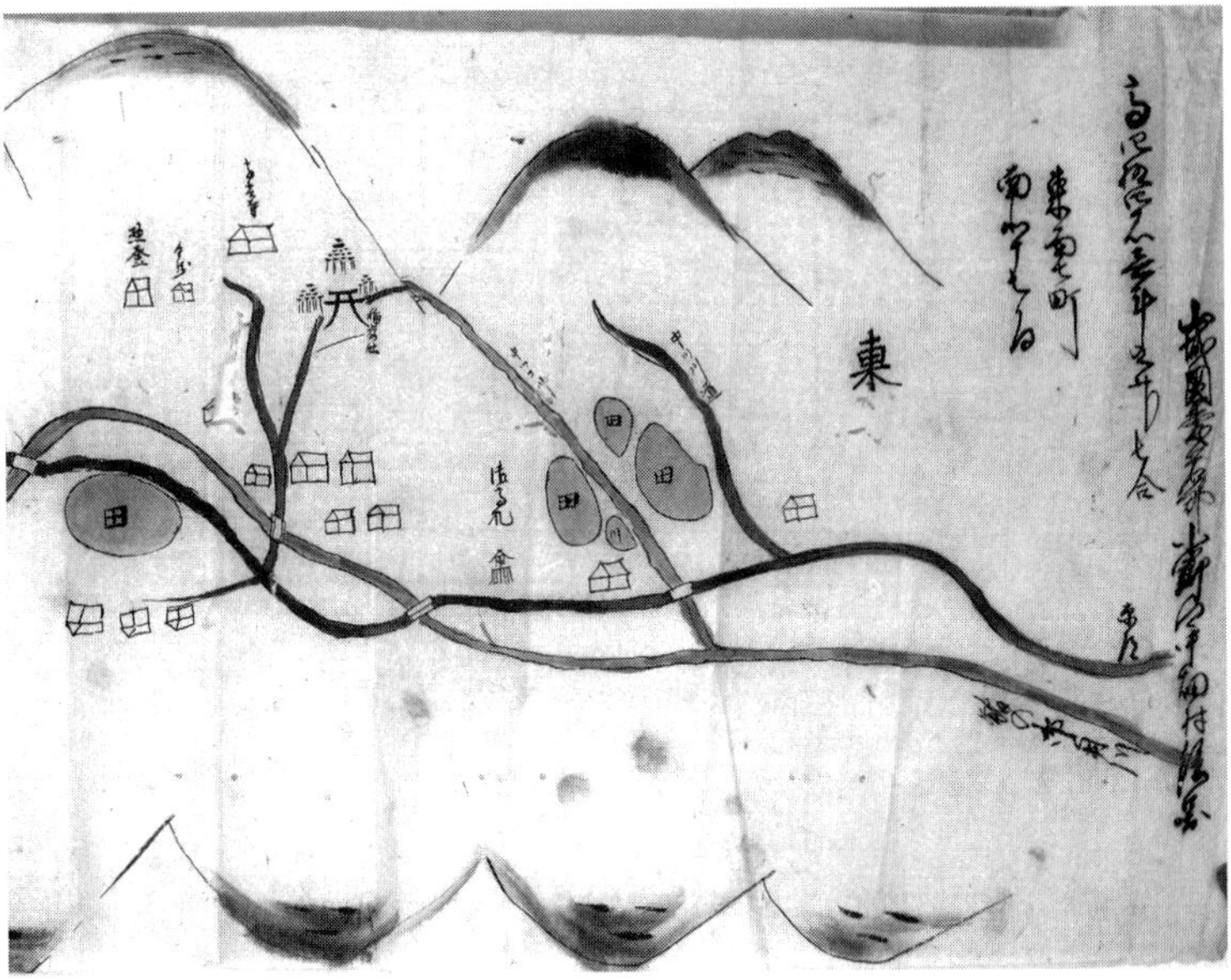

図5　雲ヶ畑の絵図と鮎の御用川（波多野六之丞家文書7—5「中畑村絵図」）

南、紫竹の鍵屋宗助と河崎屋庄兵衛が、御用川の禁漁場所へ立ち入り鮎漁をしたことが発覚し、雲ヶ畑に対して過失をわびる証文を提出しています（二―二四）。

　雲ヶ畑と同じく、京・洛中周辺の賀茂川・高瀬川・桂川でも禁漁区・期間がありました。安永五年（一七七六）六月の京に出された触では、御所の御用鮎のため、賀茂川は高野から小枝橋まで、高瀬川は伏見境まで、五月～八月の間、漁釣網が停止され、御用焼印のある提札（現在の鑑札）のない者は奉行所へ訴えられました（『京都町触集成』一三）。二〇年後の寛政八年（一七九六）五月、禁裏への御用鮎が不漁となったため禁漁期間を二月～八月と拡大し、また素人の漁が増加したため、再度禁漁を徹底していきます。四〇年後の天保六年（一八三五）二

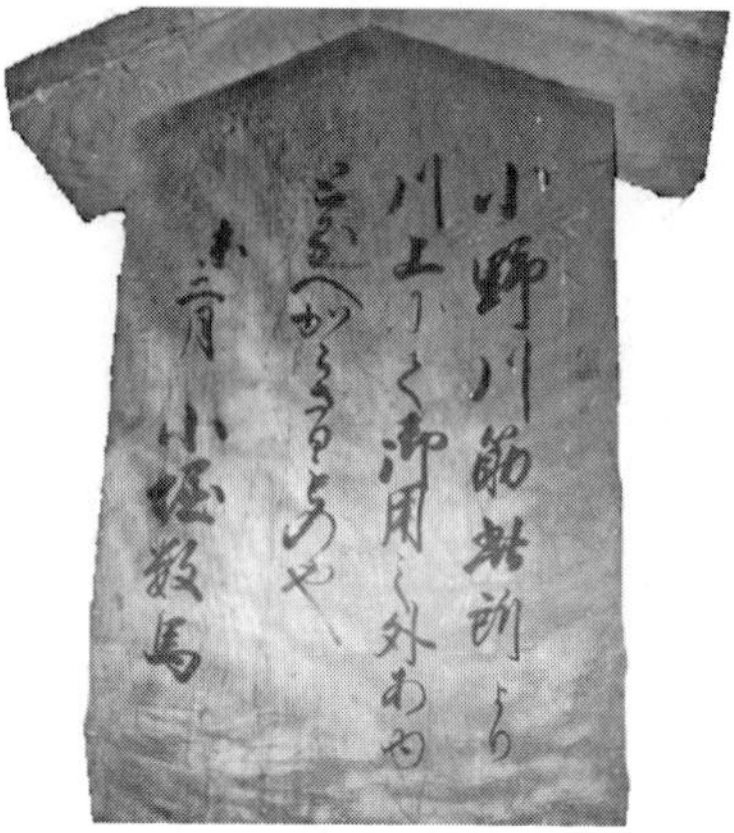

図６　雲ヶ畑の御用川の禁漁を記した制札
（波多野六之丞家文書）

月には、桂川の丹波境から淀川境まで禁漁区が拡大されました。さらに、文久三年（一八六三）西高瀬川が開削されますと、慶応元年（一八六五）四月には、御所の御用鮎調達のため、下嵯峨樋ノ口から四条千本まで、同所から下鳥羽村法華橋まで、二月から八月と禁猟となりました。このように、雲ヶ畑だけではなく、御所・京周辺の川で禁猟区・期間を設け禁裏への御用鮎を調達していました。

鮎御用の断絶と川役銀・網料

実はこの鮎御用、近世を通じて継続しておらず、何度も断絶と復活を繰り返します。まず、元文二年（一七三七）七月の、雲ヶ畑三ヶ村（以降、雲ヶ畑）から京都代官小堀十左衛門への一札（『史料京都の歴史』雲ヶ畑一二）によると、小野川の鮎はこれまで御所より御用鮎役を受けていました。今年は御旧院（上皇）の鮎御用はなかったのですが、以前同様に川役銀二枚を上納しますので来年は献上させてほしい、というものでした。この変化の背景には、二年前の享保二〇年（一七三五）、桜町天皇に譲位した中御門上皇が、元文二年四月に死去し同年鮎御用が中止になった可能性があります。

約三〇年後の明和五年（一七六八）三月、雲ヶ畑から御所の御賄役人への口上書（二―一〇）によると、禁裏への御用鮎は、去年吟味の上指示され、網料米一石を下付されましたので、今年も雲ヶ畑百姓へ指示してほしい、という内容でした。この時期、上皇は不在で除料となり、雲ヶ畑から禁裏へ働きかけ鮎御用を請けていたと思われます。そして、明和八年三月には、雲ヶ畑から京都代官小堀数馬への口上書（二―九）に、去年まで禁裏鮎御用を勤め網料米一石を下付されましたが、今年は上皇が在位していますので、いずれへ願えばよいかわからず指示してほしい、とあります。明和七年、二〇年ぶりの上皇となった後桜町上皇の代になり、仙洞・禁裏両方の鮎御用を勤めようとしていることがわかります。

しかし、安永四年（一七七五）五月、雲ヶ畑から御所の仕丁頭中への口上書（二―一三）には、小野川における御用鮎漁を今年から指示してほしい、とあります。先の桜町上皇の代に御用を行っていた際、また、禁裏へ鮎を差し上げていた際にも網料米一石五斗を頂戴していました。今回も先例の通り御用鮎漁を指示し、網料米を下付してほしい、というものでした。

明和八年に願い出たにも関わらず、いまだ鮎御用は指示されない状況に対して出された口上書です。先例としている桜町上皇の在位期間が延享四年（一七四七）～寛延三年（一七五〇）と短く、上皇死去後、四半世紀にわたって御用鮎役が断絶し、明和五年に禁裏への鮎御用を受けることができました。しかし、明和七年、二〇年ぶりに上皇となった後桜町上皇の代になっても、御用鮎役が指示されない事態が続き、村から直接御所の関係者へ願を提出したと思われます。元文期と同じように、上皇の交代で途絶えた御用鮎役に対して、先例を提示して復活しようとしています。しかし、元文期は川役銀を上納するとあるのに対し、安永期には網料米を下付してほしいと主張しています。銀を上納してま

図7　雲ヶ畑川（筆者撮影）

でも勤めるという姿勢から、御用鮎役の指示と米の給付は一体であると変化しています。

そして、文化一一年（一八一四）四月、雲ヶ畑から京都代官小堀中務への口上書（『史料京都の歴史』一二）によると、文化一〇年まで仙洞御所へ御用鮎を献上していました。しかし、鮎漁は、宝暦～明和年間は禁裏御所へ献上し網料米を頂戴しており、安永二年から仙洞御所へも献上しながく勤めています。そのため、元文年中のように百姓達へ川の権利を許可してほしい、許可いただければ運上銀を毎年上納します、というものでした。この事例も、元文・安永と同じく、文化一〇年に後桜町上皇が死去しているため、御用鮎役が途絶えたと考えられます。

それでは、なぜこのような願を出し続けたのでしょうか。雲ヶ畑は、川役銀を負担しても、得られる網料米や川漁の優先権などの特権を維持したいと考えていたと思われます（図7）。仙洞御料は不定期な上皇在位期間のみの設置となり、領主である上皇へのみ献上する鮎と位置づけると断絶する期間が生じます。そのため、禁裏＝天皇へも献上することで御用を継続させました。また、上皇が在位するごとに願を提出することで、朝廷や管轄する京都代官に雲ヶ畑の御用鮎を認知してもらい、網料米や川漁の優先権などを再確認させていたのではないかと思います。そして、先にみた京都代官が発給する制札により、幕府・公儀による川漁の権利保障を目にみえるかたちで提示したのではないでしょ

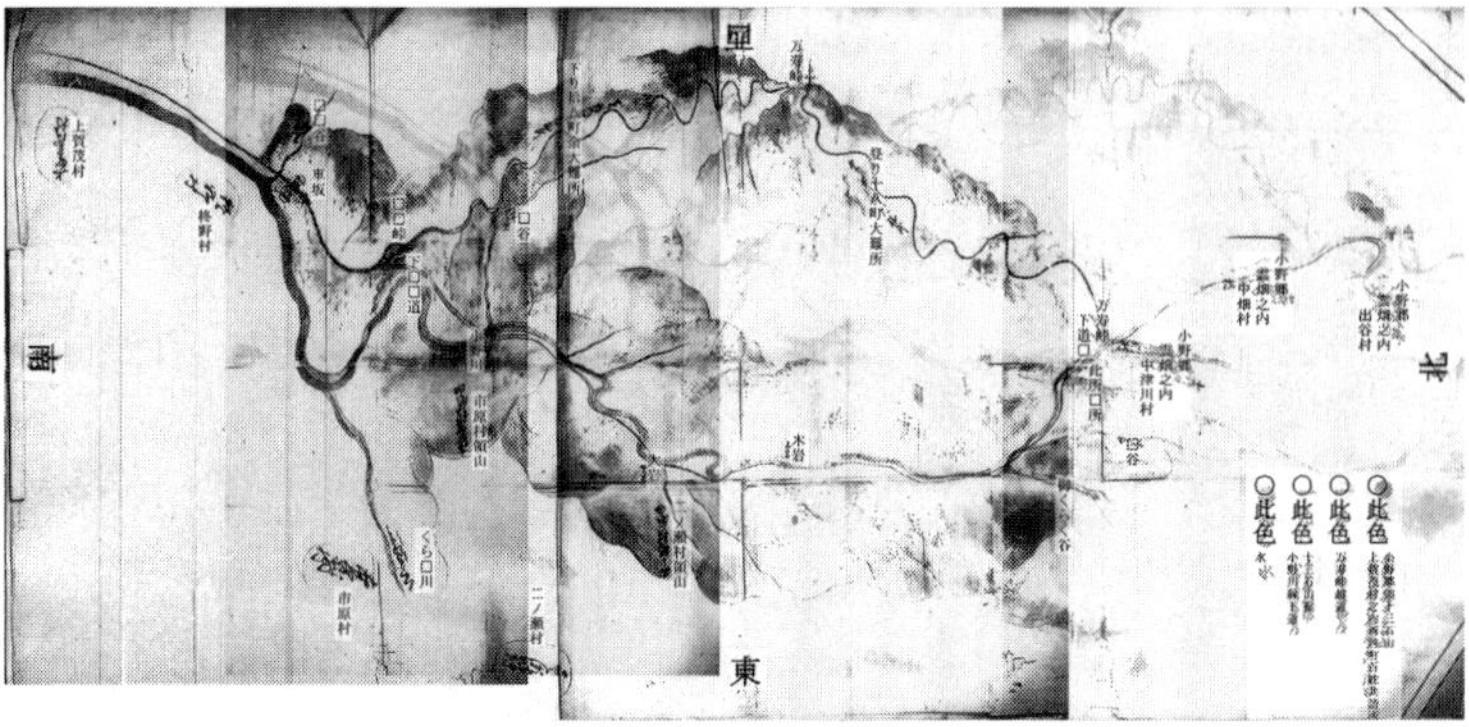

図8　万寿峠・下道絵図（波多野六之丞家文書 M2）

うか。しかし、仙洞・禁裏御所への鮎御用の利点は他にもあり、つぎに、もう一つの理由について考えてみます。

3　村の稼ぎと鮎御用

木柴の下道運送の悲願

鮎御用の利点は、村の主な稼ぎである木柴の京への輸送路確保にあったと考えます。後桜町上皇在位中の安定した時期の天明元年（一七八一）七月、雲ヶ畑から京都町奉行への願によると、雲ヶ畑から京への道は、もとは現在の府道と同じと思われる小野川筋の「下タ道（下道）」が使われていました（『史料京都の歴史』一三）。雲ヶ畑は山中なので山稼ぎを主とし、京へ木柴を出荷するため、以前は下タ道を利用していましたが、少々遠回りなので、この時期は南から山越えする万寿坂を往来しています。ただ、この万寿坂は難所が多く雨や雪が降れば石で転びけが人も多く、特に女子供は難儀しており木柴を出荷できず困窮しています。そのため、木柴出荷の道として下タ道利用へ戻したいと希望しています（図8）。

ここは、上賀茂村の百姓の請山がありますが、毎年夏は仙洞御所へ鮎御用で毎日通行している街道であり、雲ヶ畑の土地です。ところが、街道を修理しようとしたところ、上賀茂が納得せず困っており訴訟しました、とあります。雲ヶ畑は、木柴を出荷する道を、南の山越えの万寿坂から東の小野川沿いの下道へ戻したいと願い出ています。上賀茂の反対で通行が阻止されていますが、夏の鮎御用には利用していると主張します。

四〇年後の文政五年（一八二二）二月、雲ヶ畑は京都町奉行へ天明期と同様の願を出します（『史料京都の歴史』二四）。まず、雲ヶ畑は、万寿峠による荷出を、仙洞御所へ鮎御用調進に利用していた上賀茂西四町所持の十三石山の下道を使いたいと小堀役所へ願い出ました。そして、上賀茂西四町への説得として、これは山論ではないと、これまでの経緯を説明しています。雲ヶ畑を含む小野郷は、往古は上賀茂社領であり、天正（一五七三〜一五九二）検地で公儀領、その後仙洞御料になりました。慶長一三年（一六〇八）十三石山は西四町の請山になりましたが、字木岩より奥は中津川・中畑村の地所であったものを木柴苅など支障があったので上賀茂へ三石を支払い永請としました。しかし、問題は解決せず出入・争論が継続し、その間の慶長五年（一六〇〇）から寛保三年（一七四三）の記録を提出します。寛保以降は争論もなく、今後も子孫の代まで出入は起こしません、また、道幅を広げるため道米を差し出すつもりですので、下道運送を上賀茂西四町へ対談できるよう指示してほしい、とあります。その後、上賀茂西四町から、十三石山について異議申し立てしないこと、困窮はお互い様なので下道運送は問題ない、道米や道の修繕は相談したい、との回答を得ています。

この四〇年来の下道運送問題は、最初小堀代官へ願い出ましたが上賀茂村西四町が納得しませんでした。そこで、小堀の元締湯口新左衛門が雲ヶ畑の窮状に理解を示し、京都東町奉行所へ取り次ぎ、東町奉行所の当番加納萬五郎が担当し、西四町を召し出し、解決となりました（三―三九「諸色万掟書」）。道の普請には、費用が四・五〇貫もかかり、小堀代官や五辻の櫻井屋半兵衛、亀屋藤兵衛などから借用しましたが、「此一件百銭ニも尽しかたし」とあり、下道の通行・拡張は雲ヶ畑の悲願であったことがわかります（図9）。

その後、文政一〇年七月、下道の開設に協力した加納萬五郎が見分として、子息や家来一〇人ほどを連れて雲ヶ畑を訪れました。雲ヶ畑の村役人は猟師をつれて、早朝から車坂で迎えます。道見分を実施後、川狩を行い「ふちたて原」で酒宴となり、鮎と鰻の川肴でもてなした、とあります。ここでも雲ヶ畑の名物、仙洞御所に献上した鮎が出されています。

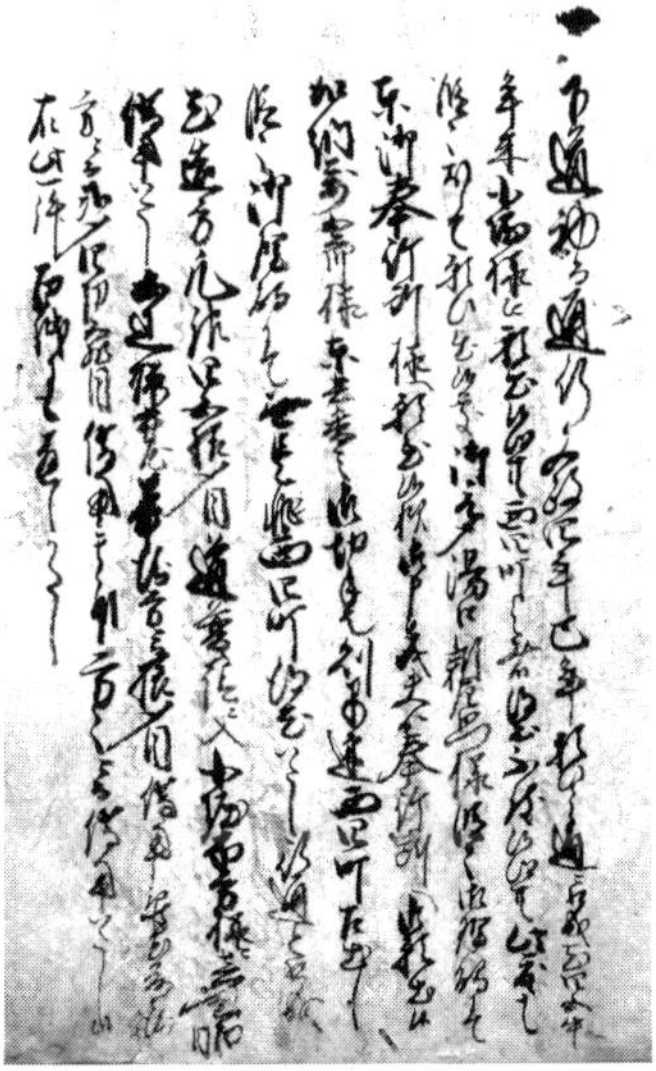

図9　下道の開通
（波多野六之丞家文書3—39「諸色万掟書」）

道銀・道冥加米削減への道

それから、再び四〇年後の慶応二年（一八六六）、雲ヶ畑から小堀代官に出された口上書では、下道の冥加銀の減免を願っています（三―三二一「当時御一新ニ付書控」）。前半ではこれまでの経緯、雲ヶ畑は辺鄙の山中で、山稼、木柴伐出商を行い、文政五年に上賀茂村と熟談し京都東町奉行所に願い出て、下道＝仙洞御所様鮎納道を普請し通行できるようになった、とあります。この通行では、毎年木柴一駄・駄賃の稼ぎに対して銀一匁を課し、一年分約一貫八〇〇目を積み立てています。この内、毎年道銀として、上賀茂西四町二〇〇目、同東三町三〇目、二ノ瀬村六匁、計二三六匁、玄米三石一斗五升を石代銀の道冥加とし京都代官所へ上納し、残金で道の破損・修覆してきました。しかし、最近米価や物価が高騰し、銀納の値段が高くなり駄賃の積立銀では引き合わなくなり、昨年までは雲ヶ畑がやり繰りして上納してきました。また、今年は強雨が多く、たびたび加茂川が洪水となり、橋が流失・大破し修復費用がかさみ難渋しています。その上、米価が値上がりし年貢の銀納額も前代未聞の高額、莫大な出費となり実に途方に暮れています。そして、これらは年貢上納とは違い、すべて村から納めるもので難渋の村は困窮して納入できません。百姓達は一同嘆き我々が申し諭していますが、村役人は不行届であると訴え承知しません。この状況では、今年に限らず今後も冥加米銀は取り立てが難しく困惑し心痛しています。そのため、今年より道冥加米三石一斗五升を半減し、半分上納としていただきたい、と願い出ています。

この願から、雲ヶ畑は年間一八〇〇駄ほどの木柴を京へ出荷し、そこから積立銀を集め下道に関係する上賀茂村などへ道銀を支払い、京都代官所へも道冥加米を上納し、その上、道の修復も実施していることがわかります。この状況は、慶応期の物価上昇、それは、禁門の変による京都焼亡や、政治の中心となった京都へ全国各地から膨大な数の人々が上京し、食料や物資の需要が高まり引き起こされたものでした（図10）。そこに、洪水の発生が追い打ちをかけ、村は困窮していったと考えられます。一方で、滞京人数の増加は、燃料である木柴の需要も高め、収入も増えていたと思われますが、これを好機

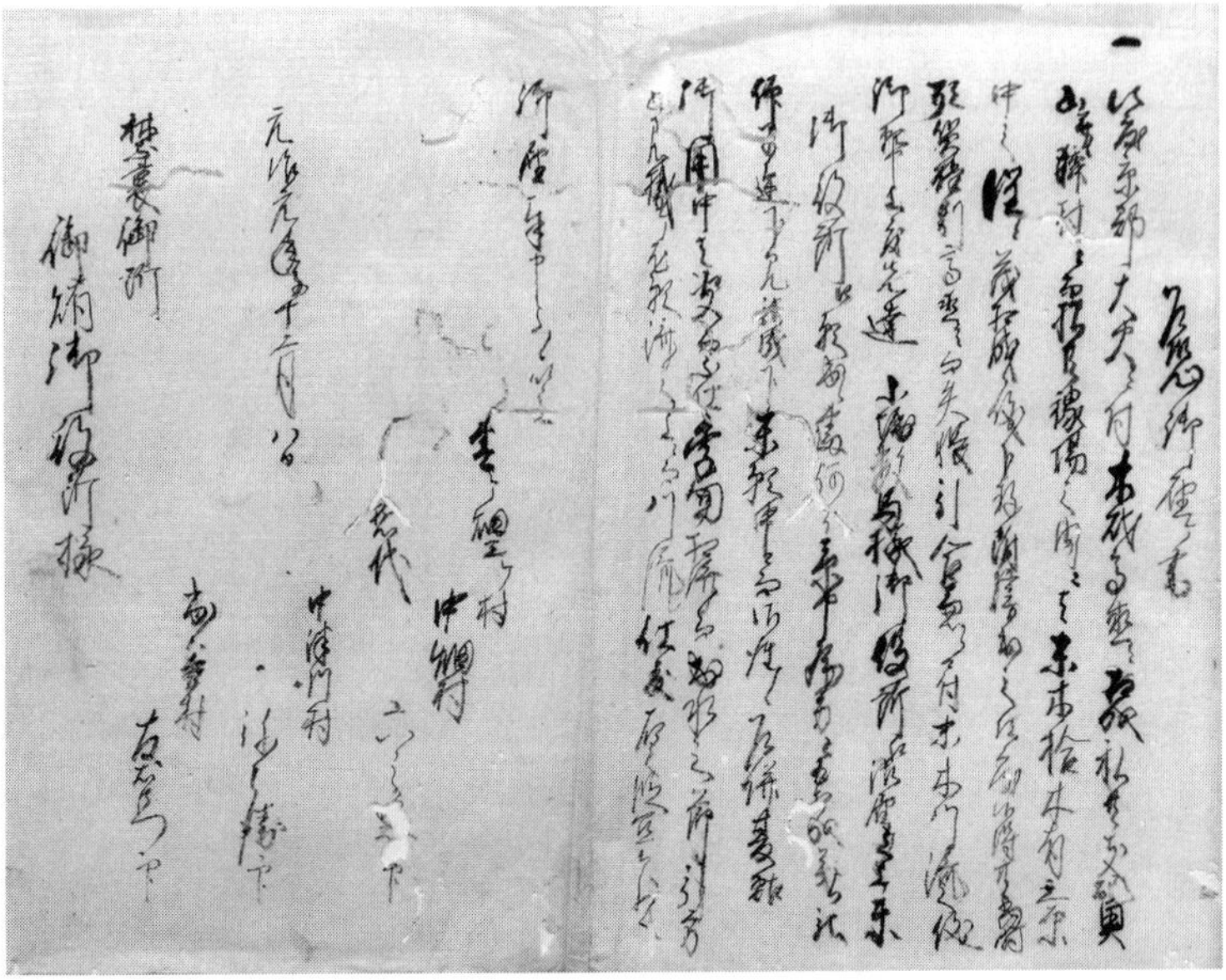

図10　禁門の変の京都大火による木材高値（波多野六之丞家文書3―62「乍恐御届ヶ書」）

ととらえて、村の負担を軽減しようとした村の戦略ではないでしょうか。そのなかで、天明元年から約八〇年にわたる、雲ヶ畑の主張には、仙洞御所様の鮎を納める道という前提が、すべてに共通しています。実際には、天保一一年（一八四〇）の光格上皇死去以降、二〇年間は仙洞御料ではないのですが、仙洞御料の不規則な設置状態を利用し、いつ仙洞御料になっても対応できるように準備していると思えます。また、天皇や上皇の重要な御用を実施する雲ヶ畑が困窮しては問題ではないかという、村の立場を利用した考えがあったと思われます。

御所からの鮎見分

翌慶応三年五月には、雲ヶ畑惣代と

して中津川村川役勝三郎から御所役人の鮎川見分に関する口上書が提出されています（三―三二―一「当時御一新ニ付書控」）。御所からの鮎川見分の際には、雲ヶ畑から上賀茂村十三石山領へ小休所を建設しており、その実態を尋ねられました。雲ヶ畑領内で上賀茂村十三石山支配の字弁ヶ渕という河原へ縄搦で葭屋根の仮小屋を立てますが、見分後に毎年撤去しています。去年はじめて見分があった際、小屋で昼食を取っていますと、にわか雨が降り葭屋根なのでひどい雨漏りとなりました。その後、御所へ村役人が呼び出され、今後の見分にはこのような不都合のないよう、一間二間の屋形形式を板屋根で建てるように指示され、費用の銀も下賜されましたので仕方なく建てました。これは決して雲ヶ畑の願ではなく、見分後すぐに撤去し上賀茂村には支障はありません、と答えています。

この口上書に宛名はありませんが、先にみた道冥加米の減免と関連して、京都代官所に出されたものと考えられます。上賀茂支配の場所で、常設の可能性のある小屋を建設することに対する上賀茂の警戒を解くための文書といえ、下道などで配慮している上賀茂への弁明書ともいえます。しかし、これも裏を返せば、幕末に力を増す御所＝朝廷の意向により実施しているものであり、先ほどと同じく重要な御用を実施する雲ヶ畑という位置づけを、京都代官所や上賀茂に対して暗に主張しているようにも思えます。

4　幕末から明治へ　鮎献上の減少と時代への対応

御用の増加と下行米の減少

近世の雲ヶ畑は鮎をどのくらい捕っていたのでしょうか、天保二年（一八三一）の「小野川御用日記附」（二一―三八）に具体的に記されています。五月一三日（旧暦）、はじめて川入して鮎四二疋を捕獲し御所へ献上しました。二一日に取初、二二日休、二三日捕、二四・二五日休、二六日は大雨で六月まで延期されます。六月も村人が漁を断るなど二〇・二三日のみ、二六日には役人が来村したため五五疋準備しました。七月は二日四五疋献上があり、小堀代官へ鮎一二疋・あまご三ツ・うなぎ一本を献上しました。その後、五日三四疋、一〇日一五疋、二三日一五疋とつづき、二七日には鮎を届けるための御用の札や提灯、鑑札を返上しています。五月から七月まで三ヶ月の内九日間、計二一八疋の鮎を捕っています。また、戌年五月二〇日仙洞御所の賄方から村へ鮎五〇〇疋を調達するよう依頼がありました。しかし二一日出水のため川漁を断念したと村から連絡があり、二三日には再度献上するよう指示がありましたが、実際に献上されたかどうか不明です。

幕末、様々な理由で鮎の献上が減少しています。三〇年後の慶応二年（一八六六）「鮎上納之通」（二一―一二）では、六月一八日から八月二日までの内一〇日間、計一九一疋の鮎が記録されています（図11）。六月二四日五九疋、二八日五五疋と多いですが、その後は七月中旬に二・三疋献上しているだけです。

また、文久元年（一八六一）六月、雲ヶ畑から御所の御賄役所への「口上書」（二一―一二七）には、つ

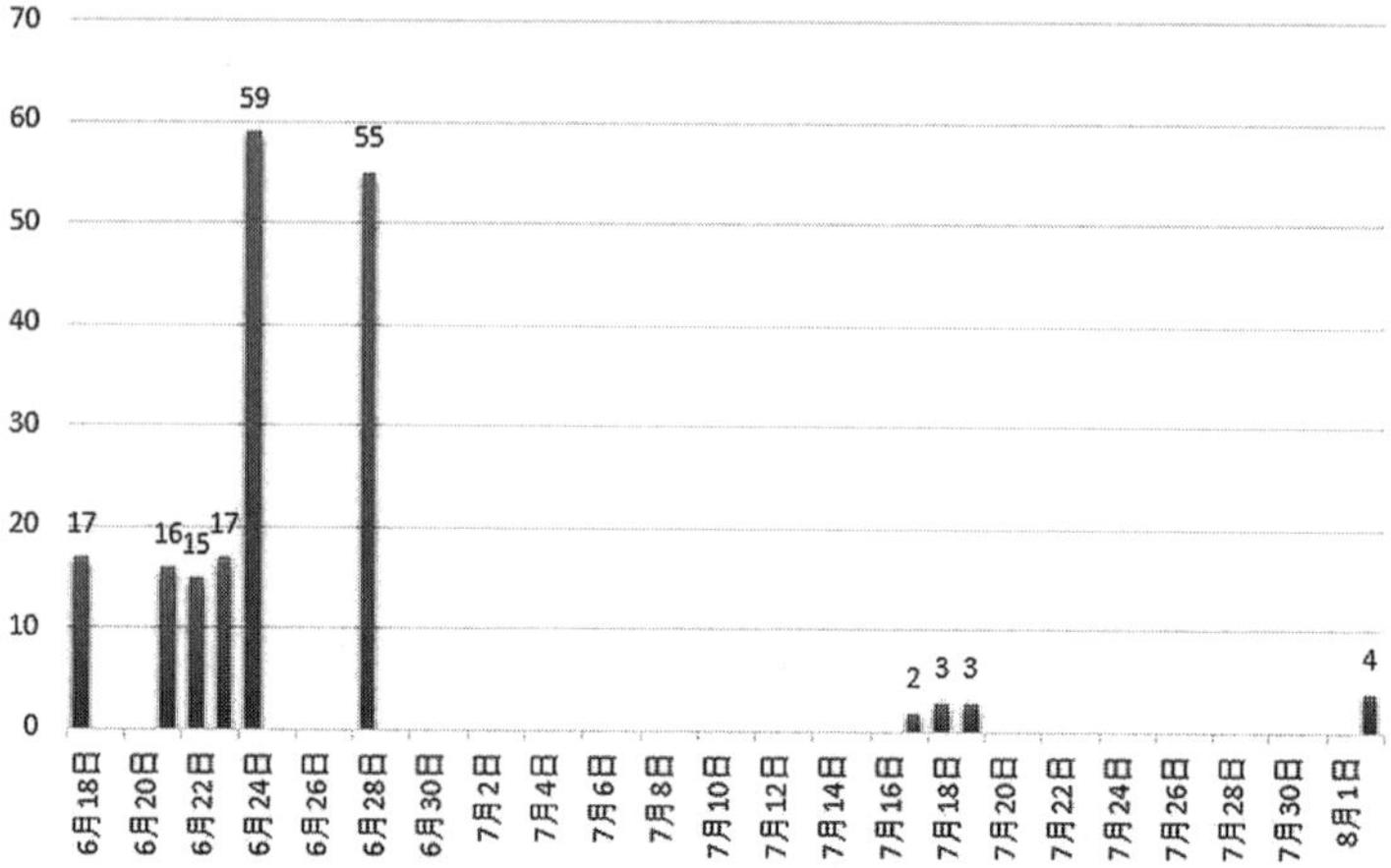

図 11　慶応 2 年の鮎の上納数（波多野六之丞家文書 2―12「鮎上納之通」）

ぎのように記されます。これまでと同様に小野川の御用鮎調進は、往古より雲ヶ畑が勤めてきました。しかし、雲ヶ畑は田畑少なく山稼が主で、米穀や食品は京都より買い入れており、近年米穀・諸色高値となり百姓は困窮しています。その上、去年は諸国の凶作により雲ヶ畑も収穫が皆無の難渋の年で、米穀が格別高値となり飢渇者が増加しそうで心配です。そのため、毎日御用鮎漁がありますと、日常の山稼に支障が出て生活が困窮するのは間違いなく、今年の調進は五日ごとにしてほしい、とあります。

慶応元年（一八六五）一〇月の雲ヶ畑から禁裏御所の御賄方役人への願（二―二八）には、御用鮎は例年六月上旬から八月中旬まで毎日献上し、下行米一石を使って漁網の修覆や運送人足賃にしていました。しかし、弘化二年（一八四五）に改革があり、小野川は御手当川から除外され、下行米が廃止、献上は隔日となりました。その後、御用が増えたため以前と同じく毎日献上していますが、最近は物価が高騰し、漁網の破損修覆料や人足賃銭などに支障が出ています。そのため、以前のように毎年下行米一石を復活いただきたい。許可されれば、毎年御用鮎を献上します、とあります。

幕末には、鮎の減少に加えて御用が増加し、その上、経費としての下行米が削減され、物価高騰・凶作なども原因となり、御用鮎の調進・献上に支障が出ていたようです。

支配の変化に対する由緒による対応

翌慶応三年一二月、当時除料であった雲ヶ畑他小野郷の村から朝廷の取次役所に対して、御所料への編入引き渡しの延期願が出されています（三―三二―一「当時御一新ニ付書控」）。これは、同年八月に出された山城一国全体を御所料へ引き渡すという触への対応でした。小野郷は、引き渡し自体は承知しますが、仙洞御料としての由緒を主張します。まず、上皇が在世中から御所への献上物を継続し、御用として御幸や葬送、近年の不時の遷幸には帯刀し御局の青侍役を勤めており、この役目は京都町奉行所へ届けています。つぎに、以前から毎年五月に御所へ菖蒲調進葺の御用があり、烏帽子素襖を着用し上下一八人が勤め頂戴物もいただいています。そして、毎年五月から八月まで、毎日鮎献上を行い人足五人を負担し、三回の見分では漁師五〇人、人足二〇人も出勤しています。その他、非常事態には御所に駆けつけ御用を勤め、子年大変（禁門の変）の際にも薪御用御賄を実施してきました、とこれまでの由緒、実績を述べています。

その上で、山城国全体が公儀料になり御所へ貢献（年貢）のみになっては、これまでの仙洞御料の役ができず高恩に報いることができません。また、二〇〇年来支配した小堀家から離れては、年貢以

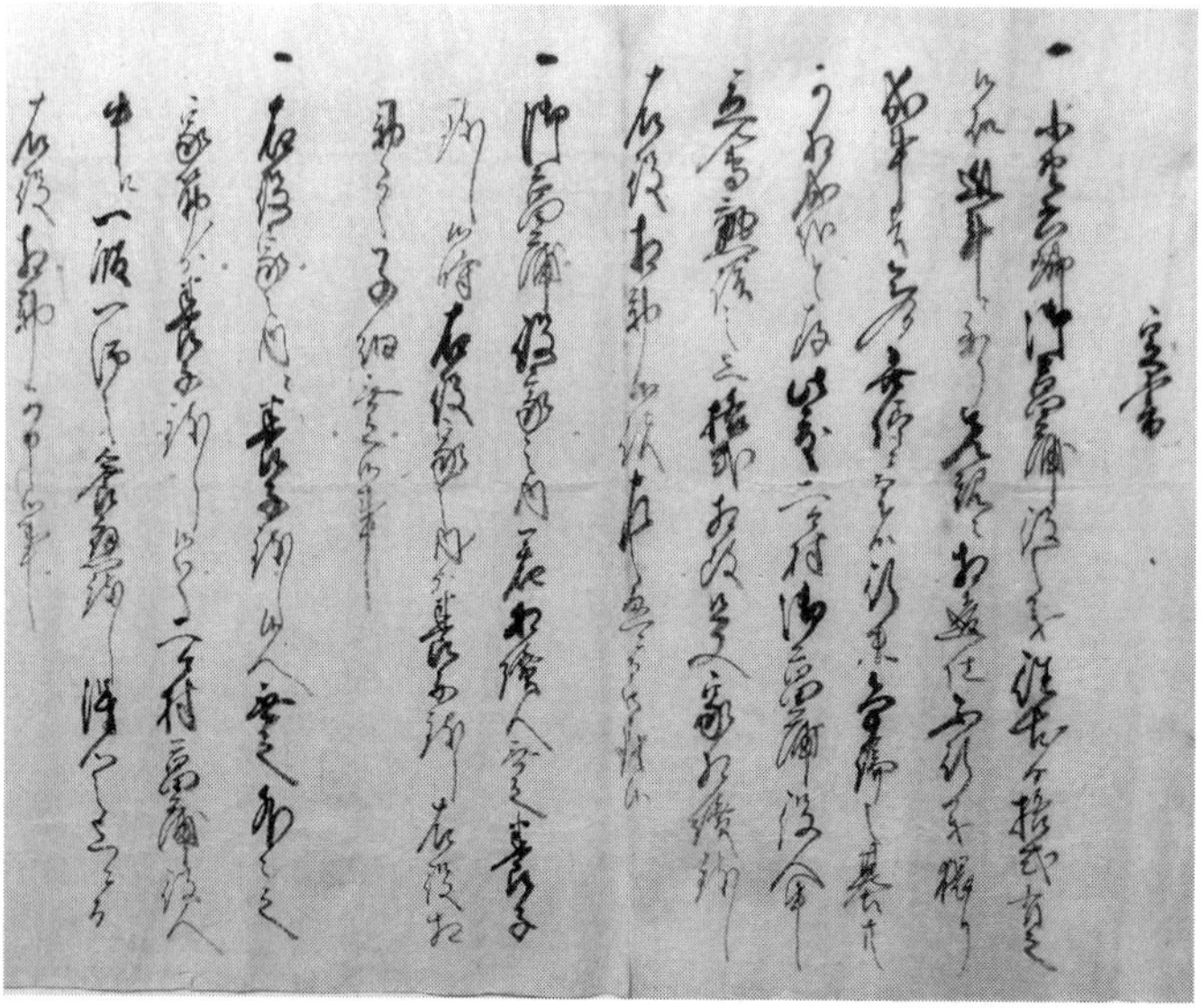

図12　菖蒲役（波多野六之丞家文書1―107「定書」）

外の公役・宿駅助郷・献金・調達金などの負担が増え難渋し、村々の百姓達が騒動を起こしても対応できません。このように除料支配を離れることを、深く心痛し当惑しているため、これまで通りの支配を希望します。火急の沙汰ですが、現在年貢の取入期であるので支障があり、しばらく引渡は延期していただきたい。村々の役人が出頭すべきですが、多人数では恐れ多いので惣代が願い出ました、とあります。

　ここでは、山城国全域の御所料編入に対して、御除料である小野郷一〇ヶ村で、献上物や御用・役負担などの由緒を主張し延期を願い出ています。御用として御幸・葬送や遷幸がありますが、やはり毎年実施している菖蒲役と鮎献上が中心を占めています（図12）。この二つの御用は、具体的に装束や人足の負担数が記されています。菖蒲役は小野郷全体ですが、鮎献上は雲ヶ畑のみの御用でした。また、仙洞御料を管轄していた京都代官小堀氏についても二〇〇年来の関係を主張していますが、実は様々な負担の増加を懸念していることがわかります。これまでみてきた下道などのように、経緯を理解している小堀氏との関係が続くことが、村の安定的な生活を続けるためにも重要でした。

京都府の成立と鮎献上の終焉

その後、新政府へ政権が移行し翌慶応四年二月に小堀氏の支配も終わり、閏四月京都府が成立し、その影響は少しずつ出てきます（図13）。慶応四年七月二〇日、御伝馬所御用の減勤の願が雲ヶ畑から提出されました（三―三二―一「当時御一新ニ付書控」）。主張はこれまでと同じく雲ヶ畑は山稼が主であり大変難渋しており、その上、毎年六月より八月中頃まで、御所様の御用鮎を献上しているので入用や人足などがかかり非常に難渋しています。このようななかで、他村と同様の御伝馬所御用は勤まらず減勤してほしい、と願い出たものでした。仙洞御料・御除料、小堀代官時代に維持されてきた権利は徐々に変化していきます。

そして、九月一〇日には、雲ヶ畑から京都府へ、鮎献上建札の取り扱いに関する問い合わせがありました（三―三二―一「当時御一新ニ付書控」）。京都府から禁裏御料と記された建札は役所へ返納し、小堀数馬支配所とある傍示杭は取り除き村役人方へ預けるよう指示が出ました。それに対して雲ヶ畑は小野川筋で例年御所へ鮎献上しており、そのため小堀数馬よりつぎのような建札が下げ渡されているると答えています。建札は①「小野川筋ニ而御用外あゆとるへからさる也、小堀数馬」②「小の川筋此所より川上ニ而あゆ取不可事」と二種類ありました。これを毎年四月より八月まで小野川筋に建

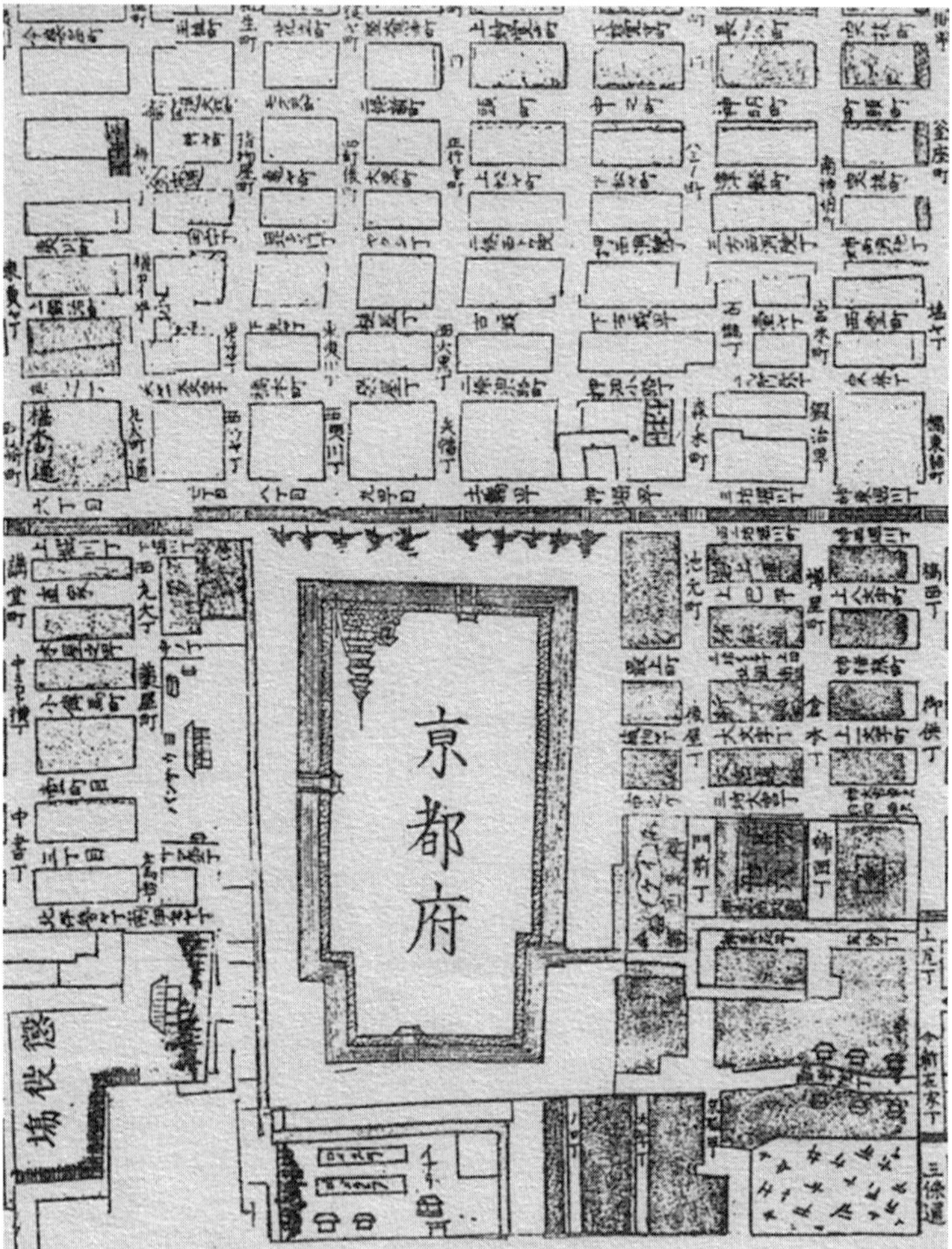

図 13　京都府（明治 9 年『京都区分一覧之図』、『新修京都叢書』23）

て、その他の期間は村役人方へ預けていると届け出ています。京都府からは追って指示を出すといわれ、村の惣代は帰村したとありますが、先にみた波多野家に②の制札（図6）が現存していることから、その後指示はなく村役人宅で預かり続けていたのではないでしょうか。明治に入ると天皇も東京へ移り、明治四年八月すべての地方産物の献上が停止され、鮎献上も終焉を迎えます。

おわりに

以上、近世の雲ヶ畑の鮎献上・御用について、その変遷と変化をみていきました。最初は仙洞御料民の御用として鮎献上を行っていましたが、仙洞＝上皇は不定期の存在であったため、菖蒲御用を行っていた天皇の禁裏御所へも献上します。それでも御用が断絶したため何度も御用の復活を願い出ます。この理由として、川役銀を負担してでも得られる網料米や御留川など、川漁の優先権などの特権を維持したいという思いがありました。また、一八世紀後半になりますと、生業である木柴の京への運送路「下道」獲得運動を展開します。下道は雲ヶ畑が仙洞御所の鮎を納めてきた道という前提を由緒として主張します。文政五年に悲願の運送路を獲得しますが、隣村や代官へ道米や冥加米の負担が発生します。幕末になりますと、この負担も物価上昇などを理由に軽減運動を展開します。そこには、仙洞御所という重要な御用を実施する雲ヶ畑が困窮しては問題という、村の由緒を利用した戦略があったと思われます。そして、この時期、御用は増加しますが、下行米が廃止され負担が増え、鮎献上数も減少していきます。朝廷が力を増し新政府となった支配の変化により、御所料への編入や伝馬御用など新政策の対応に迫られますが、鮎御用の由緒を主張していきます。しかし、明治に入り京都府になると、御留川の制札の撤去指示が行われ、天皇は東京へ移り献上自体が廃止され、近世を通じて雲ヶ畑が維持してきた鮎献上は終焉を迎えます。

参考文献
・有賀陽平「朝廷への勤仕行為と京郊村落における意義―近世山城国小野郷における菖蒲役を中心に―」（京都府立大学歴史学科二〇一八年度卒業論文）
・宮内庁書陵部、図書寮叢刊『壬生家文書』四、明治書院、一九八二
・京都府立大学文化遺産叢書一九『京都雲ヶ畑・波多野六之丞家文書調査報告』京都府立大学歴史学科、二〇二〇
・『史料京都の歴史』北区、平凡社、一九九三
・東昇「近世京都・山城国の産物と鮎」『京料理の文化史』思文閣出版、二〇一七

2章 東郷大将も通った日本一の猟場、宮内省京都御猟場

はじめに

京都市の雲ヶ畑には、明治後半から大正期にかけて、宮内省が管轄した京都御猟場がありました。御猟場とは、天皇・皇族が狩猟を行う場所ですが、京都御猟場は西日本唯一となります。しかし、天皇は訪問することなく、皇族・軍人・外賓や宮内省職員が主な利用者でした。これまでほとんど紹介されてこなかった京都御猟場について、御猟場を統括した監守長の家に現在する文書から、その実態を解き明かします（図1）。まず、宮内省の御猟場とは何か、つぎに、二度設置された経緯や管理組織、そして、イギリスやロシア、皇族の訪問、御猟犬の活躍、御猟場廃止以降の猟区についてみていきます。

1 宮内省の御猟場とは

近代、皇室の所有地を御料地といい、皇居や御所・御料林・御料牧場・御猟場などがありました。現在は国所有となり、皇室関連施設となっています。その中で、御猟場は民有地に設定されていました。この御猟場は、江戸幕府の馬を飼育した牧や鷹を使って猟をする鷹場をもとに、ヨーロッパの御

猟場制度が融合し、明治一〇年（一八七七）に設置が検討されました。そして、明治一四年習志野原「聖上御遊猟場」の開設以降、一五年日光・連光寺・天城、一六年仙波湖・江戸川筋、二一年鬼怒川筋、二二年愛宕（京都）、二三年長良川筋、二四年岩瀬、二六年新浜鴨場・愛鷹山、三五年三方・七宗・段戸・赤城、四一年埼玉鴨場の一六カ所が設置されました（図2）。その後、大正八～一四年（一九一九～一九二五）には二箇所の鴨場以外、御猟場は廃止されます。閉鎖の理由は皇室の経費節減、獣害の増加による地元の反対などがあります。全国の御猟場をみますと、関東周辺には数多く点在していますが、京都御猟場は西の端にあたり

図1　監守長文書（波多野六之丞家文書）

西日本唯一になります。現在、埼玉鴨場（埼玉県越谷市）と新浜鴨場（千葉県市川市）では、鴨を捕獲するのではなく、動物愛護の観点から放鳥というかたちに変更しているようです。

この御猟場を管轄したのが、宮内省主猟寮です。主猟寮は、狩猟および猟場に関する事務を行い、明治一七年御猟場掛、二一年主猟局、四一年主猟寮、大正一〇年式部職主猟課と変遷します。主猟寮には、主猟頭をはじめ、主事、主猟官、猟場監守長・監守、鷹師などの役職がありました。そのなかで狩猟の高等官の主猟官は、名誉官であり宮内省の他の宮内高等官が兼任しています。名前をみていきますと、戸田・伊達・松平・万里小路など旧藩主や旧公家が多く、いわゆる華族が多い官職といえます（表1）。御猟場の利用者は、皇族・政府要人・軍人・外賓、主猟官をはじめとする主猟寮職員

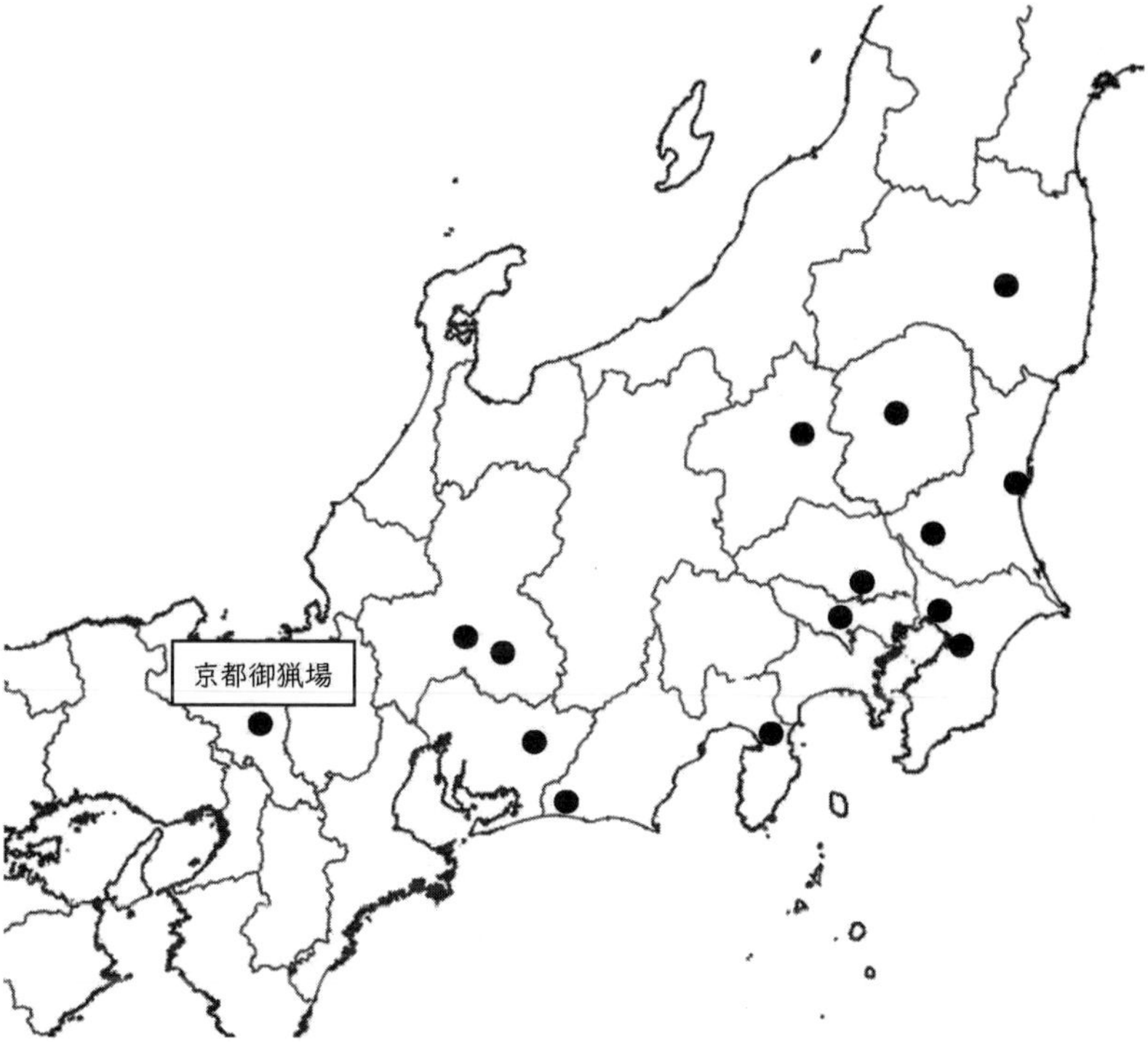

図2　全国の御猟場
出典:パルテノン多摩編『聖蹟と鳥獣―「連光寺村御猟場」がもたらしたもの』2001、4頁参照

などに限定されていました。

2 京都御猟場と御猟

明治二二年御猟場の設置と獣害

京都御猟場は、まず、明治二二年愛宕郡御猟場として設置されますが、翌二三年廃止、明治三八年愛宕御猟場として再設置され、四二年京都御猟場と改称、大正一二年に廃止となりました。二つの期間あわせると合計二〇年間にわたって、雲ヶ畑村を中心に存在しています。

表1　明治38年5月主猟官一覧

	名前	役職	爵位
1	米田虎雄	侍従	男爵
2	戸田氏共	宮中顧問官	伯爵
3	片岡利和	侍従	男爵
4	足立正聲	判任官任用試験委員長	
5	佐々木陽太郎	御料局主事	
6	万里小路正秀		男爵
7	貴志一郎	陸軍歩兵少佐	
8	織田信親		子爵
9	小原駩吉	勲位局主事	
10	伊達宗陳	式部官	
11	西郷隆準	式部官	
12	鍋島精次郎	式部官	
13	岡崎國良		子爵
14	薮篤麿		子爵
15	松平頼孝		子爵

出典：明治38年『職員録』印刷局

それでは、なぜ雲ヶ畑に御猟場が設置されたのか、宮内省の記録「猟場録」(宮内公文書館所蔵)を中心にみていきます。明治二二年四月一七日、主猟局長山口正貞から京都府知事北垣国道に対して、昨春の行幸中に猪狩を指示した雲ヶ畑か梅ヶ畑のいずれかで、御猟場となる適切な場所がないかと問い合わせがありました。この昨春の行幸とは、明治二〇年一月二六日、明治天皇が孝明天皇二〇年祭のため京都を訪れたもので、皇后を同行し二月二一日まで約一ヶ月京都に滞在しています。このときは雲ヶ畑以外に、御室から高雄へ向かう途中の周山街道沿いにある梅ヶ畑(京都市右京区)も候補に挙がっていました。

翌明治二二年五月一五日付の『日出新聞』によると、以前から宮内省主猟局が調査していた京都府愛宕郡中のつぎの範囲が、毎年一〇月一日～翌年四月三〇日の七ヶ月間、人民の獣猟禁止になった、とあります。その範囲は、雲ヶ畑村一円、鞍馬村の内貴船一円、花瀬峠以南及び鞍馬街道以西、二ノ瀬の内鞍馬街道以西、静市野村の内野中の鞍馬街道以西、市原の内鞍馬川川北、大宮村の内西賀茂内橋の谷以北、氷室より雲ヶ畑村に達する道路以東でした（図3）。六月一日この範囲が「愛宕郡御猟場」として設定されます。

この御猟場区画内（大宮・雲ヶ畑・鞍馬・静市野）における、明治一九～二一年における銃猟の捕獲頭数は、一九年猪一六八、鹿三八一、諸獣二二、計五七一、二〇年猪一九五、鹿五九二、諸獣三二、計八一九、二一年猪二三三、鹿四九六、諸獣三五、計七五四頭と膨大な数が確認されています。また、明治二一年の職猟の免許を所持する者は、雲ヶ畑一五、鞍馬九、二ノ瀬八、西賀茂六、市原五、貴船一人と合計四四人いました。もともと鳥獣が多く、捕獲して生計を立てる人々がいたようです。

しかし、禁猟はすぐに地元に影響を及ぼします。六月一二日、二ノ瀬から知事宛に熊の徘徊などによる山林樹木損害の補助願が出されています。二八日には鞍馬村、市原野から、獣猟禁止のため職猟者が困窮していると、禁猟の問題が噴出します。「日出新聞」によると、御猟場決定の一ヶ月前、主猟局長は御猟場選定のため愛宕郡内へ出張し、鹿ヶ谷の音羽谷より比叡山、西加茂村の内氷室までの区域を御猟場と仮に定め、郡長に住民の情況の取り調べを命じました。郡長は該当村の戸長へ伝え、戸長は村民にはかったところ、御猟場となることは喜ばしいことではないが、万一御猟場となった場

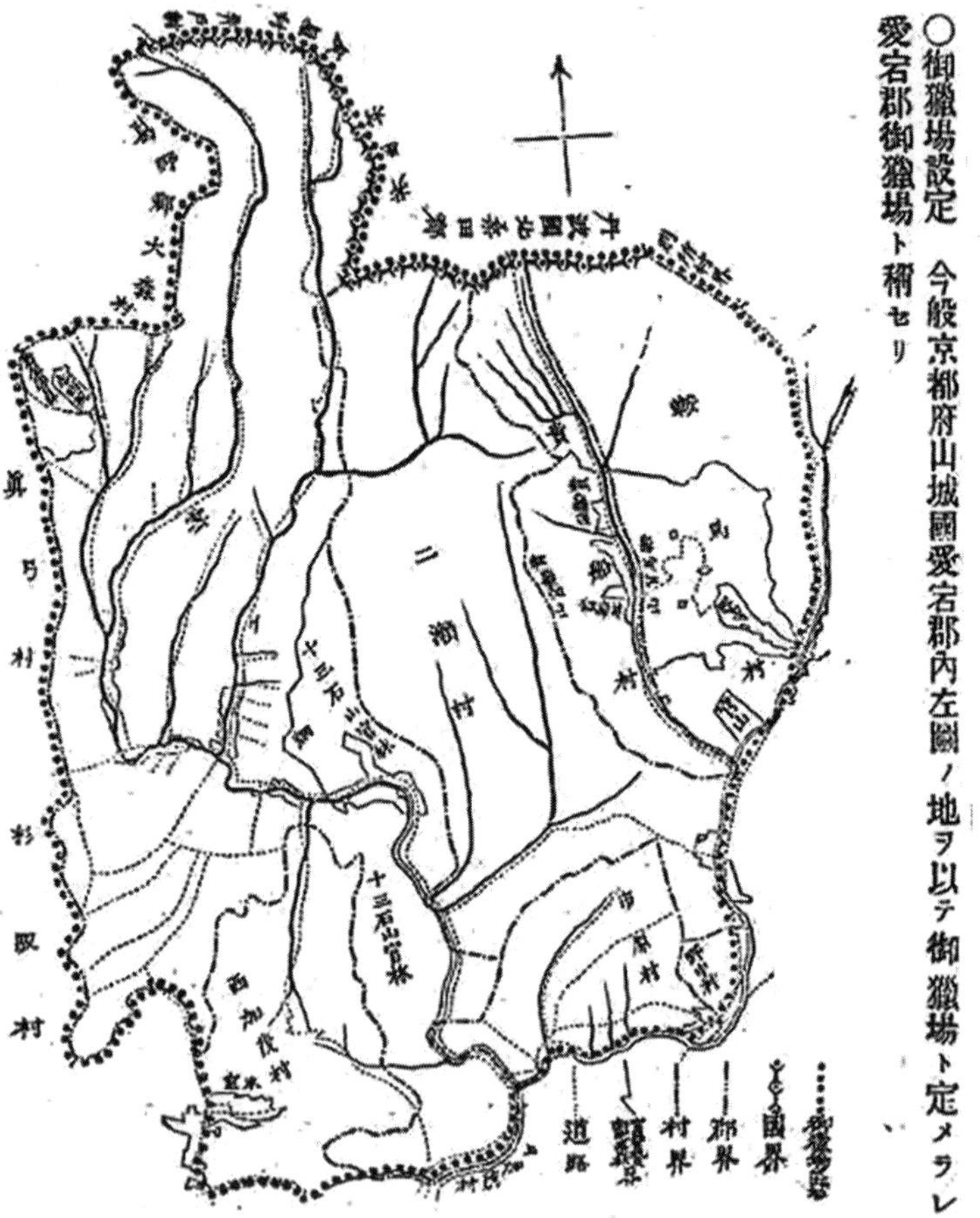

図 3　愛宕郡御猟場図（『官報』1889 年 6 月 1 日、国立国会図書館所蔵）

合、保護が必要と申し出ました。その中で、二ノ瀬・市原・野中・静原・鞍馬・貴船の諸村連合戸長と雲ヶ畑村戸長は、独断で問題ないと答えたため、御猟場が確定されました。六月中旬、村民は反対し村民総集会にて総代八名を決定し、郡役所へ嘆願に及び、不穏であると知らせています（『史料京都の歴史』鞍馬村八二）。

このような動きもあり、一〇月五日には愛宕郡長から知事に御猟場禁猟解除願が出されます。そこでは、設置の際に戸長のみ取り調べたため実態が不明で、従来獣害の多い上に更に増加し、猪鹿の他に狐狸兎が昼夜に限らず民家近辺に出没し、耕作地の生産物や家禽を蚕食している状況で、狡猾な獣類は威銃くらいでは恐れるに足らない状況が報告されています。八日には、この地を管轄する田中警察署から府警察本部長への損害樹木の取調書も出され、各人の被害状況は計九三円にもなりました。また、一二月八日には、御猟場に含まれる民有地の禁猟解除願が、雲ヶ畑・静市野・鞍馬村の総代波多野六之丞他から知事へ出されました。

このように、農林業への獣害、職猟者の困窮など、地域の生業に多大なる影響を与えており、明治二三年六月一九日従来禁止中の獣猟が許可され、七月一七日愛宕郡御猟場は正式に廃止となりました。

御猟場の再設置願

その後、明治二九年六月雲ヶ畑村長から愛宕郡長宛に御猟場設置願が出されます（波多野六之丞家文書一一―六〇）。それによると村は耕地が僅少で山林の猪鹿が夥しいなかで、前回御猟場が設置され村民は歓喜雀躍しました。しかし、鞍馬村など村の一部が御猟場となった地の職猟者が生活困難になったので主動して人々を煽動し、雲ヶ畑の村民二、三人を引き入れ郡役所へ請願し廃止となりました。このことを雲ヶ畑村民は嘆き落胆し、非難を受けた頑民は村を出ました。そのため今一度御猟場が設置されれば、全村民の喜びとなります。御猟場設置の被害を調べたところ一ケ年概算五百円となるので、設置の際には被害保護料を下賜して欲しい、と願っています。明治二二年の動きとかなり違っていますが、獣害保証金の話があるので、やはり、獣害の補償をしつつ、一方で御猟場を設置して欲しいという要望になっていたと考えられます。しかし、この時は再設置されることはありませんでした。

そして、七年後の明治三八年三月一一日、再度、雲ヶ畑・大宮・上賀茂村から主猟局長あてに、御猟場の設置願が出されます。ここでは、明治二九年と同じく、二二年の他村頑民の種々要求で廃止となり痛嘆していること、新たに雲ヶ畑の由緒と日露戦争が加わります。由緒として、古来聖上・皇子の狩猟場、惟喬親王関連の桟敷岳、鴨川源流である小野川、また明治維新まで皇室の直支配であり、鴻恩を蒙り諸種の御用を勤めていたことをあげています（図4）。日露戦争関連では、同年一月の旅順陥落以来、皇威の発展は古来未曾有と、まず位置づけます。そして、京都は歴世の旧都であり、この発展に際し同盟列国・興国の公賓公子の日本観光が多く、そのため旧を慕って京都へ来観するのは間違いない、としています。その上で、京都は山紫水明であるが、これに尚武の代表として御猟場の設置があれば完璧となり外賓をもてなすのによいと主張しています。新たに雲ヶ畑の由緒、日露戦争、外賓接待における文武の強調が現れています。雲ヶ畑村長であり御猟場監守長となる波多野富之助は、昭和二年（一九二七）「岩屋山記」という村の名所案内をまとめており、村の振興策を視野に入れた提案だったと思われます。

この願書には、御猟場区域に関わる取調書があり面積・捕獲数・戸数・職猟者数が報告されます。一八日愛宕郡長から知事へ、明治二二年の際には猟を業とする者一二名が被害を苦情がましく唱えたもので、現在は悔悟し設置を熱望しているとあり、同じく二七日知事から主猟局長へは、古来御遊猟の旧跡地の由緒もあるとして詮議を依頼しています。また五月三日には、知事から主猟局にあて、村民は若干の御手当金は拝受するが、村民からは強く要求はしない、関連地の地価は一二四六五円、地租七一七円になると報告しています。それに関し六月二七日、雲ヶ畑波多野富之助他、大宮・上賀茂村から知事にあて、二〇年間を一期とし、毎年御手当金二五〇円以上は受けないと請書を提出します。

図４　雌鳥社、現在の惟喬神社（筆者撮影）

七月一〇日主猟局の実地調査により、最適の御猟場であり人民の苦情もないことから設置は適当、経費は年間一二〇〇円と宮内大臣田中光顕へ具申されます。八月二八日宮内大臣から主猟局長に指示があり、内務大臣や農商務大臣にも確認した上で、一〇月一五日御猟場が設置されました。その結果、雲ヶ畑村近隣の二〇七四町（二〇五七ヘクタール）が愛宕御猟場となります。明治四一年には、周辺の鞍馬・静市野、小野郷・中川の一部を編入され、その結果、京都御猟場は四四六四町（四四二七ヘクタール）と二倍以上に拡張されました。

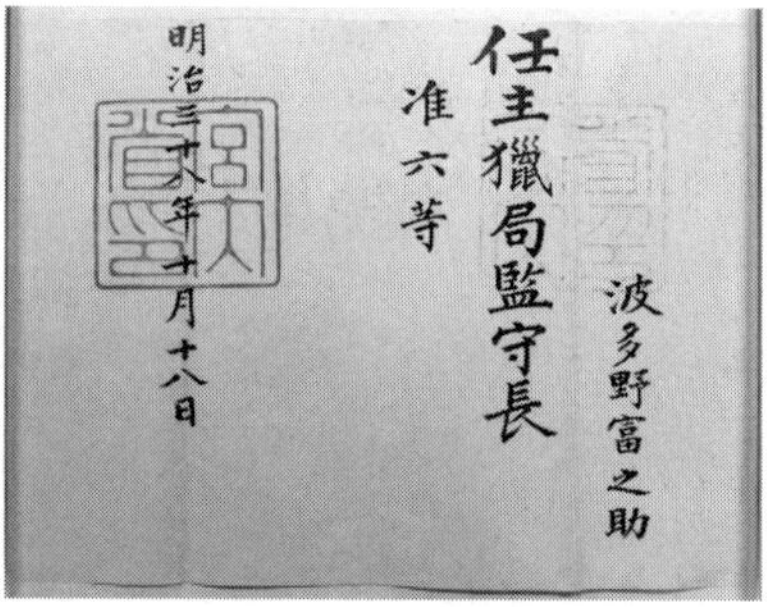

図5　監守長任命文書（波多野六之丞家文書7—85）

御猟場の管理

明治三八年宮内省から御猟場監守長に任命された波多野家には、たくさんの文書が残っています（図5）。波多野家は、一章でみたように近世、端午の節句に御所の菖蒲を葺いた菖蒲役や庄屋を勤めた家です。この御猟場では、監守長他、監守・見廻・保護嘱託員など、全員で二〇名ほどの地元民が採用され、宮内省の職員として働いていました。御猟場の「往復綴」をみると、主な仕事に、御猟区域内外の巡視・取締、鳥獣の蕃殖状況や員数、麑猪・密猟を主猟寮へ報告などがあります。

表2の捷息鳥獣員数報告は、御猟場開始直後の明治三八年一一月一日～翌年一月末までの三ヶ月分を、監守鴨井友次郎が監守長波多野富之助に報告したものです（表2）。村別に記され、雲ヶ畑：猪九五頭、鹿二八〇頭、ヤマドリ八〇〇羽、上賀茂：猪一〇頭、鹿三五頭、ヤマドリ一五〇羽、大宮：猪一五頭、鹿一〇〇頭、ヤマドリ二〇〇羽と三種の鳥獣数がわかります。秋が深まるにつれて、猪と鹿は各村で増加し、翌年になると少し減少しています。

しかし、翌明治三九年一〇月二〇日、監守長から主猟局への農作物被害の伺では、原因は野獣の蕃殖で、被害者の現場調査の結果、御猟場の稲田周囲に設置した木柵を破壊・侵入し、稲穂の食害や稲株の踏倒などあります。被害者への諭示のみで放置するのは忍びなく対策を指示して欲しい、熊二頭が棲息し、梅雨時には樹皮を剥ぐ被害もあったと報告しています。それに対し主猟局は、御猟場と指

表2　明治38-39年捷息鳥獣員数報告

	雲ヶ畑			上賀茂			大宮			合計		
月日	猪	鹿	ヤマドリ	猪	鹿	ヤマドリ	猪	鹿	ヤマドリ	猪	鹿	ヤマドリ
10月末日	95	280	800	10	35	150	15	100	200	120	415	1150
11月15日	120	320	800	20	50	150	25	120	200	165	490	1150
11月末日	150	300	800	20	60	150	20	130	250	190	490	1200
12月末日	100	200	800	25	100	200	20	100	200	145	400	1200
1月15日	180	100	800	15	70	200	20	80	200	215	250	1200
1月末日	95	195	800	10	80	200	15	110	200	120	385	1200

出典:「往復綴」(波多野六之丞家文書12-238)

定された以上、野獣蕃殖や多少の被害は当然である。指定一年未満での被害報告は出願の意に背いている。かつ駆除すれば野獣が逃げ御猟に差し支える。住民に諭達し一層の防御策を講ずべし、と一蹴されました。やはり獣害は、なかなか解決できない問題であったことがうかがえます。

一一月二五日の鳥獣蕃殖報告では、雲ヶ畑方面：蕃殖は盛ん、特に猪は銃声を恐れ交尾後北方へ戻らず、昨年比四割増加し、秋には田畑林産に近年稀にみる損害、鹿による被害は僅少、多数蕃殖、昨年来出没の熊は行方不明、ヤマドリは前年捕獲せず、林産など豊作のため蕃殖か、上賀茂十三石山方面：猪は雲ヶ畑方面と往還するのみ、一時的な避寒地とする、鹿は交尾後棲息し、ヤマドリは蕃殖、大宮氷室方面：猪は秋、田畑に多大の損害、棲息地の変更はなく土着、鹿は雲ヶ畑より時々往来のみで蕃殖はせず、ヤマドリは蕃殖、雉は少し棲息している。このように詳しく報告されていますが、まとめると、土着の猪鹿は多少降雪があっても南方に逃避の恐れはなく、積雪とともに北方より来るものは、今後更に猟場内に多数生息すると確信しています。

翌年一月になると、御猟時期の回答報告が続きます。

九日には、

・前年一二月以来の降雪少量のため北方から屯集する野獣が例年通りにならず、しかし棲息頭数は増加、特に小猪が繁殖している

・一月二日より降雪したが、その後暖気で雪が消え好猟期とは認められず

・しかし例年一月中を最良の時期とする

このため中下旬の御猟を進言しました。

一三日には、

・一〇日より寒気が増進し、一一日より人家附近で一・二寸、北方で五・六寸ほどの積雪となり、場内へ逃集する野獣が数群あり、役員始め村民一統歓喜している

・見回が場内四周を踏査中につき詳細報告は後日、日期を逸せず出猟を準備してほしい

と報告しました。踏査の結果、一七日に最良好猟期は本月中旬から下旬としています。このように御猟場職員は地域の鳥獣の状況を逐一報告し、生業への被害も把握しつつ、御猟に適する時期を判断していました。

京都御猟場の御猟は、設置期間の明治三九年から大正一二年まで、毎年ほぼ一月に実施されています。先にみたように北の丹波で積雪し鳥獣が移動してくる時期でした。例外として、最初の御猟である明治三九年が三月、大正一〇年三月、大正一一年二月は有害獣駆除猟として行われています（一二―二三九「御猟獲物一覧表」他）。御猟の日数は、最初の明治三八年は猟期を過ぎていたため除外して、残りの一八年間に合計一八六日、一年あたり平均一〇日間となります（表3）。開設直後の明治三九

年は二日でしたが、年々増加し大正二年には一四日間、大正七年に一〇日と減りますが、大正一〇年には最大の一五日となりました。表をみると毎年獲物は猪鹿を合わせ常に一〇〇頭を超え、「全国ニ冠絶セル猟場」として全国一位の数を誇っていた記録が残っています。

京都御猟場は、約一〇〇年前の新聞に「雲ケ畑の猪御猟」と記事が載るほどの有名な御猟場でした（朝日新聞、東京、大正八年（一九一九）一月一三日、聞蔵Ⅱビジュアル）。このように好猟場の理由には、雲ケ畑には谷が多数あり、丹波山岳で雪が降って厳寒でも積雪が少ないこと、先述したように御猟場内へ移動する鳥獣が多いためでした（『京都府山林誌』）。猟をするには最適の地形だったことがわかります（図6）。地域別の捕獲数をみると、どこの谷でも猪、鹿が獲れていますが、一番奥の祖父谷が多く、南に下がるにつれて少なくなっています（図7）。

表3　獲物数の変遷

年	猪	鹿	計	日数
明治39	3	4	7	2
明治40	3	10	13	5
明治41	5	10	15	8
明治42	6	11	17	8
明治43	9	18	27	10
明治44	20	24	44	11
明治45	36	27	63	10
大正2	72	42	114	14
大正3	66	41	107	14
大正4	70	81	151	14
大正5	67	59	126	14
大正6	71	57	128	14
大正7	124	71	195	10
大正8	46	46	92	9
大正9	33	91	124	11
大正10	32	86	118	15
大正11	26	76	102	13
大正12	8	53	61	4
合計	697	807	1504	186

出典:「御猟獲物一覧表」(波多野六之丞家文書12-239)

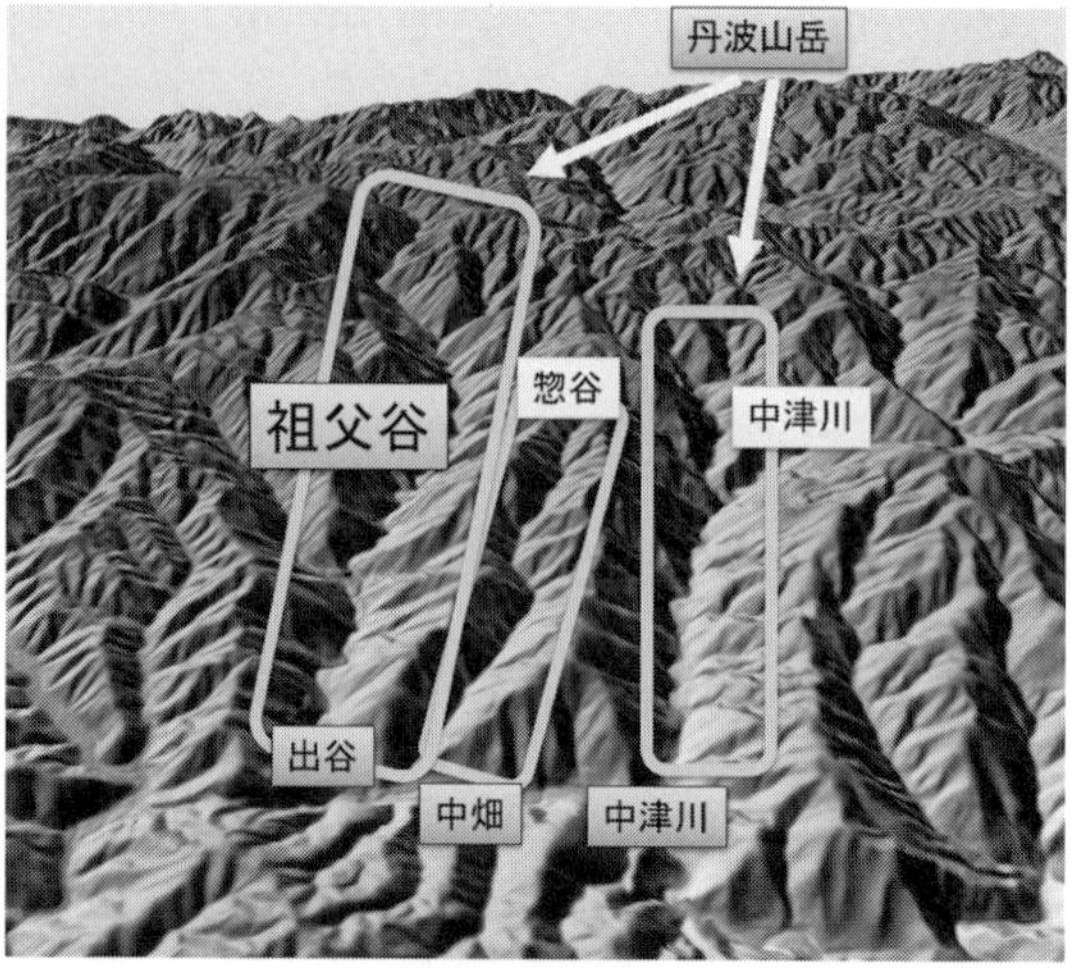

図6　雲ヶ畑標高図（地理院地図3Dを使用）

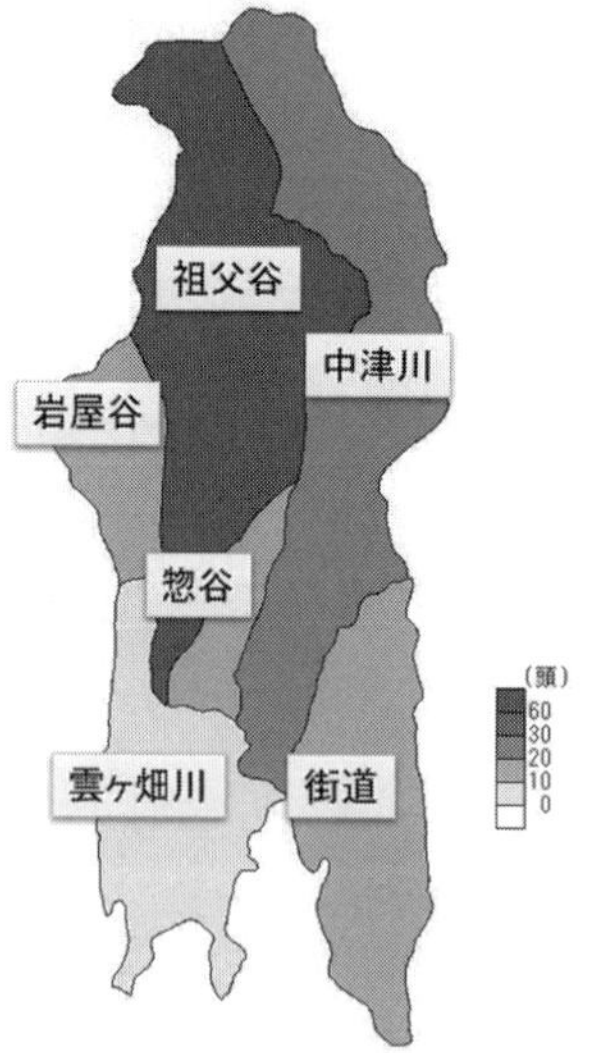

図7　雲ヶ畑の地域別捕獲
出典：大正13年「狩場計画書綴」雲ヶ畑猟区（雲ヶ畑区有文書）

3 御猟場の来訪者

英国ダビットソン大佐の接待

御猟場には、主猟寮の主猟官・職員以外にも、数多くの軍人や皇族、外賓が訪れていました。設置直後の明治三九年三月、外賓として来日した英国コンノート殿下（ヴィクトリア女王三男、陸軍元帥、カナダ総督）の歓迎として実施された狩猟を紹介します。コンノート殿下は、英国王室の初めての日本公式訪問でした。一行は、二月一九日横浜に着船し、東京で天皇・皇族を訪問し、二七日から佐世保・鹿児島・江田島の海軍兵学校・京都・奈良・日光をまわり、三月一六日に出船しました（「東京朝日新聞」『明治・大正・昭和歴史資料全集』）。この間、二月二三日には、新浜御猟場で鴨猟、三月九日、一〇日に「京都御滞在、御猟」とあり、京都で御猟が実施されたことがわかります。

この猟の準備過程は、御猟場の「往復綴」から判明します。二月一二日、愛宕郡役所庶務係より監守長へ、小原主猟官が御猟場の取調のため来郡するので、監守長以下見回まで一同旅館へ出頭するようにとの指示でした。旅館は上賀茂村の堺屋を選定したので先方への連絡も依頼されました。小原主猟官は一二日午後六時に新橋を出発し、翌日午前七時二七分七条駅に到着との予定も知らされました。目的は書かれていませんが、次の指示からこの猟のための調査であったと思われます。一九日には、一七日主猟局から監守長へ、翌月上旬英国皇族狩猟の際の猪鹿を確保するため、先日出張の小原主猟官の命令通り、交尾時期終了後に猟を実施するよう、棲息数の調査などが指示されました。この指示は、監守長の「日誌」にも、棲息員数取り調べ方の通達があったと記されます。この他に「英皇

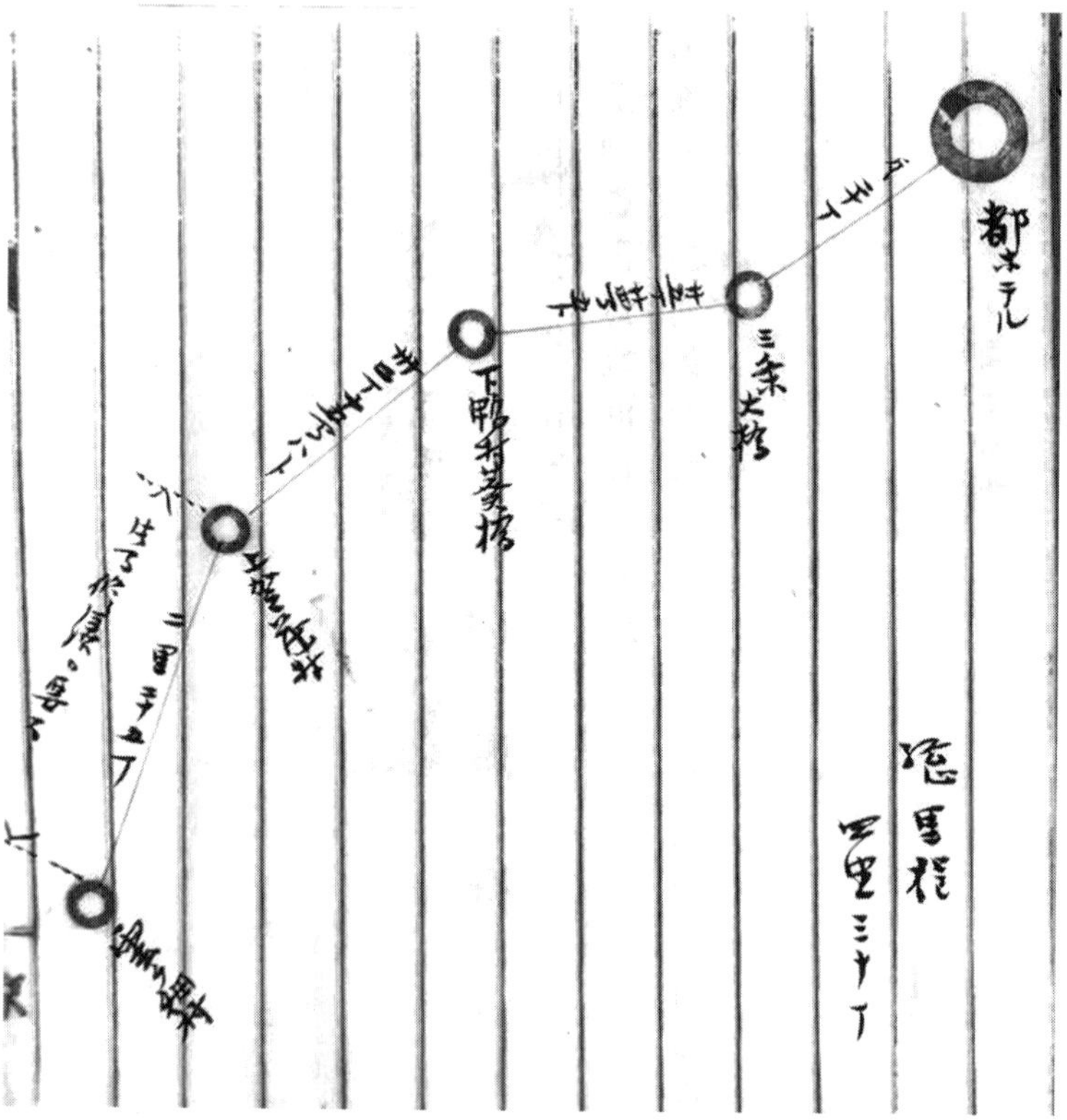

図8　英皇族来場ノ里程調（波多野六之丞家文書12-238「往復綴」）

族来場ノ里程調」として、都ホテル―三条大橋―下鴨村葵橋―上賀茂村―雲ヶ畑村と、御猟場までの行程、距離を示す図面も作られました（図8）。

三月に入ると、三日主猟局から職員出張の連絡が来ます。五日午後六時新橋を発するので、翌六日午前九時までに二軒茶屋（京都市左京区静市市原）まで迎えに来るようにと指示がありました。出張者は主猟官小原駩吉・同侯爵伊達宗陳・同鍋島精次郎・同子爵松平頼孝、他に属官三人・省丁一人の計八人でした。

一〇日に行われた狩猟は、主賓：英国コンノート殿下代ダビットソン大佐、陪賓：マグドナード大佐、日本側は、黒木為楨・東郷平八郎両大将、伊集院五郎中将他、財部・宇都宮各大佐、佐々木中佐の軍人、主猟寮から、戸田主猟局長、小原・伊達・貴志・松平・鍋島主猟官、沢木・子林・福山の属官が参加しました。御猟場の職員は、監守長をはじめ、監守三、見廻一四、鳥獣保護嘱託三人の二一人、このほか、補助猟師延五四人、勢子三二人、猟犬三七頭と大規模な狩猟であったことがわかります（『京都府山林誌』）。成果は、猪三頭、鹿四頭、計七頭、翌一一日は降雨で休猟となりました。狩猟終了後、主猟局を通じて監守長に対し、英国銅製ビクトリヤ王冠徽章が贈与されました。

ロシア大使公爵ウイルソーフの接待

大正二年一月、ロシアの日本大使公爵ウイルソーフを接待した狩猟が開催されます。波多野監守長の手帳に、狩猟の様子が詳しく記され、一一日に一四日午前汽車で新橋を出発すると連絡がありました。このとき、ウイルソーフ、東郷・黒木・樺山資紀・上村彦之丞の大将四人の他、米田主猟頭他、織田信親・伊達宗陳・鍋島精次郎・薮篤麿・松平頼孝・細川興生・粟津義夫・伊東太郎の主猟官八人、子林・渡邊・後藤の属官三人、省丁三人、ロシア書記官の合計二〇人が雲ヶ畑の猟に参加しました。一行は一四日に京都に到着し、ロシア関係者は京都ホテル、米田他は松吉・近太・柊屋・俵屋に宿泊しています。翌一五日午前八時、雲ヶ畑の入口といえる車坂にて、監守長・監守・見回、愛宕郡長、署長達が出迎えます。雲ヶ畑では、黒木・樺山大将が監守長宅、東郷・上村大将が秦安次郎宅、その他主猟官たちも村内の各家に分宿しています。
到着してすぐ、午前一〇時半、第一回追込猟が始まりました。第二回は午後一時二〇分から奥室にて、第三回は午後三時から追込猟でした。監守長の手帳には各回の「立場」と呼ばれる、各人の持ち場を記した図に、「牝猪一、犬、二貫五〇〇目」と獣の種類、重量、仕留めた人名や犬が記されています。

この時の獲物記録は「御猟獲物一覧表」に詳しく、一五日は、鹿二、猪六の計八頭、主猟官の鍋島が牝鹿一七貫（六四キロ）、御猟場の今江見回が牡鹿二二貫、瀬戸見回が牡猪一六貫、波多野文助が牡猪四貫、その他の四頭は、犬が捕らえた牝猪・牡猪各二頭、五貫以下の小型でした。翌一六日、参加者の調子が出てきたのか、ウイルソーフ、東郷・黒木・樺山大将、伊達・藪主猟官、後藤属の七人と御猟場職員・犬の成果があがり、猪一二、鹿三、計一五頭となりました。特に、樺山大将は、牝猪一七貫、牡猪五貫と、一日に二頭も捕獲しています（図9）。ウイルソーフの名前はこの日だけで、その後、猟を続けたかどうか不明ですが、途中休猟日を挟みながら二八日まで一一日間実施され、猪七二、鹿四二頭の合計一一四頭の獲物を得ました。御猟場設置から八年目にして、はじめて一〇〇頭を超えていますが、この内、犬の成果が二八頭と全体の四分の一を占めます。

朝香宮鳩彦王と北白川宮成久王

皇族関係では、大正八～一〇年に朝香宮鳩彦王、北白川宮成久王が来訪しました。まず、朝香宮鳩彦王（一八八七～一九八一）は久邇宮朝彦親王の第八王子、朝香宮家の初代となり陸軍大将まで

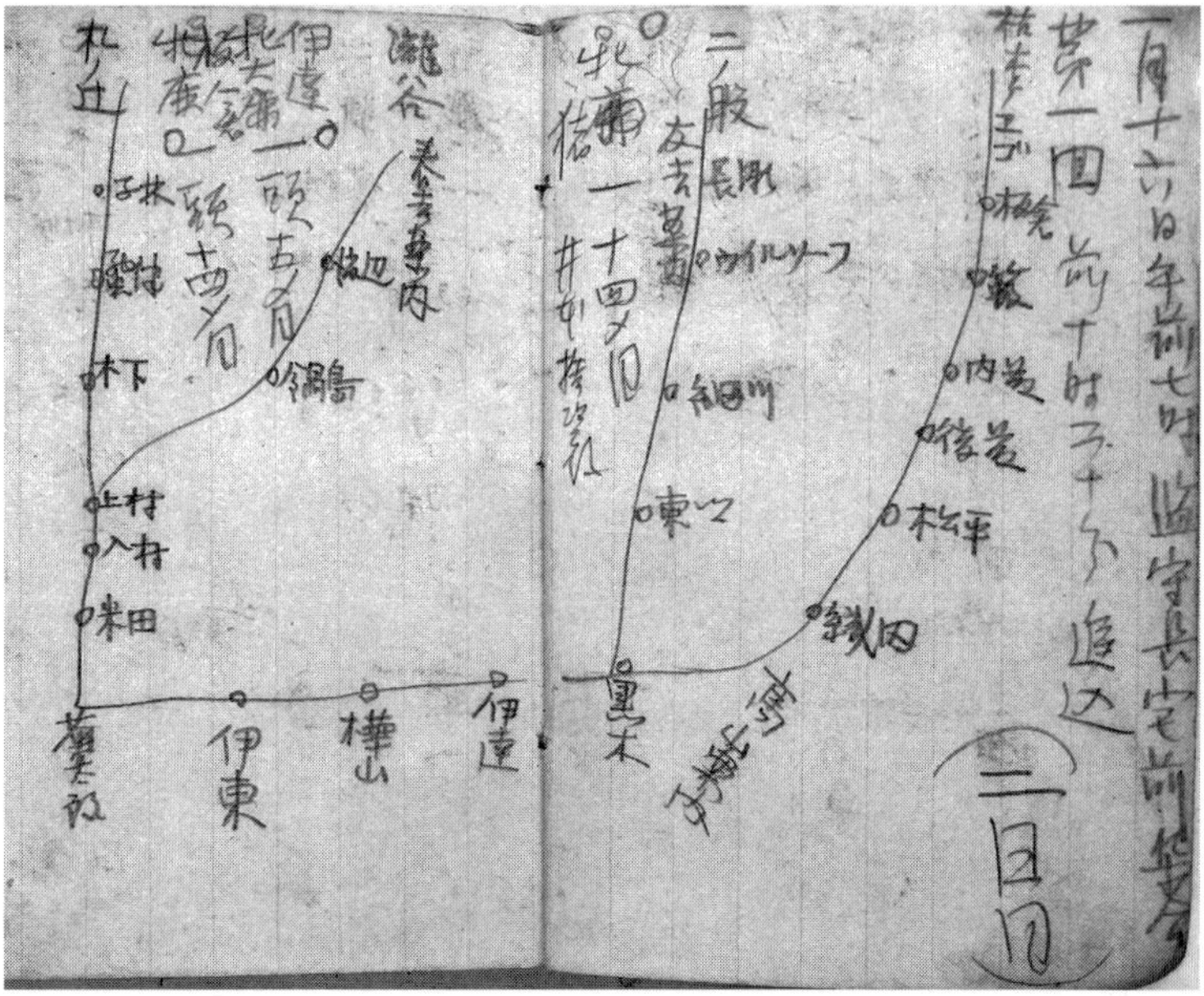

図9　ウイルソーフが参加した猟の立場図（波多野六之丞家文書9-199「手帳」）

進み、戦後、皇籍離脱しています。つぎの、北白川宮成久王（一八八七〜一九二三）は、北白川宮能久親王の第三王子、陸軍砲兵大佐でした。二人は親しく、一緒にフランス留学しており、大正一二年同乗していた車の事故により、運転していた北白川宮は事故死、同乗者の朝香宮は大けがをして帰国しました。いずれも明治天皇の娘婿にあたります。

この二人の狩猟について、大正八年一月一六日〜一八日の事例をみていきます。朝香宮・北白川宮とともに、伊達宗陳・鍋島精次郎主猟官・主猟寮職員一三人が御猟場を訪れています。伊達は旧宇和島藩主家であり、北白川宮の伯父にあたります。

陸軍中将の尾野実信、立花小一郎も同伴しましたが、両者とも福岡出身でした。この時、猟を補佐する勢子が九〇人、猟犬四〇頭というかなりの人数で、朝香宮を西軍、北白川宮を東軍として競い合って猟をしました。

また両宮の狩猟は写真が残っており、実際の狩猟の様子がわかります。この写真はおそらく監守長の息子、後に雲ヶ畑村長を勤める波多野周蔵が撮影したものです。まずは出発前、宿舎となった監守長宅などです。中央に北白川宮、右隣は伊達宗陳だと思われます。写真を詳細に観察すると、杖を持ち、大きなポケットの上着、手袋、ゲートル、靴に巻いた滑り止めなど、当時の猟の服装や装備、実態がよくわかります（図10）。また朝香宮がマフラーをして銃を持つ姿もあります（図11）。準備が終わると、猟場へ向かいます。この写真は雪中を行く行列、狩猟は一月の寒い時期です（図12）。橋上にも人が続くかなり長い行列ですが、雪上にすでに人が通った跡があり、服装から考えて猟場からの帰還であった可能性もあります。両宮が木橋をわたっていますが、猟場は山中や谷間となり、このような場面も多かったのではと思います（図13）。山中での昼食風景では、両宮は焚火の周りで椅子に座り、弁当・汁物・茶が出されています。まわりの参加者は、伐木上か立ったままです（図14）。これらは猟の最中に撮影されていますが、昼食などの休憩や移動場面が多く、実際の猟中はつぎの立場待機のみです。猟は尾根など広範囲に分散し、動きも早く危険なため撮影が難しかったと思われます。雪の中で人物が座っていますが、おそらく狩猟の「立場」で待機する様子です（図15）。座っているのは尾野実信陸軍中将ではないかと思います。参加者は「立場」という、それぞれの場所で、勢子や猟犬の追った獲物を待っています。

図10　猟の出発前（波多野六之丞家文書）

図11　ポーズを取る朝香宮（同上）

図 12　雪中を行く行列（波多野六之丞家文書、以下同）

図 13　木橋をわたる両宮

図14　山中での昼食

図15　立場で待つ

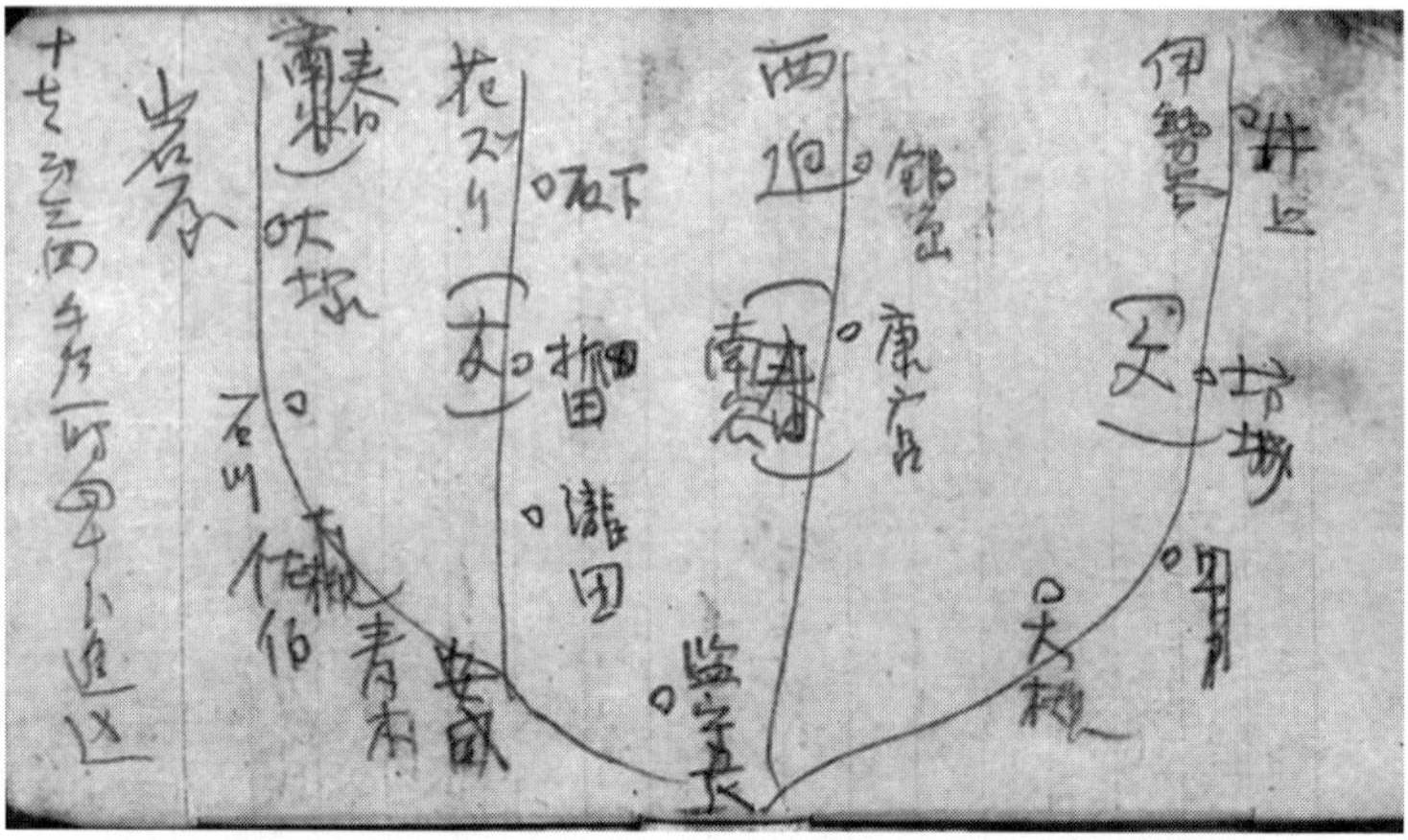

図16　大正8年1月17日立場図（波多野六之丞家文書）

監守長が記録した立場の図をみると、四本の各線上に名前が記され待機する場所がわかります（図16）。左から二本目の「花ズリ」は谷名で、その端に「殿下」とあり、扇の要部分、谷の源流、尾根、山頂付近に監守長がいます。この立場の配置は、主猟官が指示し、現場の各谷筋に陣を張ります（『京都府山林誌』）。そして、空砲三発で勢子が獣を追い始め、山頂では勢子が猟犬を引き連れ、峯通りより多くの猟犬を適当に放ち、獣を谷筋に追い降し捕獲しました。猟のまとめ役である監守長が、山頂付近で状況を確認し、獲物を谷筋へ追い込んでいたようです。そのため、若い両宮（殿下）に谷の終点で獲物を仕留めて欲しいという監守長・主猟官の思いを読み取ることができます。

猟の後、朝香宮と北白川宮を中心に獲物の鹿の前で記念撮影をしています（図17）。猟の獲物の成果はどのくらいだったのでしょう。大正八年一月一六日〜一八日の御猟猟物一覧には、東軍・西軍の獲物の数、種類・重さの記録があり、猟の成果がよくわかります（図18、表4）。三

図 17　獲物の前で記念撮影（波多野六之丞家文書）

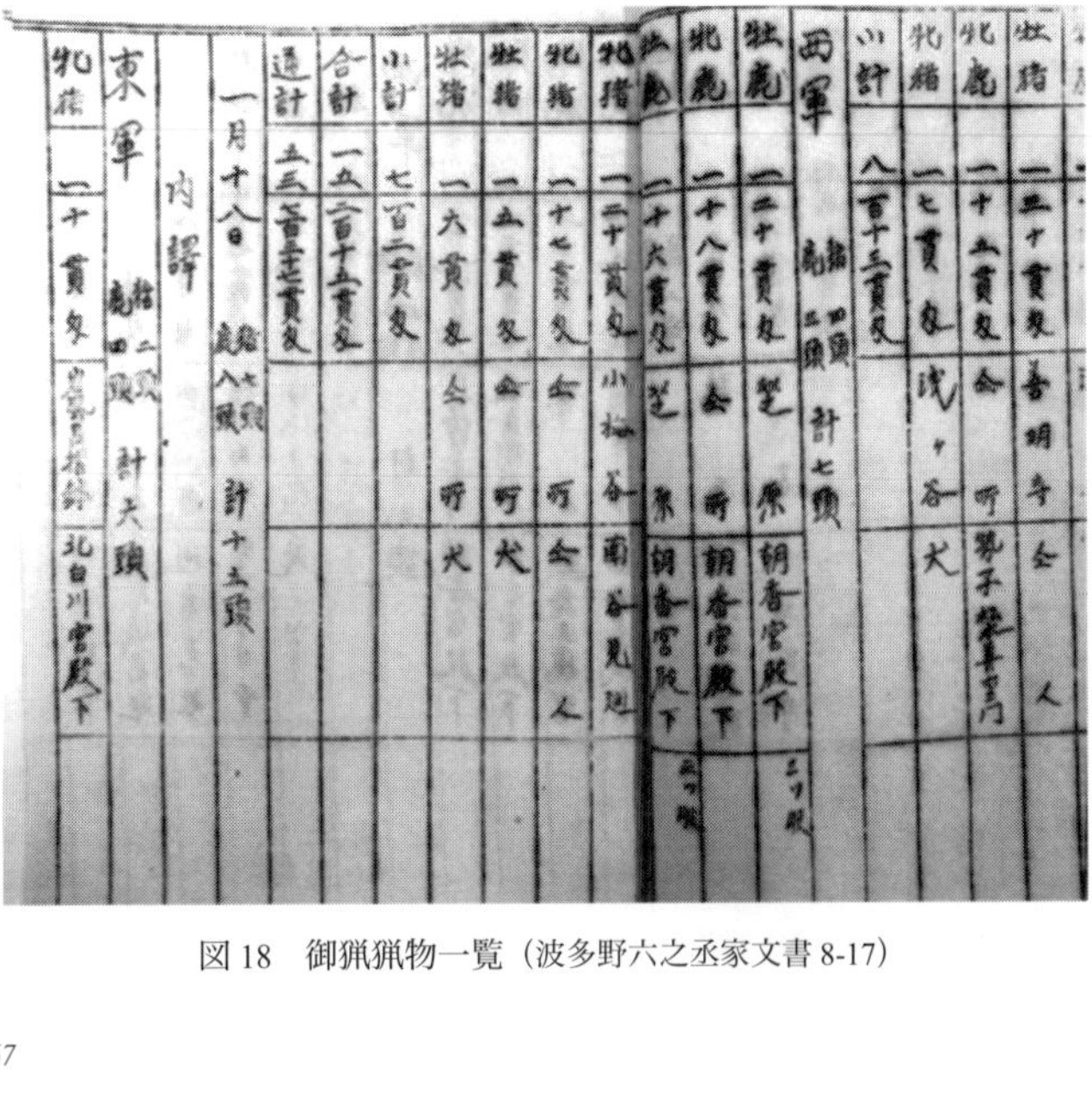

牡猪	一	二十貫匁	善明寺	仝　人	
牝鹿	一	十五貫匁	仝　町	猟子[illegible]	
牝猪	一	七貫匁	浅ヶ谷	犬	
小計	八	百十三貫匁			
西軍　猪四頭 鹿三頭　計七頭					
牡鹿	一	二十貫匁	芝　原	朝香宮殿下	二ツ股
牝鹿	一	十八貫匁	仝　町	朝香宮殿下	二ツ股
牡鹿	一	十六貫匁	芝　原	朝香宮殿下	
牝猪	一	二十貫匁	小松谷	南谷見廻	
牝猪	一	十七貫匁	仝　町	仝　人	
牡猪	一	五貫匁	仝　町	犬	
牡猪	一	六貫匁	仝　町	犬	
小計	七	百二十貫匁			
合計	一五	二百十五貫匁			
通計	[illegible]	[illegible]貫匁			
一月十八日　猪七頭 鹿八頭　計十五頭					
内譯					
東軍　猪二頭 鹿四頭　計六頭					
牝猪	一	十貫匁	[illegible]	北白川宮殿下	

図 18　御猟猟物一覧（波多野六之丞家文書 8-17）

表4　大正8年1月16〜18日御狩猟物一覧

月日	獲物	貫	場所	射手	備考
1月16日	牡猪	22	栗夜叉	鍋島主猟官	
	牝鹿	10	長谷	高橋蟻見廻	
	牡猪	20	朽木	藤林見回	
	牝鹿	12	長谷	勢子高橋磯	
	牡鹿	12	長谷	勢子鴨井市	スアイ
	牡鹿	20	長谷	廣谷監守・勢子今井幸・合打	東軍・ミツ股
	牝鹿	17	中西山	馬場賀訓	東軍
	牡猪	3	栗夜叉	犬	東軍
	牝鹿	10	藪原	波多野菊見回	西軍
	牡鹿	20	トツ谷	和田監守	西軍
1月17日	牝猪	4	善明寺	尾野中将	東軍
	牝鹿	13	風呂ノ谷	伊達主猟官	東軍
	牝鹿	15	風呂ノ谷	波多野菊見廻	東軍
	牝鹿	15	風呂ノ谷	波多野菊見廻	東軍
	牝鹿	14	浅ヶ谷	勢子今井幸	東軍
	牡猪	30	善明寺	勢子今井幸	東軍
	牝鹿	15	善明寺	勢子松本善右エ門	東軍
	牝猪	7	浅ヶ谷	犬	東軍
	牡鹿	20	芝原	朝香宮殿下	西軍・三ツ股
	牝鹿	18	芝原	朝香宮殿下	西軍
	牡鹿	16	芝原	朝香宮殿下	西軍・三ツ股
	牝猪	20	小梅谷	南谷見廻	西軍
	牝猪	17	小梅谷	南谷見廻	西軍
	牡猪	5	小梅谷	犬	西軍
	牡猪	6	小梅谷	犬	西軍
1月18日	牝猪	10	岩風呂摺鉢	北白川宮殿下	東軍
	牝鹿	12	信濃山	伊達主猟官	東軍
	牡鹿	14	椿谷	高橋蟻見廻	東軍
	牡鹿	8	椿谷	川原見廻	東軍
	牝鹿	17	猪ガ馬場	勢子今井幸	東軍
	牝猪	6	源海ヶ原	犬	東軍
	牡鹿	22	岩屋寶貴田	朝香宮殿下	西軍
	牡猪	32	長兵衛向ヒ	朝香宮殿下	西軍
	牡鹿	20	西谷	鍋島主猟官	西軍
	牝鹿	18	豆サコ	石川主猟官	西軍
	牝鹿	16	岩屋寶貴田	高橋春見廻	西軍
	牡猪	7.5	水木ガエゴ	犬	西軍
	牡猪	6	岩屋寶貴田	犬	西軍
	牝猪	3	岩屋寶貴田	犬	西軍
	牡猪	9	隅田ヶ谷	犬	西軍

出典:「御猟獲物一覧表」(波多野六之丞家文書12-239)

日間で鹿二三、猪一七、計四〇頭の獲物があり、朝香宮五、北白川宮一、主猟官五、尾野中将一、御猟場職員一九、犬九頭でした。朝香宮が突出していますが、ここでも犬の成果が全体の四分の一を占めます。

御猟場には数多くの皇族が来訪し宿泊しているので、村人との交流も多く、その記念として「久邇宮邦彦王殿下御手植松」碑（旧雲ケ畑尋常高等小学校）や、「朝香宮殿下御手植之月桂樹」碑（旧御猟場監守長宅）などが建てられました（図19）。まだ未調査のものも多数ありますが、これらは御猟場時代の文化遺産として貴重なものです。

図19　「朝香宮殿下御手植之月桂樹」碑（筆者撮影）

4　御猟場の犬たち

忠犬と御猟犬

雲ヶ畑の隣の真弓には、猟犬を弔う「忠犬碑」があります（図20）。犬の名前は良号と七号、二頭とも大正四年一月二四日に斃死とあります。同じ日に上村彦之丞、黒木為禎大将も同行した猟が開催されました。碑の揮毫は元丹波柏原藩藩主で、当時主猟官の子爵織田信親でした。

図 20　忠犬碑（長谷川巴南氏撮影）

この猟犬は御猟に参加していた犬でしたが、御猟犬ではないようです。御猟犬とは主猟寮に認定され、首輪や毎月の飼養料が給付される猟犬で帳簿に登録されています。明治四〇年七月一九日、監守長は、御猟場内に好良の猟犬種がおらず、御猟に支障をきたすため、猟犬の子犬三、四頭を下賜して欲しいと申請しています（一二—二三八「往復綴」）。すでに御猟は始まっており、最初は御猟場内の猟犬を使っていたと思われます。この結果、翌年六月一日、天城御猟場の監守長からポインターの牡牝各一匹の子犬が到着しました（図21）。牡は千代、牝は福と名付けられ、それぞれ飼養者も決められます。ポインターは、猟の際に獲物を発見すると、止まって知らせるポインティングをすることから名付けられており、典型的な猟犬といえます。一一月二〇日には主猟寮から薩摩産牡の山と牝の高、ポインターの牡の子犬五郎、牝の子犬千代・牒の五頭が到着しました。以上、当初の御猟犬七頭は、ポインター五頭、薩摩産二頭でしたが、子犬の牒が翌年一一月熱病で死亡し、後任は雑種の牡の熊となりました。明治四三年九月、高が通行人を噛んだので狂犬として処分され、同じ薩摩産の山は痩せてしまい使用できず廃犬となりました。

大正九年には、同時期に二頭の猟犬が盗難にあいました（九—六五「往復綴」）。まず、牡の千代は、

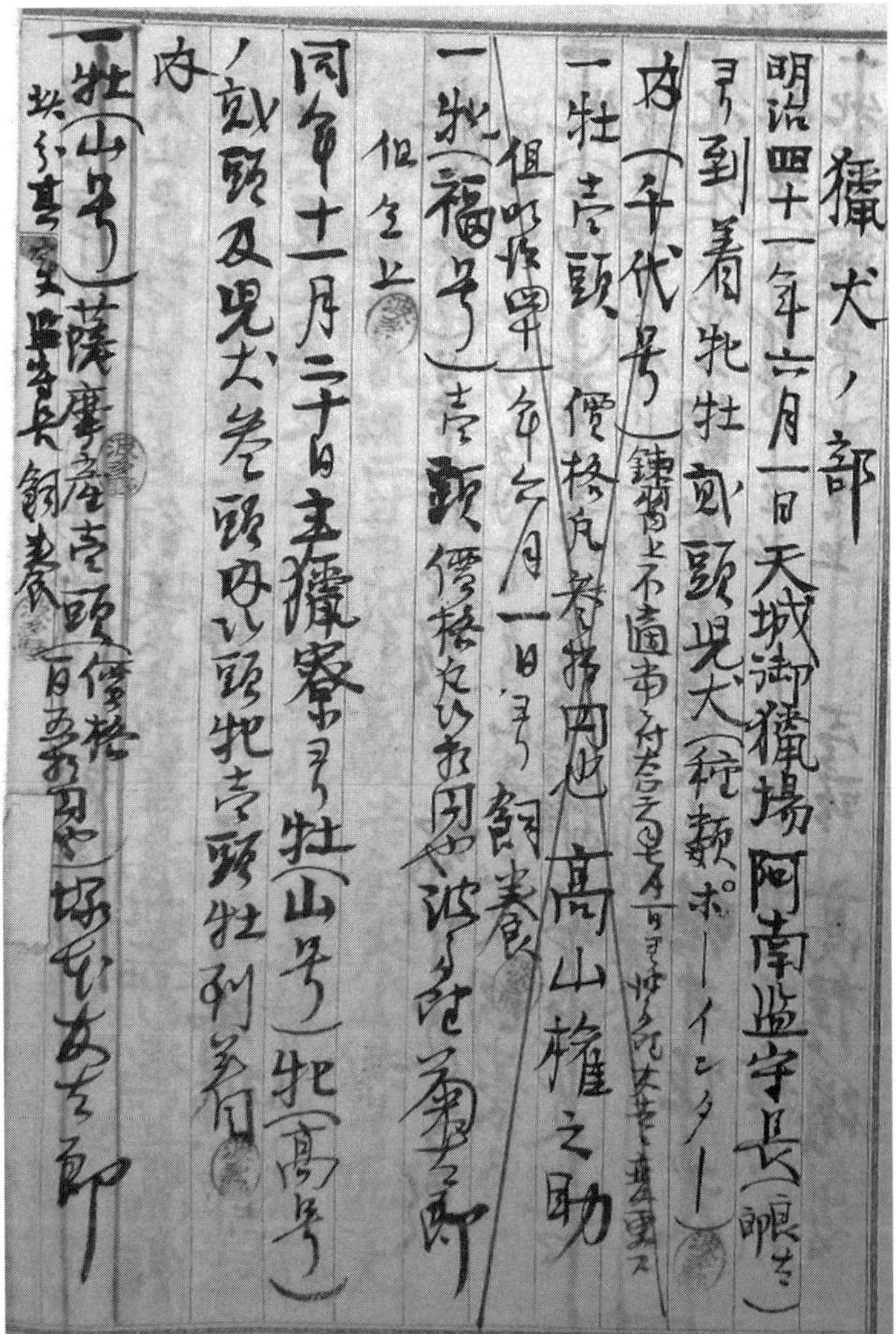

図 21　猟犬受払簿（波多野六之丞家文書 11-8）

大正八年三月から雲ヶ畑の波多野菊太郎が飼養していましたが、一〇月一五日夜から姿が見えませんでした。村内に滞在していた土木工夫について上賀茂まで行ったようですが、その後離れ行方不明になりました。つぎの牝の千代は、大正四年四月から中川の岩水重右衛門が飼養していました。同じく一〇月一五日出て行ったまま帰らず、翌日捜索中に犬の死体を運んでいる者がいると情報がありましたが、手がかりはありませんでした。そのため一一月二五日には、新たに牝の長、牡の丸が御猟犬となりました。

さらに、一二月二五日、御猟犬タス（太助）は二ノ瀬の今江卯之助が預かり飼養していましたが、一六日御猟路刈のため、一緒に連れて行ったところ、夜泣峠から南の方へ行ったまま帰ってきませんでした。この結果、秋以来御猟犬を三頭も紛失したため、始末書を書くように指示がありました。一二月三〇日には一〇月一五日に盗難された二頭の首輪の紛失届も出されています。

大正一一年一月二日、昨年一〇月に交付された猟犬ポロが、京都市出水通堀川の獣医の治療を受け、宮内省から送付の薬も投与しましたが、一二月三一日病死との届がでます（八―二「往復綴」）。翌日には、雲ヶ畑の波多野菊太郎が飼養していた、牡の市がすこぶる優秀なので御猟犬として採用したいと伺が出されました。

御猟犬の選挙と狂犬病

一月二〇日の御猟勘定の際には、御猟犬の選挙投票が行われ、上位九頭が御猟犬となります。一位は二六点の白、二位は一六点の市、九位は一〇点の丸でした。三月一日宮内省への届出によると、

「猪鹿猟ニ優秀ナル」御猟犬は一〇頭、その内昨年度交付された洋犬、灰色の牝トラは無投票で確定していました。この届出には犬名・性・色・年齢・住所・飼育者氏名が記されています。まとめると、御猟犬は牡六、牝四、二〜七才、特に二才が四頭と多く、色は赤三・白・黒・灰二・虎毛・白黒斑と様々で洋犬と別に記載があることから、他の猟犬は雑種だったと思われます。名前は、熊二頭の他、市・白・福・力・高・丸・太助と、毛色や強さ、縁起のよい字が使われています。一方で同日、老衰のため御猟犬廃犬伺がでており、ここにも犬九頭の編入年月日・犬名・性・住所・飼育者が記されています。牡八、牝一、編入時期は明治四一年〜大正八年までと幅広く、犬の生年と考えると一五才の高齢犬もいたことがうかがえます。名前は、丸三頭の他、福・長・五郎・熊・吉・白と御猟犬と同様の傾向といえます。

この年の御猟計画では猟犬二〇頭とあることから、すべての犬が御猟犬ではなく、多数の猟犬のなかから選挙によって決められていました。御猟犬は、毎月五円の飼養料が支給されるので、その資格を公平に割り当てるために選挙されていたようです。そのため、御猟犬に不足が生じた場合にはすぐに補充されます。九月一九日御猟犬の熊（牝、黒色、四才）が病死しますが、すぐに場員間で互選した結果、雲ヶ畑村の波多野丈助が飼養する長（牝、茶黒、三才）を御猟犬にしたいと二三日に届が出ています。その後、一〇月二〇日トラが猟犬として不適当なため廃犬となり、一一月一〇日には先述した長（牝、茶黒、三才、雑種）が流行病で死亡しました。選挙の際に次点となった五郎（牡、赤、四才、雑種）を補充しています。二四日にも、福（牡、赤、七才）が流行病で死亡し、市（牡、黒茶白斑、二才）を補充しました。この年だけでも一月のポロを含めて五頭が死亡・廃犬となりましたが、その

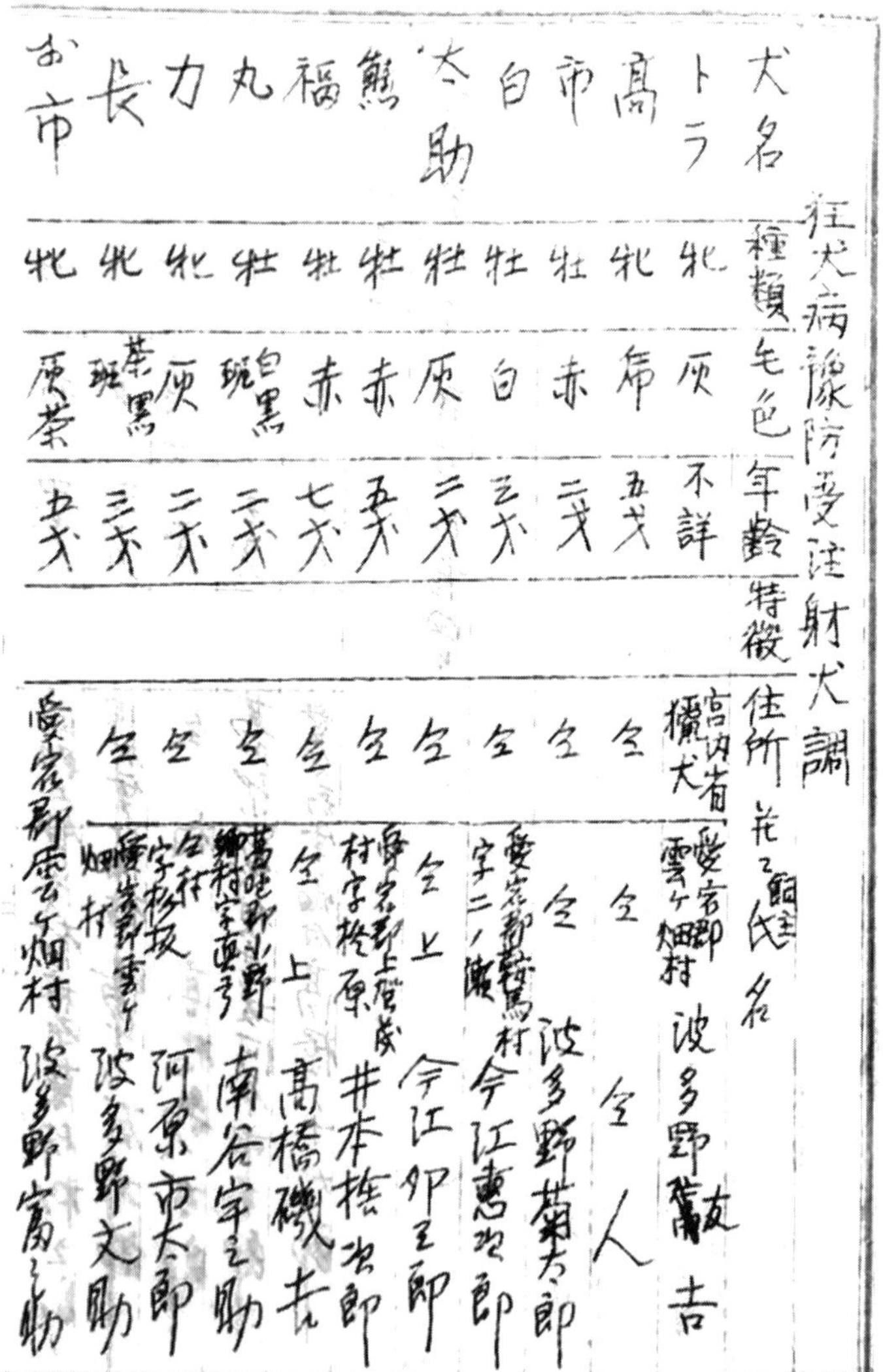

狂犬病豫防受注射犬調

犬名	種類	毛色	年齢	特徴	住所	飼主氏名
トラ	牝	灰	不詳		宮内省獵犬	愛宕郡雲ヶ畑村 波多野鶴吉
高	牝	斑	五才		仝	仝 仝人
市	牡	赤	二才		仝	仝 波多野菊太郎
白	牡	白	三才		仝	愛宕郡鞍馬村字二ノ瀬 今江恵次郎
太助	牡	灰	二才		仝	仝上 今江卯三郎
熊	牡	赤	五才		仝	愛宕郡上賀茂村字柊原 井本捨次郎
福	牡	赤	七才		仝	仝上 高橋磯吉
丸	牡	白黒斑	二才		仝	葛野郡小野郷村字直谷 南谷宇之助
力	牝	灰	二才		仝	仝村字杉坂 阿原市太郎
長	牝	茶黒斑	三才		仝	愛宕郡雲ヶ畑村 波多野文助
お市	牝	灰茶	五才		愛宕郡雲ヶ畑村	波多野富之助

図 22　狂犬病予防受注射犬調（波多野六之丞家文書 8-2「往復綴」）

ほとんどが病死で、狂犬病によるものではないかと考えられます。

それは一〇月一八日監守長から飼養者宛に出された、狂犬病予防注射の通知からもわかります（図22）。一一月二四日に京都府の秋山技師が、監守長の家に来訪し、予防注射が行われました。一一月一一日に予防注射を受けた御猟犬の一覧が宮内省に提出されていますが、御猟犬一〇頭以外に「獣猟ニ際シ御雇上猟犬」五頭の一覧もありました。このなかには監守長が飼養していた、お市という牝五才の猟犬もいました。この件は、宮内省から御猟犬の注射は許可したが、雇上犬の注射は初耳でいかがなものかと、問題視されています。

このような事態を受けて、一二月三日監守長から宮内省へ犬籍新設を提案したなかで、つぎのように理由を述べています。京都府が明年度より犬籍を導入し一頭三円の課税を実施、御猟犬は免除されると思われますが、最近流行病のため御猟犬の数が減り、御猟には御猟犬以外の私犬二〇頭が参加し、それらに課税されると飼養者が減少します。そのため、狩猟免許を持っておらず、御猟場員や猟場内の有志者の猟犬を、御猟犬の予備犬・補助犬として職名をつけ、犬籍を作ってはどうかという内容でした。

御猟犬は、京都以外でも活躍しています。二月一三日から日光で御猟が実施されるのに伴い、京都から波多野友吉・今江恵次郎・髙橋幾太郎の三名と御猟犬九頭が出張しました。一一日夜の汽車に乗車しますが、犬を小荷物として送るために一八時頃に京都駅に到着し、駅員に対応を依頼しています。しかし、当初、品川・池袋・赤羽経由で向かう予定でしたが猟犬を連れていたため、東京駅で一旦下車し自動車で上野駅へ向かい乗り換えたようです。

御猟犬は最初、天城御猟場や主猟寮から送られた洋犬ポインターや薩摩産の犬が主でしたが、その後、おそらく地元の雑種が増えて、猟犬との区別のため選挙が行われ御猟犬を決める方式に変更されたと考えられます。

5 御猟場から猟区へ

大正一二年一〇月一日、御猟場は、農林業の獣害や林業家の廃止運動、誤射で職員が亡くなったなどが原因となり廃止されます。その後、同年一一月二一日農林大臣管轄の地方公共団体営の猟場として雲ケ畑猟区が認可されました。そのため範囲も、雲ケ畑村、上賀茂村十三石山、小野郷村周山街道までに狭まりました。翌大正一三年には、小野郷村分は別の猟区として分離独立します。この雲ケ畑猟区は、記録をたどると昭和一九年頃廃止されたと考えられます。

この猟区には入猟規程（大正一三年頃）が定められ詳細が判明します（図23）。入猟期間は、一二月一・二日、第一・二土日、一・二月の土・日でした。一回四〇名以内、六～一五名を一つの猟隊とし、捕獲頭数の制限があり、七名以下の参加で三頭、一四名以上の参加で七頭でした。銃器のみ使用可能ですが、散弾は禁止されました。勢子の配給は一猟隊あたり勢子長二名、勢子三～五名、猟犬四頭です。予約は五日前までに連絡し、多数の場合は抽選で料金は一名五円でした。そして終了後は、捕獲鳥獣の報告が必要で、農作物や竹木の損傷は禁止されています。

猟区になってからも、根津嘉一郎（東武鉄道・南海鉄道）・光永星郎（電通）・細川力蔵（雅叙園）・若尾（東電）などの富裕層の利用が多く、村にとっては多額の収入となりました。特に、昭和五年（一九三〇）

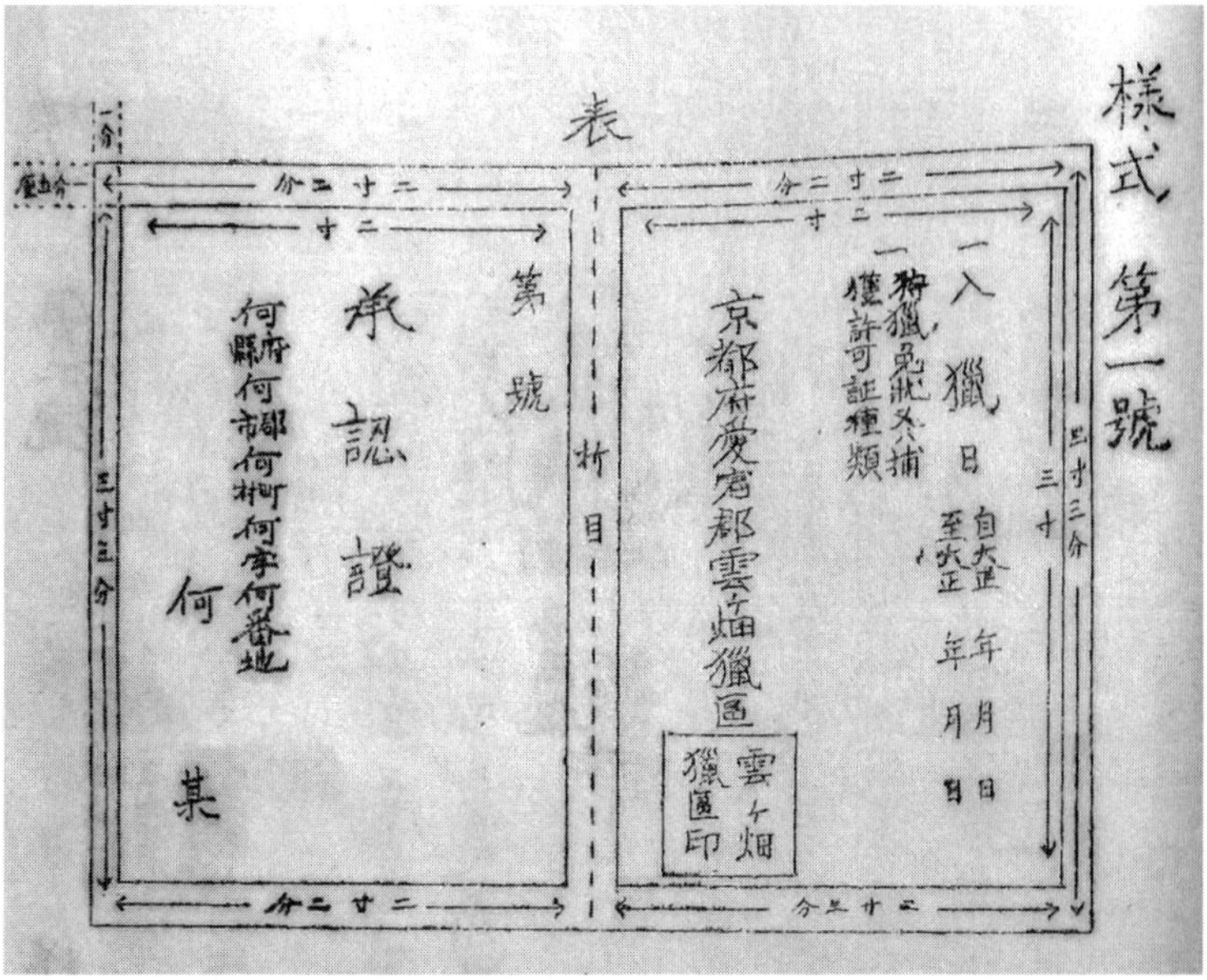

図23　猟区の入場券（雲ヶ畑区有文書）

伏見宮博恭王海軍少将が来訪し、二月一日尾野大将・宮越武官と共に、第一回椿谷より東谷、第二回八升谷・井戸谷、大鹿一頭・中鹿一頭・女鹿一〇頭、二月二日には篠田氏一行と祖父谷方面、ドンコ一頭・女鹿二頭の獲物があり、大猟にて満足したとの記録があります（雲ヶ畑区有文書「日誌」）。

御猟場から猟区になっての大きな変化として、捕獲頭数の減少をあげることができます。図24をみると御猟場時代には捕獲頭数は年平均九〇頭と多かったのですが、猟区になってから年平均二〇頭と減ってきていることがわかります（図24）。入猟規程のなかで、捕獲制限をしていることから、御猟場時代に捕獲しすぎたため獣数が減少した可能性もありますが、この時期、京

図 24　捕獲頭数の変化

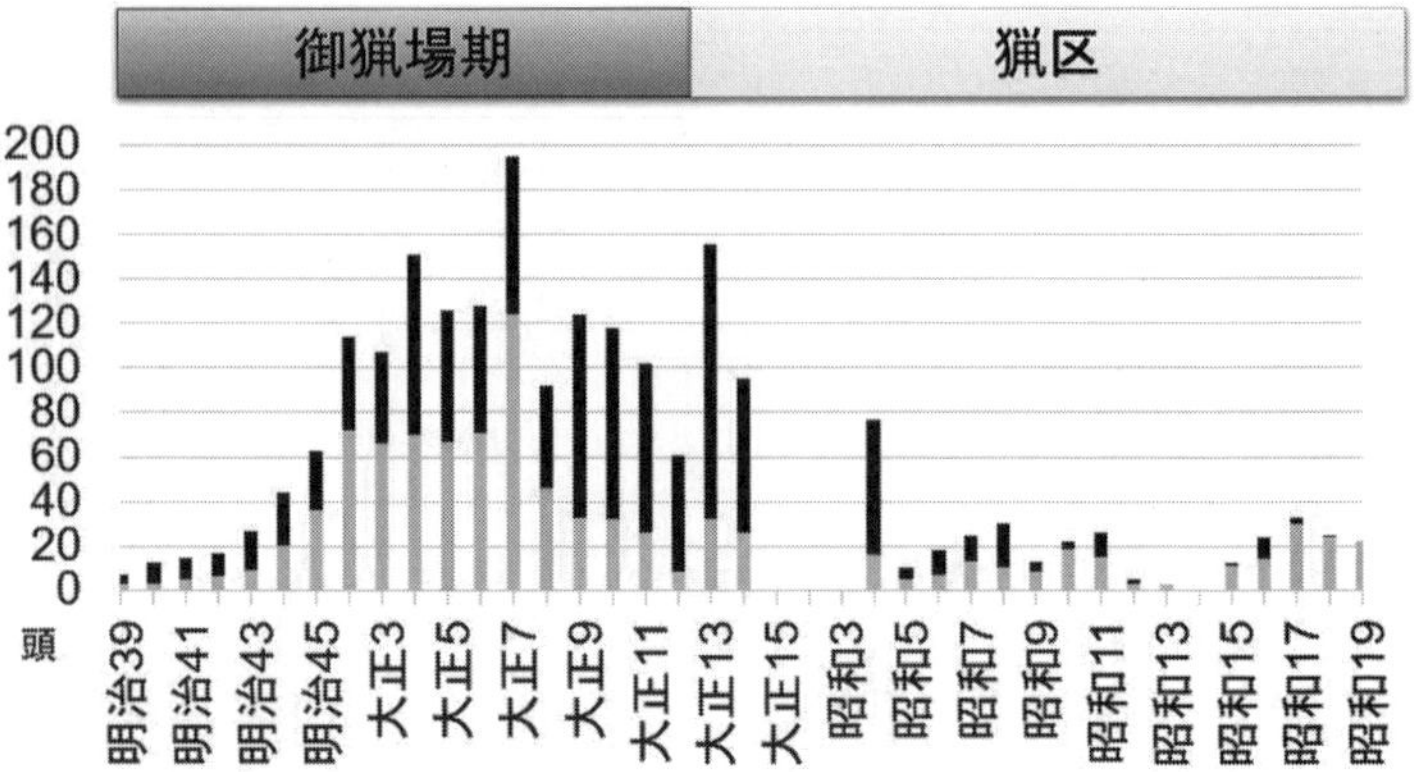

出典:「御猟獲物一覧表」(波多野六之丞家文書12-239)、「日誌」(雲ヶ畑区有文書)

図 25　京都府内の猟銃免許者数の変化

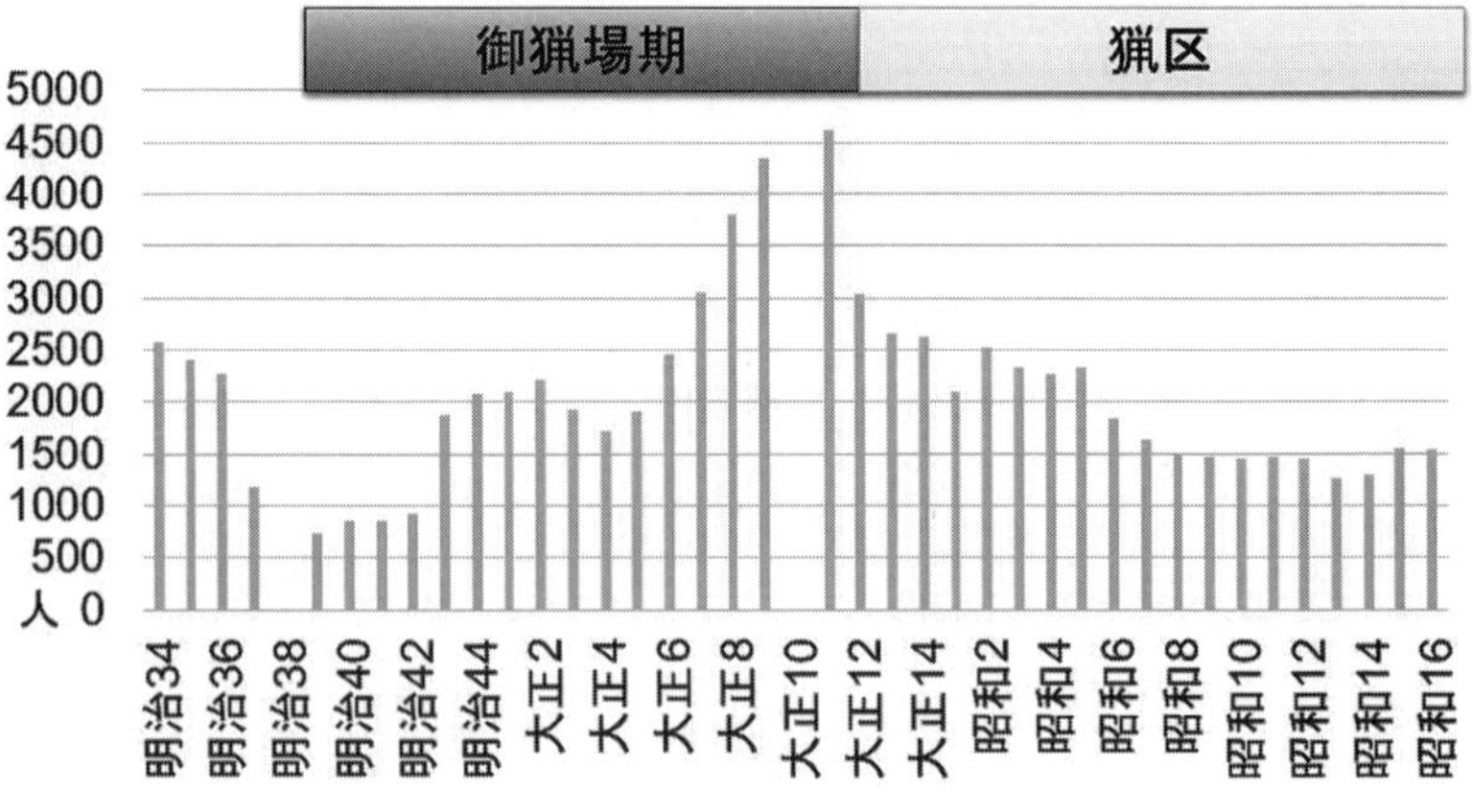

出典:各年の『京都府統計書』

図26　昭和3年御大典大礼使御用材の献上（波多野六之丞家文書）

都府内の猟銃免許者数も減ってきています（図25）。また、皇族や華族による遊猟文化は、大正期までは盛んでしたが、昭和期に入り動物愛護が推進され、衰退したというみかたもあります。このような原因から捕獲数が減少したのかもしれません。

また、御猟場は別の形でも利用されます。大正二年の大正天皇即位の際、京都御所に大嘗宮が造営されますが、雲ケ畑・小野郷から御用材の木材を献上します（図26）。これは、雲ヶ畑村が、明治以降に道を整備し木材の搬出路が確保され、林業が主産業に変化したことに伴うものです。木材の献上願では、つぎの様に多くの由緒が主張されます。

禁裏御料地、主殿寮、菖蒲葺御用、鮎献上、修理職被官、仙洞御所御領百姓御用、戸屋主役、四方拝、正月三節会、新嘗祭、豊明節会、伊勢例幣、内侍所御神楽など奉仕、右近府鼓師、修学院行幸・女御御入内供奉、苗字・帯刀、下行

米、官位叙授、所役ノ領地受領、御猟場ほとんどが近世の由緒で、天皇との繋がりが深く長く続いていますが、最後に当時開設されていた御猟場が含まれています。

おわりに

これまで詳細が不明であった京都御猟場について、新史料に基づいて実態をあきらかにしました。御猟を維持するためには広範囲に禁漁区を設定する必要があり、そのために獣害が増え、一度廃止され、再開設後も常に被害に悩まされていました。一方で御猟場は、伊達宗陳などの華族を中心にした主猟官、東郷大将などの軍人、朝香宮・北白川宮などの皇族と交流する場となり、記念碑などが残っています。御猟場の廃止後は、戦前期を通じて村の猟区として維持され、村の財政にも貢献します。そして、中世は主殿寮領（行幸用具・薪炭・掃除）、近世は上皇の仙洞御料、菖蒲役、鮎御用、明治〜大正期には宮内省の御猟場となり、御大典には御用材の献上など、雲ヶ畑は長期間にわたり皇室や朝廷との関係が深い地といえます。中世以来の関係を持ち、明治以降、天皇が東京へ移転した後も、つながりを継続しているのは雲ケ畑のみで、大変特異な地域ということがわかります。

参考文献

・『雲峯時報』波多野周蔵、一九六八
・『関西四大都市商工名鑑』大阪商工協会、一九二四、国立国会図書館、特116-82
・京都府立大学文化遺産叢書一九『京都雲ケ畑・波多野六之丞家文書調査報告』京都府立大学歴史学科、二〇二〇
・京都府立大学文化遺産叢書二二『あのころの雲ケ畑―京都雲ケ畑写真資料調査報告』同右、二〇二一
・瀬戸口明久「狩猟と皇族―雑誌『猟友』に見る動物をめぐる政治・科学・ジェンダー」『動物観研究』一三、二〇〇八
・多摩市文化振興財団編『みゆきのあと―明治天皇と多摩―』二〇一四
・辻岡健志「御料牧場・御猟場・鴨場：明治期における皇室と千葉県の関係史」『千葉県の文書館』二二、二〇一七
・パルテノン多摩編『聖蹟と鳥獣―「連光寺村御猟場」がもたらしたもの』二〇〇一
・東昇「京都御猟場の御猟と射手」京都府立大学文化遺産叢書二三『文化財の保存活用と地域コミュニティ』京都府立大学歴史学科、二〇二二
・『明治・大正・昭和歴史資料全集』皇室篇上、有恒社編、一九三二～三四、国立国会図書館、210.6-M4485-Y

3章 田辺藩の献上鰤・魦《いさざ》と漁村成生の展開

はじめに

近世、日本中の藩から領内の産物を、時献上として将軍へ献上していました。丹後田辺藩（現舞鶴市他）の時献上は、現在でも有名な鰤など海産物でした。この鰤を捕獲していたのが、領内有数の漁村であった成生村（現舞鶴市）です。ここでは、藩の献上品と漁業についてみていきます。まず近世の丹後鰤の評価、献上鰤・鰯、領内のみで流通する魦《いさざ》の実態、献上の全体像を箱からさぐり、江戸で行われた藩主の茶会における産物利用を紹介します。つぎに、近世から明治前期にかけての漁村成生村の変遷を概観し、成生村をめぐる漁業について、人口の減少と肴米の免除、魚寄風防の樹木や新規漁場に関する隣村田井村との争論を取り上げます。

1 丹後鰤と田辺藩の献上

近世の丹後鰤

丹後鰤は古くから有名で、近世初期の寛永一五年（一六三八）松江重頼の俳諧書『毛吹草』の各国の産物に登場します。丹後は様々な海産物「鰯・老海鼠・海鼠・目指」があり鰤は「伊根鰤」と出ています。また、鰤は伊根のほか、越中・出雲・壱岐・対馬など越中以南における日本海側の各国の産物として記されています。約三〇年後の寛文九年（一六六九）、奥村久正『料理食道記』「国々の名物」のなかに「丹後稲（伊根）浦鰤」が出ており、『毛吹草』と同じく対馬・壱岐・出雲・越中についても同様に鰤の産地であると書かれています。そのほか丹後の名産として「ほや・文殊貝みるくい事・鰯」といった海産物があります。

近世中期の元禄一〇年（一六九七）、人見必大『本朝食鑑』では、「鰤は丹後産が最上で、越中がこれに次ぎ、その他はこの二州に及ばない、ただし肥前・筑前のものは丹後・越中に続いて美味」とあります。宝永六年（一七〇九）貝原益軒の『大和本草』にも「鰤は丹後が最上で、隣国でも若狭は味が劣る、丹後鰤は油が多いので塩脯にならないが、筑紫の鰤は塩脯とする」、「丹後・若狭・摂津産のものは味がよい」とか、「丹後は鯖・鰈・鯵・鰤なども、すべて脂が多くて美味」などと、丹後鰤は絶賛されています。そして、正徳三年（一七一三）、寺島良安『和漢三才図会』では丹後の産物については、ほぼ『毛吹草』同様で、鰤も丹後が最上とあり、越中・周防・出雲など日本海側のものが美味と記しています。この頃には、全国的にみても丹後の鰤が最上、日本一と認識されています。

近世後期に入ると、寛政一一年（一七九九）、木村蒹葭堂『日本山海名産図会』では、丹後鰤の美味の理由があきらかになります。博物学者でもあった木村蒹葭堂は「鰤は丹後與謝が最上で、湾の入口にあたる伊根にはシイの木が多く、その実を魚が食べるので美味」「鰤は群れになって東北の日本海を経て西南の海を回り、丹後の海上に至る頃には脂が乗って美味」とし、名産であると断言しています。また、当時の流行番付であった、天保一一年（一八四〇）「諸国産物大数望《おおずもう》」は丹後では縮緬の次に鰤と鰯があがっています。この時期、丹後縮緬に一位の座をあけわたしていますが、いずれの史料も丹後の鰤を最上品と位置づけ、近世を通じて全国的に有名だったことがわかります。

このような産物書以外にも、新井白石が各藩の逸話・歴史をまとめた元禄一五年（一七〇二）成立『藩翰譜』にも、福知山藩主稲葉紀通（一六〇三～一六四八）が宮津藩主京極高広に鰤を所望したところ、頭をはねた鰤一〇〇尾を送られて激怒し、そのために騒動が起ったという話があり、丹後鰤は大名間の逸話に登場するほど有名でした。一般の料理書では、寛文一二年（一六七二）『料理献立集』の「正月之料理献立之事」には、すましの汁に丹後鰤が利用されています。享保一五年（一七三〇）『料理網目調味抄』では、塩鰤は丹後がよいとされています。当時の鰤は、酒煎焼、塩引、焼、ぬたなどに料理し食されていました。

献上鰤と鯣《するめ》

丹後の鰤は将軍に献上されていました。鰤が記される「武鑑」は大名の紳士録のようなもので、大名の系図や官位、馬印、城地、江戸屋敷、将軍への献上である時献上などが書かれています。丹後田辺藩は牧野家が治めていましたが、文化六年（一八〇九）「文化武鑑」では時献上は六品あり（全国共通の正月御盃台を除外）、二月「蒸鯵」、四月「鱗剥小鯛」、一一月中「丹後鯣」、一一月「丹後初鰤」、寒中「丹後鰤」、一二月「自然生薯蕷」は、いずれも領内の産物であり、自然生薯蕷以外は海産物だったことがわかります。また、西隣の宮津藩は少し早く一〇月に鰤を献上し、東隣の小浜藩は寒中に若狭鰤を献上しており、若狭湾沿岸の各藩が鰤を献上していました（図1）。

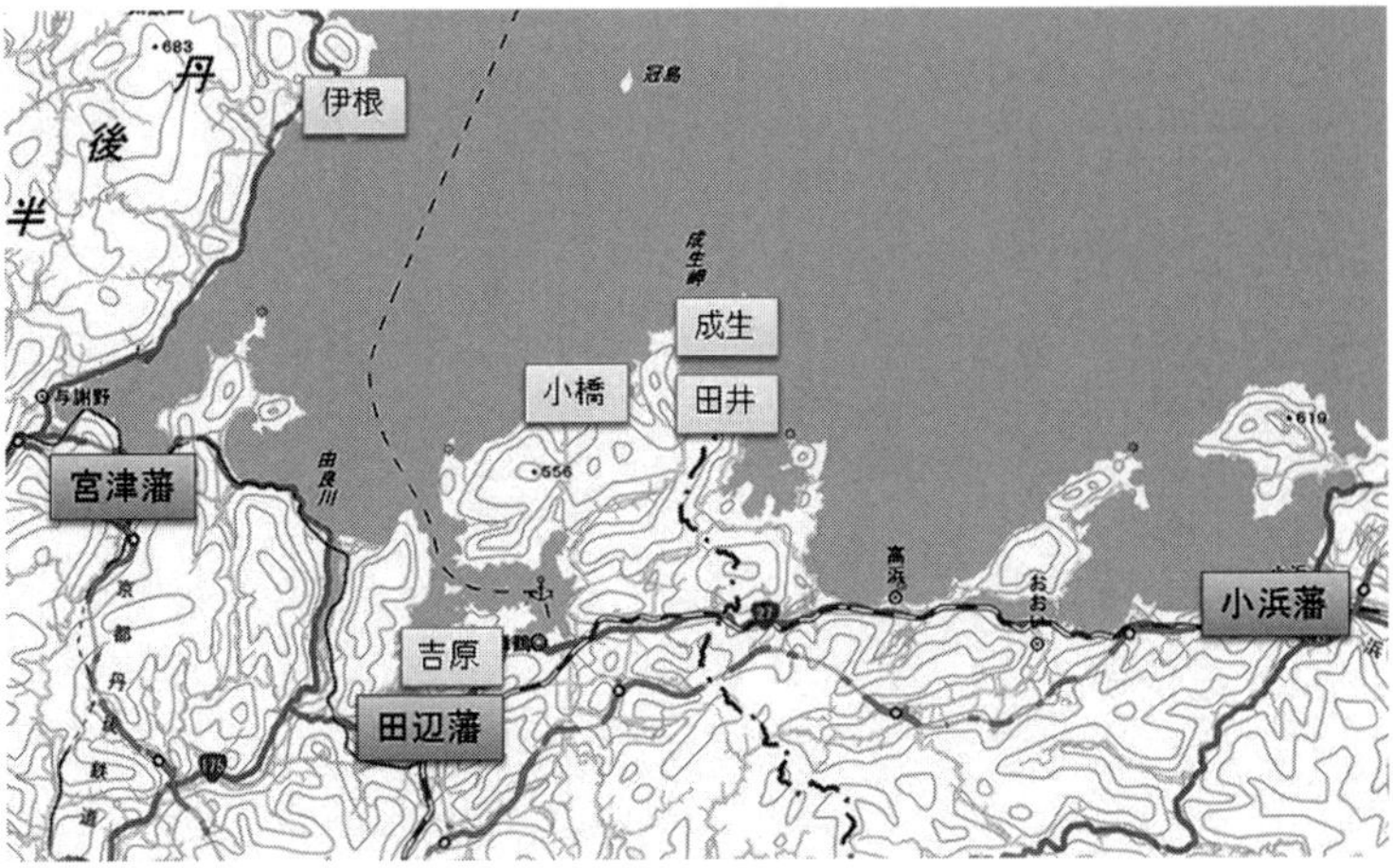

図1　関連図（国土地理院地図を基に筆者作成）

田辺藩は献上鰤をどのようにして確保していたのか、幕末から明治にかけての記録（「旧藩牧野家郡役所年中行司其外諸記録」）をみていきます。献上鰤は、まず一〇月、田辺藩の勘定所から、藩の北東に位置する大浦半島支配の代官へ必要数を通知します。初鰤には一五匁の褒美が出ますが、その後、献上鰤の数が揃うまで一般の漁は禁じられていました。初鰤が珍重されていたことがよくわかります。当時大浦半島には、若狭湾に面した成生村と田井村、伊根側の小橋村の初鰤を献上品としていました。初鰤以外は塩鰤や生鰤に分けて購入し、城下町田辺の北に位置する漁業特権を持つ吉原町からも献上されていました。

つぎに、一一月に献上する鰯は、四月勘定所より大浦代官へ員数を通知した上で買い上げとなります（「旧藩牧野家郡役所年中行司其外諸記録」）。鰤と比較して初物献上や禁漁の規定はなく、簡単な記載しかありません。このように成生など大浦半島沿岸の鰤や鰑が田辺藩で購入され、「丹後鰤」「丹後鰑」「丹後初鰤」というように地名を冠した名産として将軍に献上されていました。

鯋《いさざ》献上

全国的に有名な丹後鰤に対して、地元だけに流通する「鯋《いさざ》」という魚があります。ハゼ科の海水魚シロウオの一種で、現在も舞鶴で三～四月の短期間のみ捕れる貴重な魚です。先にみた宝永六年『大和本草』「河魚」にも「鱊」とあり、細魚で春に川の浅いところをのぼるので「サノボリ」と呼ばれ、近江の和邇、越前敦賀に多いとあります。近江の和邇は、琵琶湖に面しており、海で捕れる鯋とは別のハゼ科の淡水魚だと思われます。弘化四年（一八四七）小野蘭山の『重訂正本草綱目啓蒙』には、「いさざ」は摂州兵庫で春に布網で捕れる一寸ほどの白い魚で、筑前では「しらうを」、肥前では「しらいを」、出雲では「いさざ」と、各地で違う名前で呼ばれる、とあります。

また、料理書の享和三年（一八〇三）『新撰庖丁梯』では「川いささ」というものがあり、海で捕れるイサザとは名前や性質・味わいは同じだが、魚自体が異なると認識されています。川・海いずれにしても同じような魚で珍重されていたことがわかります。ただ、鯋は将軍に献上することができず、藩のなかで流通していました。現在でも舞鶴市外にはほとんど出回らないといわれます。

この貴重な鯋は藩から将軍ではなく、領民から藩に献上されていました。文久二年（一八六二）田辺の大工棟梁瀬尾家の記録「御用町用并自分日記」には、正月一五日に鯋の入札があり、初鯋を藩に献上しています。記録によると現在鯋の捕獲は網ですが、当時は簗を立てていたようです。入札は、一五日に下役や月番を案内していますが、魦ののぼりが早い時期には、七日に実施します。そして初魦を献上する際には、組頭が役所に持参し、その後、藩の同心が付き添って藩主等の食事を作る御台所に献上します。同時に村浦を支配する郡方役所や、城下近隣の中筋地域の代官・下役・手代にも、町の惣年寄、引土村庄屋等が献上しています。記録では魦を重箱に三合ほど入れたとあり、貴重な魚として食されていたことがわかります（図2）。現在魦はビニール袋に水を入れて生きたまま購入します。

また同じ記録のなかに、つぎのような田辺城下町の産土神である朝代神社の九月八日の祭礼献立が残っています。

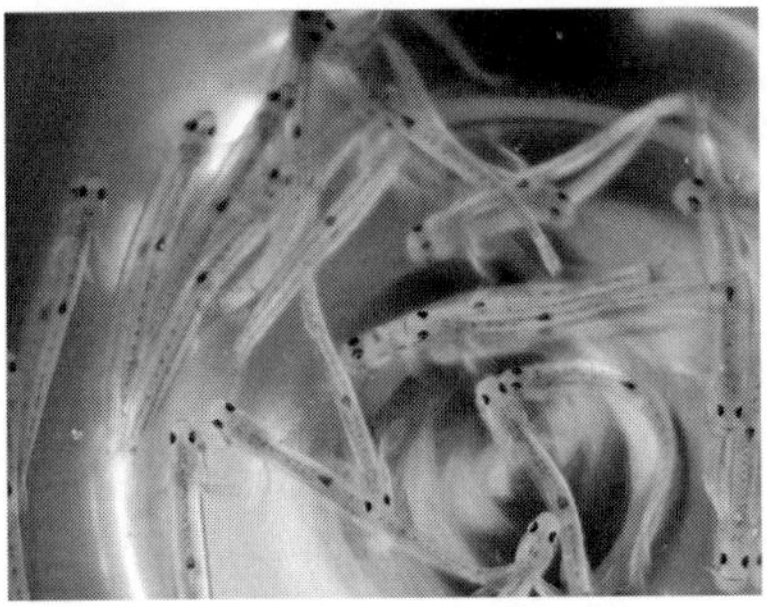

図2　いさざ（有賀陽平氏撮影）

こん立
一ぬた　大こん・ねぎ・いわし　○わに
一すし　さば・丸ずけ
一硯　いた八枚・あじ田楽・ゑひ・たこ・山いも・みかん・紅生が
一鉢肴　すゝき・かつを・ひらめ　三品之内
　酒弐斗五升位、盃三ツ盃外ニ四十位、小皿百斗り

九月という時期もあり献上品となった魦や鰤、鰑はありませんが、鰯、鯖など多様な魚が使われています。「わに」はフカ、「い

た」は現在舞鶴の特産のかまぼこと思われます。幕末の田辺では、日常の食事ではありませんが、城下の祭には豊かな海産物をぬたや寿司などに調理して食べていました。

2 田辺藩の献上と茶会

献上品の箱

つぎに、田辺藩における鰤・鰑・鯋以外の献上について、献上品を入れた箱からみていきます。田辺の大工棟梁瀬尾家は藩の御用を請け負い、時献上などの際、品物を入れる箱も作っていました。幕末の嘉永五年（一八五二）「御用絵図面御屋敷御長家積り諸品寸法控帳」（瀬尾家文書）の「年々月々御定メ」の記録が残っており、それをみるとどういうものを献上していたかわかります。表1からわかるように箱は、時献上以外にも進上など様々なものがあり、月・季節ごとに分かれています。順番にみていくと、まず、二月上旬の「氷蒟蒻」は、三〇〇・二〇〇・二八枚と数量別の箱、各寸法が書かれており、白杉にウツギの釘を使って箱が作られているのがわかります。二月中旬の「蒸鰈」は時献上の蒸鰺から変更されたものではないかと思われます。一〇〇尾入りの鉄釘を使った杉椴製の箱で、下はスノコ板になっており、献上札や荷札を作っているので献上品だとわかります。四月下旬の「鱗剥小鯛」も同じく献上品で、五月には「鰑」「海素麺」がみられます（図3）。海産物以外の葛や梅干、醤油、新米は藩主用に城へ納品するための箱と思われます。特に六月中旬の新米の箱は、藩主が江戸にいる在府中は三俵、田辺にいる在城中は一、二俵入とあることから、江戸へは少し多めに送ってい

表1　献上品の箱

時期	品目	数量、容量	材料	備考
2月上旬	氷蒟蒻	300、200、28枚入	白杉、楊盧木(ウツギ)釘	
2月中旬	蒸鰈	100入	前面松板、杉椴、鉄釘、下簀板杉	御献上札1枚、荷札絵符、杉6分板無ふし
4月下旬	鱗剥小鯛	100入筥、70入連	松→杉、鉄釘、下簀板杉	御献上札荷札
5月中旬	鰑	100入筥	杉椴	
5月下旬	海素麺	2〜5升入	杉白板、検木釘	
6月下旬	柄葛			寸法指方、海素麺函通り
6月下旬	梅干	1斗5升入	木品、竹釘	
6月下旬	醤油	8斗仕込桶		
6月中下旬	御新米	御在府中3俵、御在城中2、1俵入	杉白板、検木釘	
6月末	真倉蛙筥		桐5分板	「窓前後手違、糸針かねニ而アム也」「水ぬき穴ツメ搾ル事」「右者寛政之頃江戸へ参ル由」
9月	松茸	4貫目入桶	杉	
10月	鱈進物	2本入	松、削竹釘指	
11月上旬	薯蕷	70、60本入	松→杉、鉄釘	
11月上旬	鰤	4本、3本片身、3、2本入	杉、鉄釘	11月御献上差札2枚
11月中旬	煎海鼡	100、70、50入	杉白板、検木釘	

出典：嘉永5年「御用絵図面御屋敷御長家積り諸品寸法控帳」(瀬尾家文書)

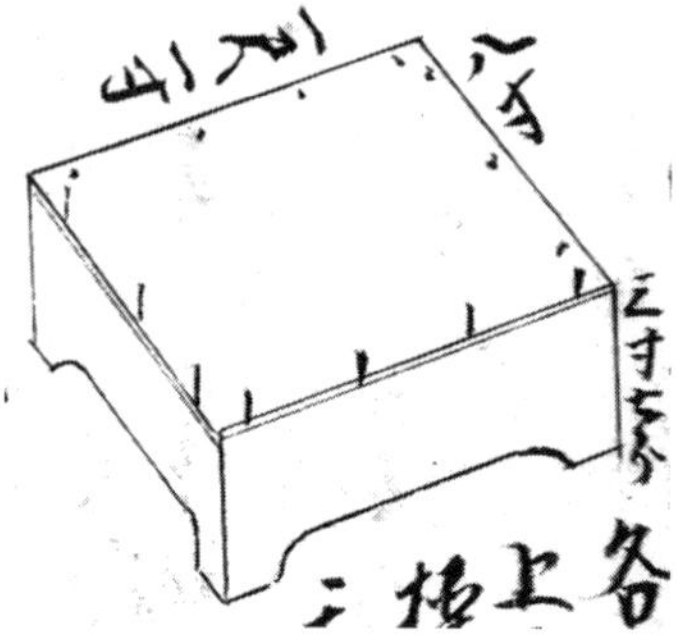

図3　海素麺箱（嘉永5年「御用絵図面御屋敷御長家積り諸品寸法控帳」瀬尾家文書　舞鶴市所蔵）

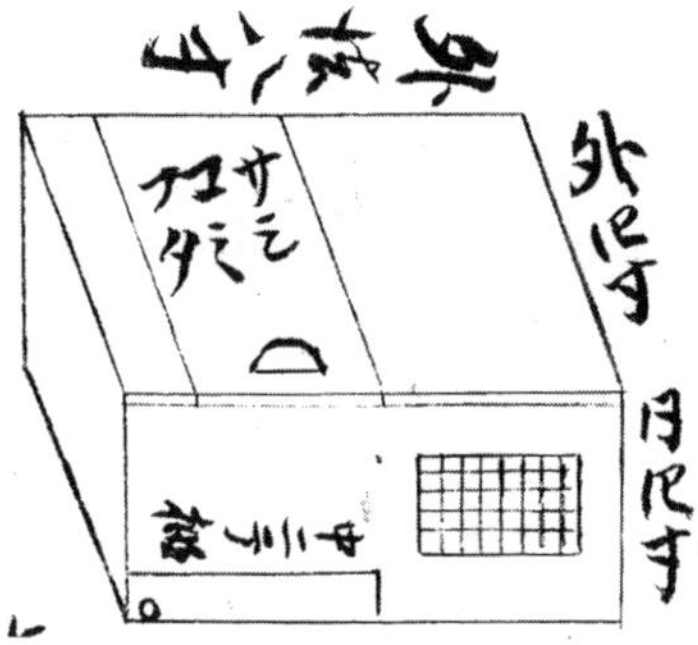

図4　真倉蛙箱（同左）

たようです。

食べ物ではありませんが、六月末の「真倉蛙筥」は、糸針金製の窓や水抜き、引き出しなど、細かな仕様がわかり蛙の飼育箱のようです（図4）。真倉は田辺城下の南に位置する村ですが、寛政（一七八九〜一八〇二）の頃に江戸へ送ったとあることから、将軍への献上か藩主やその家族などに、蛙の声を聴かせるためにわざわざつくったと考えられます。真倉の蛙はよい声で鳴く、生きた名物だったのかもしれません。

そして、九月には「松茸」、一〇月の「鱈」、一一月上旬の「薯蕷」などが続きます。鱈は「進物鱈」とあることから、大名や公家への進上品だった可能性もあります。一一月上旬の「鰤箱」は、献上札があることから、一二月の時献上、丹後鰤の箱です。九三×一二六×三六センチメートルの杉の箱に四本入れて鉄釘を打っています。ほかに一一月献上の際には三本片身、二本、三本入りもあることがわかります。献上品の大きさや数量がわかる興味深い史料です。

藩主牧野家の茶会にみる田辺の産物

このような田辺の産物はどのように利用されていたのでしょうか。藩主牧野家が寛政二年（一七九〇）正月以降に江戸で催した茶会の記録「会席附」（堀口伸子氏寄贈資料）のなかにも、田辺の産物が登場します。当時の田辺藩六代藩主牧野宣成《ふさしげ》（藩主在任：天明三年（一七八三）～文化元年（一八〇四））は、老中松平定信のもとで寛政の改革を推進し、藩校明倫斎を創設したことで知られます。

記録には、二月一七日夜に古河蔵主が茶と会席を用意しています。古河蔵主とは家老古河家の分家の当主四代古河勝俊、知行一五〇石、江戸で藩主の側近くに仕える御用人でした（「牧野諸家系譜」、「寛政武鑑」寛政元年）。客人は殿様と奥様、そめ野・美衛（奥様付女中か）、承安（茶道関係の僧か）で、会席はつぎのような献立でした（図5）。

会席

御向　海そうめん・うど・鱚ゆひき

御汁　赤味そ・田辺のり・もミかつほ

御飯

大平　大徳寺豆ふ・玉子ほろ〳〵

御中酒

御重引　鮑和煮・御香の物

御吸物　たゝみいわし・生椎たけ

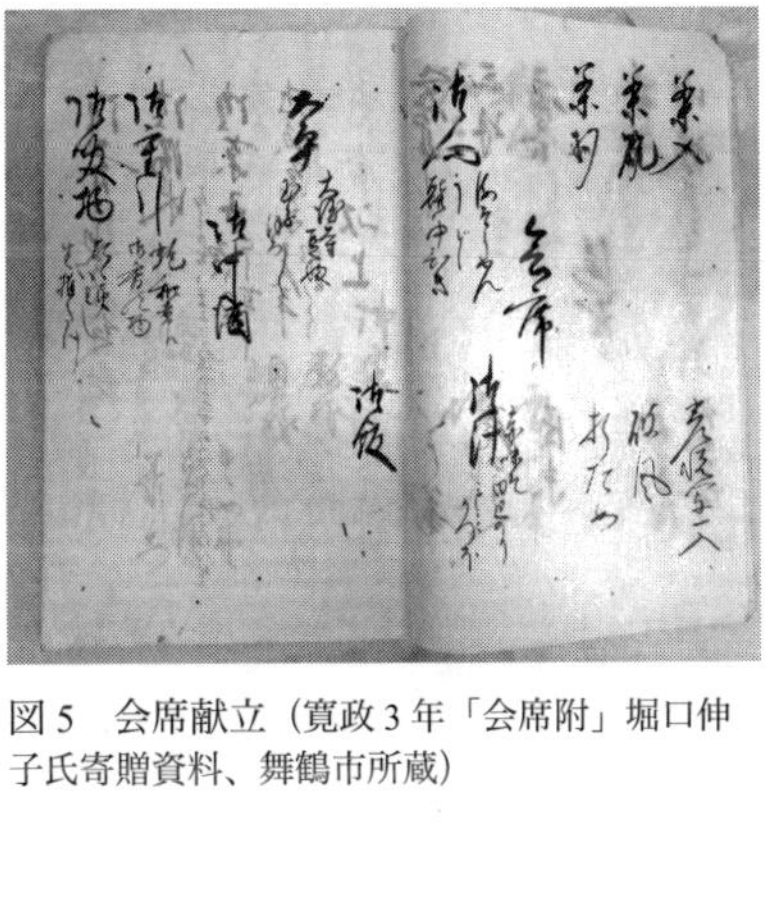

図5　会席献立（寛政3年「会席附」堀口伸子氏寄贈資料、舞鶴市所蔵）

御肴　蜆からし和へ
御湯水
御菓子　唐かのこ、蔵主手製之菓子ハさつまいもの中へあんを入る候、銘も同人付ル・こう茸
御後菓子　せん平・水から

最初の向付にキスの湯引きとともに「海そうめん」が出されています。先に紹介した献上品の箱のなかにも海素麺用の箱があり、後述の成生村「年中行事書上之覚」にも五月に海素麺採集とあるので、田辺産だった可能性があります。また、汁物に入っている「田辺のり」もおそらく田辺産と考えられます。この海素麺や海苔を乾物として田辺領内から送り、江戸の茶会に用いたのではないでしょうか。さらに、御菓子の「唐かのこ」は、古河がサツマイモのなかに餡を入れて手作りしたもので、銘も自分で付けたと書かれています。古河は茶人として、自分で菓子を作り、地元の産品で殿様をもてなしたのではないでしょうか。

そして、二月二五日昼には大久保山城守、牧野丹後守を客とする茶会が催されています。大久保山城守忠喜《ただよし》は、下野烏山藩の第四代藩主、牧野丹後守美成《よししげ》は親類の旗本で小納戸や使番を勤め、二ヵ月後の四月二五日に「致仕」、辞職して引退していますので、その慰労の意味もあったのかもしれません（「寛政重修諸家譜」）。主催者は明記されていませんが、「御詰」が古河蔵主となっており、藩主宣成が主催し、蔵主が控えていたと思われます。この時も向付「煎酒・鯛子付・海そうめん・わさひ」のなかに海素麺が出ており、一七日と同じものを使ったのかもしれません。いずれも田辺の産物であ

るという確証はありませんが、献上だけでなく江戸での茶会でも地元の産物が使われていた可能性があります。なお、茶会の道具には藩主や大久保山城守の作った花筒や香合、茶杓が使われていました（「花筒　大久保山城守殿作、一重切（三月二二日）」「香合　徳樹院殿（三代藩主牧野英成）御造、楽雀形（三月二二日）」「茶杓　銘朝霧、徳樹院様御造（三月二七日）」）。各人とも茶道のたしなみが深かったことがうかがえます。こうした茶会記からも地元の産物利用の実態がみえてくるのではないでしょうか。

3　成生村の漁業の変遷

近世成生村の漁業の概要

大浦半島の最北端に位置する成生は、現在でも漁業を中心とする地域です（図6）。成生村の漁業は、一六世紀末の細川家の時代より献上鰤として有名で、その他、鰹網場、あじ場、鯑《とびうお》の道（洞）、延縄があったとされます（『京都府漁業の歴史』、『舞鶴市史』通史編上、『加佐郡誌』）。しかし、慶長期（一五九六〜一六一四）、多くの村人が出漁中の海難のために死亡し、一挙に働き手を失った成生村は、小成生集落を廃し成生に集まりました。寛永年間（一六二四〜四四）に家数七戸になったとあります。そのため労働力不足となり、鰤刺網などを七戸の平等運営漁場として管理し、一方では隣村田井村が地先の漁場へ進出してきました。

その後、戸数の回復によって田井村との漁場争論が起こり、文政三年（一八二〇）藩の裁定により内済和談となり絵図を作成しています。村前の地先に漁場がありながら人口減少により漁ができず、

図6　成生（筆者撮影）

田井村との漁場争論に発展しました。そして明治・大正期には、鰤刺網に加えて大敷網の技術が導入され、丹後鰤として京阪地方を中心に全国に知られていきます。

以上が成生村の漁業の概要ですが、いずれも史料の引用が少なく、詳細や経緯は不明です。そこで、近年調査した成生地区の文書を中心に、村や漁業の実態の一端をあきらかにしていきます。

近世の村明細と年中行事、伝説

近世の成生村について、村明細史料といえる「土目録」「海陸測量帳」「年中行事書上之覚」から、村の基礎となる情報についてみていきます（表2）。まず石高に関して、宝永四年（一七〇七）六月二三日「土目録」（成生村庄屋与左衛門、治兵衛→奉行）が詳細です（高井家文書四四―三）。石高は合計三一石六斗六升、内訳田一一石一斗四合（三五％）、畑二〇石三斗二升二合（六五％）、面積は一一町九反四畝一二歩です。慶長七年（一六〇二）「加佐郡成生村小成生村御検地帳」写では、田畑面積一一町一反一畝九歩とあり、一世紀で約八反増加しています（高井家文書三〇―二）。田の面積は一町八畝三歩、内中田九畝二四歩、下田九反八畝九歩、永荒・引高を差引、毛付（実収）高は八石六斗四合（七八％）となります。畑の面積は一〇町八反四畝二四歩、内上畠九反九畝九歩、中畠九反九畝六歩、山畠八町八反六畝九歩、引高を差引、毛付高は二〇石三斗二升二合（屋敷分含む）となります。成生村は畑の多い村で、田は下

表2　成生村の明細

	年代		宝永4(1707)	文化3(1806)	明治17(1884)
	史料名	単位	土目録	海陸測量帳	郡村誌
項目	石高	石	31.66		101.163円
	田	石	11.104		
	畑	石	20.322		
	面積	町	11.94		15.53
	田	町	1.08		5.86
	中田	町	0.09		
	下田	町	0.98		
	畑	町	10.84		9.02
	上畠	町	0.99		
	中畠	町	0.99		
	山畠	町	8.86		
	荒地	町			0.56
	宅地	町			0.64
	家	軒		15	21
	人数	人		114	130
	1軒人数	人		7.6	6.2
	寺社			西徳寺・大将軍神	西徳寺・成生神社・荒神社・愛宕神社
	名産物産			鰤・鯣	桐実・麻苧・鰤・鰹・烏賊・鰯・鯖・鰡・鯵
	島			磯島・風島・毛島	葛島・磯島

出典：宝永4年「土目録」（高井家文書44-3）、文化3年「海陸測量帳」（同23-10）、「加佐郡村誌」（京都府立京都学・歴彩館所蔵）

田、畑は山畑が多数を占める農業生産力の低い村といえます。

　文化三年（一八〇六）成立の「田辺藩土目録」によると、小物成は夫米一石三斗九升三合一勺、竈役米九斗五升三合、海成米一石九斗六升五合、肴米八石七斗六升五合とあります（『舞鶴市史』史料編）。諸運上は家運上銀二三九匁、雉二羽代銀四匁、渋柿二石、入木三一二束家三九軒分半役、継物は大豆五斗二升三合、胡麻七升、麻苧七一三匁、真綿二七匁です。他村と同様に各種の上納を行っていました。

つぎに、伊能忠敬の第三次測量に際して提出された文化三年八月「海陸測量帳」から、村の様子をみていきます（高井家文書二三―一〇）。まず、家・人は、人数一一四人に比して軒数一五軒と少なく一軒あたり七・六人と多く、漁業を生業とする集団の特徴とも考えられます。寺社が一ヶ所ずつ西徳寺と大将軍神、名所・旧跡・古城はありません。名産は藩の献上御用を勤めた鰤と鯣です。集落は海辺にあり、田井村までの道は山坂で、越前の参崎まで海路距離三五里（一四〇キロ）とあります。島は磯島・風島・毛島があり、それぞれ距離や周回が記されます。測量の需要にあわせた内容ですが、村の状況が判明する史料といえます（図7）。

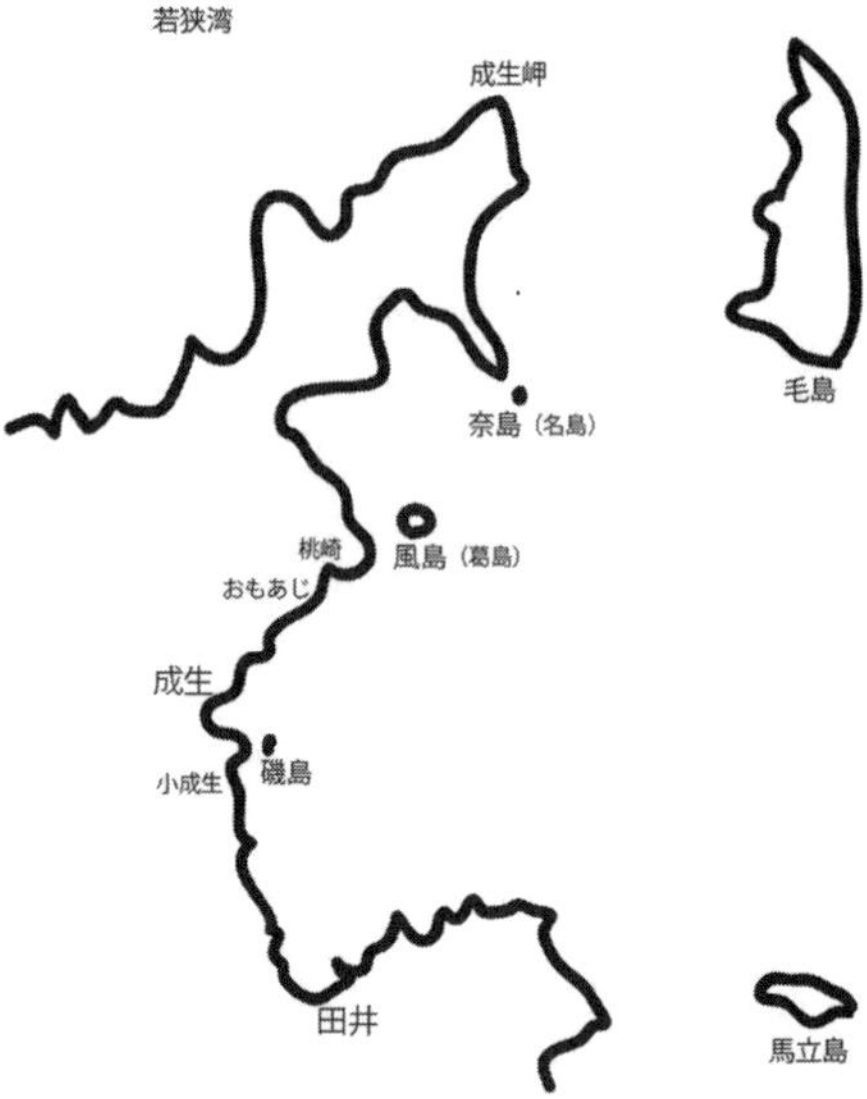

図7　成生関連図

同時期の文化一〇年「年中行事書上之覚」は、領内の各村から藩へ提出されたもので、村の年中行事や農業の他、漁業の概要もわかります（成生漁業共同組合文書A―二七―三、『京都府舞鶴市成生総合調査報告』）。まず、正月二日「船道具なひ初メ、船のり初致ス」とあり、漁で使う道具の整備や船に関する仕事始めです。その後帰り次第、氏神へ参詣しており、豊漁祈願を兼ねていたと思われます。

同日、女は縫い初、苧うみ初とあることから男女共に仕事始めでした。四日、男は漁方の網仕事を、女は漁方の縄をない諸道具を整備するとあり、実際に漁を開始した日といえます。女性も縄など道具の手入れを担当しており、男女共に漁業に従事している様子がうかがえます。

三月には、鰡網、鮪網、鯵・鯖漁、和布採り、四月になると引網・立網漁を行っています。五月朔日は老人嶋へ参るため、男は半日休日でした。老人嶋は、近世には老人島明神、恩津島社とよばれ冠島にありました。祭神は天火明命・日子郎女命、漁民の崇敬が厚く成生の西に位置する野原・小橋・三浜三村の氏神として祀られてきました。老人島神社参りは現在でも毎年盛大に行われ、船に飾をつけ大漁旗を掲げ、海上安全と大漁を祈願します。現在では、成生六月六日、小橋・三浜六月一日、野原四月一日、田井六月二三日、吉原六月五日とそれぞれ老人島神社参りの日と定めています（『日本歴史地名大系』、『京都府舞鶴市成生総合調査報告』）。

五月二日、この頃には男は漁に専従し、藩主の茶会にも登場した海素麺も採っています。八・九月は、鯵で烏賊を捕り、張網で鰹や鰤子、鯛釣、烏賊釣など、様々な魚を各種漁法で捕っています。一〇月は秋の取入、年貢納入と共に漁を実施するため、昼夜を問わず働きます。また五日頃から鰤網を行い、一一月には「もや漁」に出るとあり、献上鰤の時期に入ります。このように、八～一〇月にかけて烏賊や鰤漁を実施し、年中御用人足と上納等を勤めていると記していることから、名産の献上を意識した藩に対する主張であったとも考えられます。

宝暦一三年（一七六三）～天保一二年（一八四二）に、宮津藩儒者小林玄章等がまとめた丹後全体の地誌「丹哥府志」には、成生村の大将軍社・明雲山西徳寺・毛嶋・倉内・成生崎が立項されています（糸井文庫三二―一二）。大将軍社は、「文治年中（一一八五〜一一八九）に平氏が亡んだ後、その大将が逃れて隠れていたが、その霊を祀っている。今、その姓氏は不明だが、村の北に倉内というところがある。田井、成生の二村に倉内氏を称する者がその末裔である」と、平氏の落人伝説とその後裔倉内氏について記します。倉内の説明では、成生村の北の湾は倉内といい、広さは一六、七町、懸崖が左右にそびえる。前に毛島があり、風波の影響がないので航海の者はここに入って風待ちをする場所、としています。その他、毛嶋と馬立島は田井と成生の前にあり、島の形は似ている、成生崎は、丹後より若狭へ渡る一七、八里間の一大岬であると、それぞれ地形などの特徴を記しますが、漁業に関する記述はみえません。

明治前期の「郡村誌」

明治の成生村については、明治一七〜一八年（一八八四〜一八八五）頃京都府が編纂した「丹後国加佐郡村誌」（京都府地誌三五）からみていきます。「郡村誌」とは「皇国地誌」ともよばれ、明治八〜一八年全国の各府県で作られた地誌です。以下、村明細関連の情報をみていきます。

まず村の基礎ともいえる戸数は二一戸、社三戸（成生神社・荒神社・愛宕神社、いずれも無格社）、寺一戸（西徳寺、禅宗）の計二五戸、人数は男六二人・女六八人の計一三〇人、一戸あたり六・二人と、文化期に比べて少しずつ増加しています。日本形船二〇艘の内、五〇石未満荷船九艘、漁船一一艘とあり、各戸にほぼ一艘の割合で漁船を所有していました（図8）。

不動産・税などの項目として、税地では田五町八反六畝二一歩、畑九町二畝八歩、宅地六反四畝二歩、計一五町五反三畝二一歩、外荒地五反六畝二歩とあります。宝永四年「土目録」と比較して、畑は変化ありませんが、田は約五倍増加しています。この貢租は、地租一〇一円一六銭三厘、山税一一銭八厘、国税四円、計一〇五円二八銭一厘となっています。

村の環境である山・森林・出崎（岬）・島では、まず竹ノ空山は、西は野原村、南は田井村、東北は成生村に属し全山雑木林でした。黒地林は、官有で成生村と田井村の共有、松・桜・雑木の多様な森です。名嶋崎は、村の東へ三町（三二七メートル）出ており松ヶ下といい、名嶋礁という暗礁もありました。桃崎も村の東へ一町出ており暗礁はなく、いずれも燈明台はありません。島は葛島・磯島の二つです。

図8　船屋（筆者撮影）

最後に村の物産は、まず桐実四五石、麻芋二〇貫目とあります。桐実は、明治期の加佐郡における主要物産で、国内有数の産地であったことを分析しました（七章参照）。加佐郡内四九村で生産され、大浦半島は主な生産地の一つとして、近隣の大山一五〇石、野原一三〇石と郡内でも有数の生産量を誇りました。海産品は、鰤・鰹・烏賊・鰯・鯖・鯔・鯵の七種類をあげ、若狭国の小浜、本郡の舞鶴、与謝郡宮津等の近隣の主要な町へ販売していました。民業では、全戸が農業・漁業の兼業、夫婦共に従事していたとあります。

この「郡村誌」関連史料に、村で作成した控、明治一五年「村誌編輯取調書」（成生漁業共同組合文書B―一五―一）があります。史料の最初に、皇国地誌の編輯例則による村の調査とあり、郡村誌調査における村の提出控でした。この史料では、郡村誌の記述より、村の神社や寺院などの由来の解説が詳しく、物産も村外への販売品以外の品目が判明します。それらは、米凡七〇石、麦凡五〇石、粟凡一六石、黍凡一〇石、麻苧二〇貫目の五品、質は中等で村内の需用に供しているのみ、とあります。桐実四五石も、質は中等が多く小浜や舞鶴港へ輸出すると、品質が追加されています。また、穀類・果物などの産物も生産するが自給用にも不足している状況だとまとめています。そして水産の肴・鰤・鰹・烏賊・鰯・鯖・鰡・鯵等は、いずれも上等品で品質が良いこと、「郡村誌」と同様に小浜・舞鶴・宮津港への輸出が記されます。

このような村明細史料から、近世・近代の漁村成生の実態、家数・人数の変遷などが判明します。

4　近世成生村の漁業の諸側面

人口減少と肴米の免除

成生村の漁業は、さきにみたように順調に発展したわけではありません。ここでは、関連史料が現存する、①人口の減少と肴米の免除、②魚寄風防の樹木、③新規漁場に関する隣村田井村との争論について具体的にみていきます。

成生村を含めた大浦半島の漁村には、海成米、肴米が課せられていました。明和元年（一七六四）「大浦九ヶ村海運上写」（「小橋漁業共同組合文書」）によると、成生村の海成米は一石九斗六升五合であり、内訳として「おうくづ八升四合」他八ヶ所の上納場所と高が記されます。その他、肴米一石八升二合（七石六斗八升三合免除）、海運上銀一八〇目五分が計上されています。他村と比べ、唯一肴米が大幅に免除されていました。

この免除の理由は、成生村庄屋・年寄から藩の奉行へ出された文化一一年の「乍恐奉願上口上之覚」（高井家文書四四—八）から判明します。本史料によると、成生村はもと成生と小成生の二集落で構成され家は六〇軒あり、細川家の時代（天正八年（一五八〇）～慶長五年（一六〇〇））には、御肴御用として毎日肴を進上していました（図9）。それは能登網という大引網で鯛や小鯛を捕り、鰯や烏賊を餌とした鯛縄などとあります。運上は現物の魚であり、運上以外の余剰は買い取られていました。

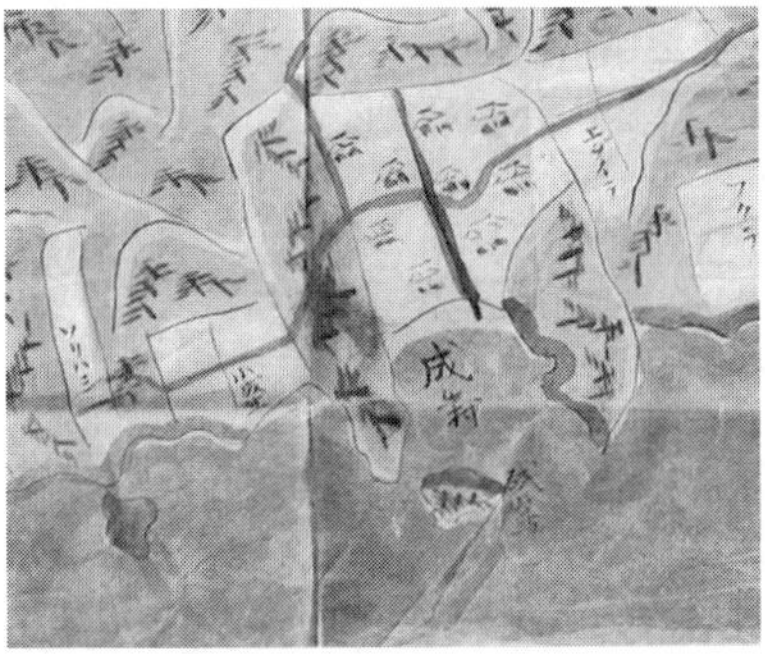
図9　成生と小成生（「両村見取之図」成生漁業組合文書）

つぎの京極家の時代となり、元和七年（一六二一）丹後一国が宮津藩・田辺藩・峰山藩に分かれた後、現物の御肴御用が廃止され運上は米の上納となります。そのため不漁の際には困窮し、加えて家数・人数が減少し、大引網をやめ網船なども売り払ってしまいます。

このように、運上米の上納にも難渋したため、牧野家の時代の宝永八年（一七一一）御肴米の内七石六斗八升三合が免除されました。その後、酉年（文化一〇年）には免除の内四石の上納が指示され、大庄屋から借用して上納します。この御肴米運上は、磯漁諸色桛《かせぎ》場の運上であり、本役三九軒・漁士二〇軒の計六〇軒時代の基準です。現在は小者を取り立てようやく家数二〇軒となりましたが、その内四・五軒の者は村介抱の状態であり、運上可能な家数・人数に到達するまで四石の上納免除を願う、という内容です。同内容の願書は文化一四年にも提出され、宝永年中に村内の家々が破産し、一〇〇年後の文化期に不漁が続いたとあります（高井家文書四二―一二）。

これは、成生村の衰微と復活の歴史を踏まえた上での、御肴米免除維持の願書です。明和元年「大浦九ヶ村海運上写」をみても、他村に比して免除額が多いのは、家数・人数の減少による漁の廃絶や漁獲の衰退が原因と考えられます。

この家数・人数の減少については、後出の文化三年六月「乍恐奉願上候口上之覚」（高井家文書三五―二）では、元禄期のこととします。そこには、元禄年中までは家数五〇軒余でしたが、元禄末から宝永年中に不漁が続き困窮し、他所稼ぎなどで離村し、村は六・七軒になったとあります。宝永八年の御肴米の免除にも一致する内容といえます。しかし先行研究では、慶長検地当時七六軒あったが、多くの村人が出漁中海難のために死亡し一挙に働き手を失ない、寛永年間（一六二四〜四四）に家数が七軒になったとあります（『京都府漁業の歴史』、『舞鶴市史』通史編上）。また「丹後国加佐郡旧語集」には、当村で鰤・鱈・鱸を捕っていたが、宝永戌年大地震から捕れなくなった。近年また多く捕るが運上はない。御用次第で一本四匁三分である、とあります。貝英幸はこれら大量遭難と大地震の二つの事件が村の生活に影響したとしています（『京都府舞鶴市成生総合調査報告』）。この地震は、宝永三年と記されており、翌年発生した宝永大地震との関連性も考えられます。

魚寄風防の樹木

つぎに、魚寄風防の樹木、いわゆる現在の魚付林に関する田井村との争論文書を二点紹介します。まず文化三年六月、成生村惣百姓・年寄・庄屋から大庄屋六郎左衛門へ出された「乍恐奉願上候口上之覚」（高井家文書三五—二）です。

この史料では、前半は魚寄風防の樹木に関する二ヶ所、後半は立網場に関するいずれも田井村への成生村の申し立てです。魚寄風防の一ヶ所目は、村の北蔵内風嶋山、いわゆる風島です。文政三年（一八二〇）裁定で決定した漁場の書上「田井村成生村魚漁場改帳」（高井家文書二三—一二）には、風島に鰹網場が三つあり、成生尾助、同小兵衛・三郎兵衛、田井村利右衛門・次左衛門と両村の漁場でした。風島は、古来より成生村領であり、これまで願い出ているように村方が難渋し不漁なので、下木等を売り払い上納の補填としています。田井村は成生村が話し合いに応じないと主張しますが、風島は本来成生村領なので問題ない。また、田井村は風島と同じく自村の馬立島で樹木伐採しているので伐採の必要がない、と主張します。

二ヶ所目の「おもあし〆網場」は、風島に近い桃崎の南に位置する磯岩山の松木です。文政三年「田井村成生村魚漁場改帳」には、おもあじ場として、鰹網場田井村利右衛門・次左衛門、建網成生村中の各村一ヶ所の漁場がありました。田井村の魚寄風防として御立置の許可があるという主張は嘘であり、成生村には藩からの文書もある、と主張します。この松は古来成生村の魚見に利用しており、海から遠いので磯へ別に魚見を立てている、昨秋の寺普請の際にも願書を提出し、海側の松は残し山側を伐採した、とします。

これらの内容から、海沿いの木は薪等をはじめ、魚寄や風防、魚見として、また成長した木は普請材としても利用されていたことがわかります。そして自村の海岸でも、網場の権利を持つ他村から魚寄の妨害という理由で、侵害される可能性を持った場所といえます。

つぎに一六年後の文政五年八月、成生村惣百姓代・年寄・庄屋から藩の今西久内へ出された「差上申一札之事」（高井家文書三三―五）は、文化期の二カ所目と同じおもあじの松木の争論です。成生村が魚寄として植えている松が枯れたので伐採したところ、田井村がこの松は訳合（文化六年の内容）の場所なので、成生村の自由にできないと主張し争論となりました。藩から和談を指示され、成生村民は藩へは文書を提出しますが、田井村へは後の争論のもとになる可能性がある文書の取り交わしはできないと断ります。

ここでは、文化期の争論が継続されていることや、松が繁茂していれば魚寄の利益になること、後の証拠となるような文書の作成を拒否していることがわかります。すでに二年前の文政三年に田井村との漁場争論の内済和談が成立し絵図や文書を作成しており、新たなる権利侵害の可能性を引き起こす文書の作成・取り交わしに慎重であったことがうかがえます。

新規漁場の争論

最後に漁場に関する成生村と田井村の争論のなかで、両村から新規と認識された漁場に関する文書を二点紹介します。まず、先にみた文化三年「乍恐奉願上候口上之覚」の成生村いさ島（磯島）の網に関して、田井村より新規であり年貢場に支障があるため差し止めを要求した内容です。対して成生村はいさ島の網は、古来の網場で、宝永期の村方困窮により中絶し、寛政八年（一七九六）に再興したと主張します。結果は不明ですが、文政三年「田井村成生村魚漁場改帳」（高井家文書二三―一二）によると、磯島には鰡網場と建網場が成生村中、鯱之洞が成生村次兵衛の漁場とあり、成生村の主張が採用されたと考えられます。

つぎの、文久二年（一八六二）一一月、成生村庄屋・百姓から代官石黒易兵衛へ出された「乍恐奉願上口上之覚」（高井家文書三七―四）は、田井村の新規漁場に関する成生村の差し止め要求です。ここでは、田井村の馬立島にある鰹網空置場に新規の鰤網を藩が許可したことに対して、同じ鰤網を名島に持つ成生村の六人の主張です（図10）。六人は鰤網の漁獲量の減少と、村内に同じ鰹網空置場があるため、自村民が同様に新規漁場の申請をしかねないと二つの問題点を指摘しています。鰤網については、御用鰤などの負担もあり漁場の増加を拒否し権益を守る姿勢がみてとれます。また近世前期の戸数減少による漁場の均等持の末裔と考えられる六戸が、村内の新規漁場拡大を警戒している点は興味深いです。このように文政三年田井村との内済和談後も、新規漁場拡大に対して慎重に対応し、生業・権利の維持に努めていたといえます。

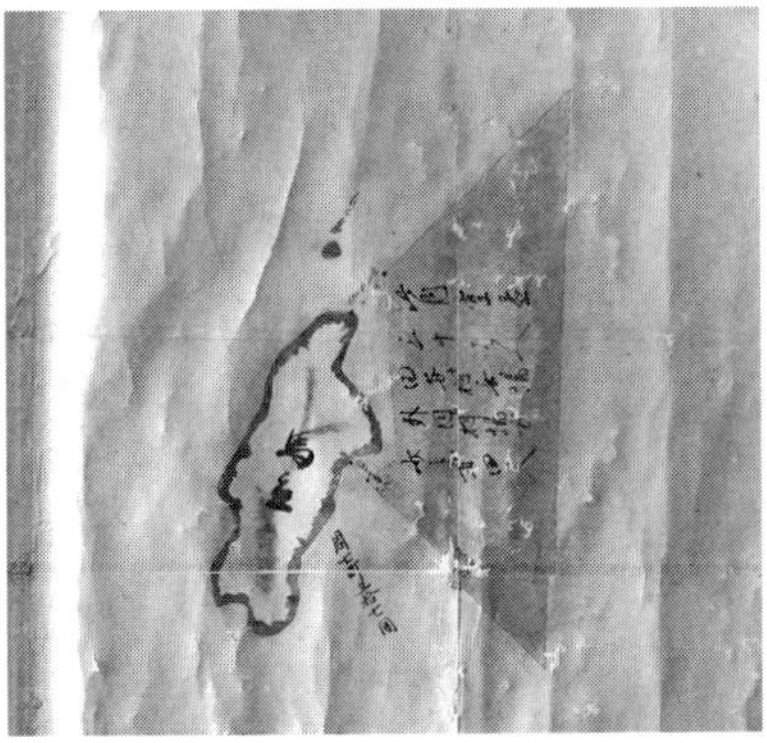

図10　馬立島付近（「文政三年漁場図」成生漁業組合文書）

おわりに

以上、近世の丹後田辺藩の献上品鰤・鯵の実態と、それを支えた領内有数の成生の村と漁業についてみてきました。近世、全国一の評価を得た丹後鰤は、田辺藩から将軍への時献上となり、初鰤、禁漁・解禁、専用の箱など特別な対応がなされていました。一方で鯵は、長期の輸送に適せず、領内限りの産物として領民から藩主への献上品でした。このような、献上を支えた漁村成生村は、献上鰤・鯣の産地として藩の御用に従事しつつ、領内有数の漁場を村の地先に持っていました。しかし、一八世紀初頭の家数・人口減少により、漁業労働力も低下し、藩への肴米の免除と共に、田井村の進出により漁場の権利も失なっていきます。その後、家数・人口は徐々に回復していきますが、その過程で魚寄風防の木や新規漁場に関して争論が発生し、一九世紀前期に入って田井村と内済和談することになります。

このように、領内産物は以前分析したように土産・名物・献上の三階層となっています。土産である成生で捕獲する鰹・鰡・鮪・鯵・鯖・鰤・和布、その中で名物となった丹後鰤・鯵、献上品の蒸鯵・鱗剥小鯛・丹後鯣・丹後初鰤・丹後鰤です。領内産物の重層性は、藩と村、藩主・藩士と村役人・領民など、様々な集団の関係のなかから作りあげられたものでした。

参考文献
・秋田道典『旧藩牧野家郡役所年中行司其外諸記録』舞鶴古文書勉強会、二〇〇一

・岩崎英精『京都府漁業の歴史』京都府漁業協同組合連合会、一九五四
・「小橋漁業共同組合文書」『舞鶴市史』通史編上、一九九三
・『毛吹草』、早稲田大学図書館、へ05 02925
・『新撰庖丁梯』『江戸時代料理本集成』八、臨川書店、一九七九
・『諸国産物大数望』青木美智男編『決定版番付集成』、柏書房、二〇〇九
・瀬尾家文書・堀口伸子氏寄贈資料、舞鶴市郷土資料館
・「田井成生の鰤漁」京都府教育会加佐郡部会編『加佐郡誌』、一九二五
・「丹後国加佐郡村誌」京都府地誌三五、京都府立京都学・歴彩館
・『日本山海名産図会』、国立国会図書館、特1-106
・成生漁業組合文書、有限会社成生水産
・『日本歴史地名大系』京都府、平凡社、ジャパンナレッジ版
・『藩翰譜』一二下、国立国会図書館、839-9
・東昇「日本近世における産物記録と土産・名物・時献上―伊予大洲藩の伊予簾と鮎―」『洛北史学』一二、二〇一〇
・「文化武鑑」文化六年、早稲田大学図書館、文庫06 01736
・佛教大学民俗学研究会編『京都府舞鶴市成生総合調査報告』民俗志林三、佛教大学民俗学研究会、一九八八
・『本朝食鑑』『大和本草』『重訂本草綱目啓蒙』、『古事類苑』動物部一六、一九一〇
・『舞鶴市史』史料編、一九七三
・『料理献立集』『江戸時代料理本集成』一、臨川書店、一九七八

・『料理食道記』『食物本草本大成』四、臨川書店、一九八〇
・『料理網目調味抄』『江戸時代料理本集成』四、臨川書店、一九七九
・『和漢三才図会』『古事類苑』動物部一七、一九一〇

II 名物

4章 天橋立への旅と名物智恵の餅・才覚の田楽・思案酒

はじめに

近世の旅の記録に「道中記」という種類があります。そのなかから、現在でも有名な京都の観光地、天橋立・成相寺・切戸文殊（智恩寺）を訪れたものを対象とし、特に京・山城国からの旅人の具体的な旅の様子、そして宿と名物について紹介します。すでにこの地域については、昭和一三年（一九三八）小室萬吉（洗心）による『天橋立集』が編纂されています。内容は、紀行・漢詩・和歌・俳句に分類されており、道中記に近い紀行だけでも、中世から近代まで僧侶や武士、文人・墨客の七五編を収録します。

今回対象とする道中記は、紀行文の文学的な内容に比べて、旅人自身の行程の記録や感想、後世の人に対しての記録性が高い史料といえます。しかし、近世の道中記に限っても、この天橋立地域を範囲とするものは膨大であり、そのすべてを対象とすることはできません。森沢義信が収集した自治体史の史料集を中心とした、近世の西国巡礼に限った道中記でも、東国一九点、西国六点、計二五点も存在します（『西国三十三所道中の今と昔』下）。

そこで本章では、近世の西国巡礼を対象とした道中記を中心に、但馬の湯島、他国や廻国修行を目的としたものも含めました。地域的には京・山城、大坂、東海道の名古屋、三河、遠江、山陽道の姫路など、西国巡礼地とその周辺の街道沿いの史料を対象としました。また道中記の比較として、近世に刊行された西国巡礼の細見記、案内記も一部利用しています（表1）。

史料は、これまでにあまり利用されていない「糸井文庫」（舞鶴市教育委員会所蔵、舞鶴市指定文化財）を中心にしました。「糸井文庫」は、与謝野町岩滝出身の実業家糸井仙之助（一八七四～一九四九）が収集した丹後地方に関連のある書籍、古文書等約二二〇〇点のコレクションです。昭和二四年（一九四九）、大部分が舞鶴市に寄贈されました。時代は近世から昭和初期まで幅広く、内容は、大江山酒呑童子・浦島太郎・三庄太夫など丹後の伝説に関する資料の他、俳諧・和歌・諸家・名所記・歴史地理資料に分類されます。このなかで、本章では西国巡礼を中心とする名所記・旅行記・絵図を対象としています。

1　一八五〇年代の京・山城から天橋立・成相寺参詣

宮津までの道のり

この宮津の遠景（図1）は、嘉永六年（一八五三）三月一三日、京の町人が描いたものです。図には「それより峠を下る、宮津の内海をみる、ちょっと写」「この辺文殊」とあることから、峠から見た宮津と天橋立の文殊を描いたものです。この史料は「丹後名所、但馬入湯、播磨廻り記」（史料16、表1の史料番号）といい、筆者は京在住の町人と考えられます。裏表紙に「上　矢代蔵」、目録に「京都八代氏自筆」とあるので、八代（矢代）氏が旅した記録と考えられます。筆者が庄兵衛・千吉・多

図1　宮津遠景（1-7.9「丹後名所、但馬入湯、播磨廻り記」「糸井文庫」舞鶴市所蔵、以下同）

図2　旅の姿（「丹後名所、但馬入湯、播磨廻り記」）

助を同行とし、荷物持の虎吉と五人で旅した道中記です。三月一〇日京の三條千本の茶店で家衆と別れ、亀岡、大江山、天橋立、湯島（城崎温泉）へ行き、二六日に帰宅しています。この道中記の筆者は絵の心得があり、ほぼ各丁に絵が挿入されます（図2）。

この図1は、亀岡、穴太寺を参詣し、大江山の酒呑童子の関連史跡である千丈ヶ嶽を経て、普甲峠を下った際に描かれています。普甲峠は福知山方面から「宮津街道」、宮津方面からは「京街道」と呼ばれ、参勤交代や西国三十三所巡礼の道でした。大江側からの順路として中の茶屋、普甲峠、岩戸、上宮津、宮津となります。

三月一三日に宮津へ入っており、つぎのように記します。かんと（岩戸）という所で中飯（昼食）、この峠は難所で大いに困り、飯を楽しみにしていた。しかし誠に汚いところで、再び困った。まず小豆餅を食べ中

表1　道中記・案内記にみる宿と名物

史料	年代	西暦	著者・表題	宿や船に関する記述	茶屋や名物に関する記述	出典
1	元禄2年	1689	貝原益軒「西北紀行」★	普甲峠から宮津へ、宮津に宿泊久世の渡は宮津より船にて行ば西北一里に近し		『天橋立集』10～12頁。正徳3年(1713)「諸州巡覧記」として刊行
2	元禄3年	1689	養流軒一箪子「西国三十三所道しるへ」★	ふちう小松、此所泊りあり、江尻、此村泊不自由、くん田、此村泊有 加屋、岩滝方面から成相寺、切戸文殊、天橋立へ行くため舟や、宮津の宿の記述なし		糸井29―39、安永3年(1774)年再刻「巡礼道しるべ」
3	享保5、6年	1720～1721	「西国三十三所順礼道中記」	宮津の町宿之義はくじ取ニいたし候間よしあし有之候間、筆屋徳右衛門か茶屋平吉抔の内を此方ゟ参候ハヽこたへニ而可然候、馴合(成相)へ参り候而も宮津へ戻り候間荷物抔右之宿へ預ケ可参也	文殊前ニハ茶屋有、智恵の餅売也、此茶屋ゟ弓手馬手よき景也	糸井31―14、「史料翻刻「西国三十三所順禮道中記」」『丹後・宮津の街道と信仰』2012年
4	享保6年	1721	甲斐国山梨郡下井尻村地主、依田長安「万覚日記」	九日晩 宮津 四十九文 宿■兵衛		「万覚日記」(依田家文書911)、国文学研究資料館所蔵、国立史料館編『史料館叢書7　依田長安一代記』東京大学出版会、1985年、222～223頁
5	享保17年	1732	岡山藩士河合章尭「但馬湯嶋道之記」★	宮津他、宿の記述なし、九世渡には海路陸路を記述	切戸文殊 文殊堂の前乃磯松よりの揚り場に四軒茶屋といふあり、此茶屋四軒より上に建添る事ならずと云、此茶屋にうる物を俗の戯に智恵の餅、才覚の田楽、分別の蒟蒻、思案の酒と云	糸井29―30、内題「湯嶋温泉記」として登録。前掲『天橋立集』74頁

6	安永2年	1773	「西国略打順礼記」★	宮津 宿の記述なし 此所より成相へのり合あり、是ニのるべしこの所へもとるゆへ、かたミちハこせきなくへしるべし、舟ちん廿文くらひニてのせ申候、此間二り舟のうへ⼖名所のふうたいよく、猶もとりくがのミちのりにゆいしよをしるしおく		糸井29―42
7	寛政3年	1791	下河邊拾水子「西国順礼細見記」★	宮津⼖きれとへ半り、町屋口御城有宿屋あり、なりあひのふもと迄上下四り舟有、にもつをこゝに預け行かよし、くがハはまべをゆくなり	橋立明神　大門前茶や有、宿もかす	糸井29―45
8	享和元年	1801	遠江国舞阪宿、内山藤右衛門「西国巡礼旅日記」	無拠よひの米代木賃を宿へ払、御屋敷藤七様方七人共ニ泊り		「西国巡礼旅日記」(伊藤賢太郎家文書)は表紙が欠けており原題ではなく、編纂者がつけた名称である。舞阪町立郷土資料館編『享和元年西国巡礼旅日記』2004年、66～73頁
9	享和2年	1802	尾張商人、菱屋平七「筑紫紀行」★	宮津　宿屋多く茶屋もあり、吉井屋庄八といふに宿る	燈籠の前に茶屋五六軒あり、豆腐蒟蒻の田楽を、分別の田楽と名づけ、小豆餅を智慧の餅となづけ、酒を思案酒と名づけてうる、即立入て豆腐の田楽を肴にて、かの思案酒をのまんとするに、甚苦くて飲べくもあらざるに、主の女は年経たる老婆にて、智はいかにかあらん、形いときたなげに見ぐるしければ、辛うじて一盃をのみほしたり	文化3年(1806)刊、「筑紫紀行」巻10『日本庶民史料生活集成』20、1972年、三一書房、248～250頁
10	文化3年	1806	内藤左楽斎編「西国順礼道中細見増補指南車」★	宮津よりきれとへ半り、七万石、松平伊予守、此所の宿やは廻り宿にとめる、なりあひのふもとへ上下三り船有、打もどりなれば荷物預置もよし、くが道ははまだをゆく也	天橋山智恩寺 文殊堂前に茶屋有、此所⼖江ニよこたふ橋立へ船ニのる舟賃六文	「西国順礼道中細見増補指南車」(ル03 03617 0070)、早稲田大学図書館所蔵

11	文化11年	1814	佐土原藩主島津家の修験、野田泉光院「日本九峰修行日記」	九世戸の下二十間計り渡船あり、日も西山に落ちたる故当村に宿求む、十四五軒の処留守やら間へやら宿求めがたし、暮れて後五左衛門と云ふ宅へ宿す	九世戸の文殊へ着、本堂八間四面、納経す、楼門あり、門前茶屋多し	「日本九峰修行日記」『日本庶民生活史料集成』2、1969年、三一書房、93〜94頁
12	文政元年	1818	播磨室津、堺屋「西国伊勢道中巡礼日記」	宮津（中略）、此所ニ宿ヲきわめ、荷物預、なり相へ参る舟壱そう借切ニして乗る、陸ニても行也、切レ戸へ壱里、宿 皆原や小兵衛		「西国伊勢道中巡礼日記」（三木善一文書）は表紙が欠けており原題ではない。『姫路市史』第7巻上、資料編、1998年、40〜42頁
13	文政元年	1818	十返舎一九「西国巡礼方言修行金草鞋」★		はしだてへ舟わたし六文 づゝ、もんじゆのもんぜんにちややあり、ちゑのもちしあんざけといふとうり、狂 此ぎりの樽ハきれとにあらねども、のまずとよくに思案ざけかな、狂 あきなひの利益ぞあらんこの茶やの、文殊の智恵のもちのたかさハ	糸井31—18
14	文政3年	1820	大坂商人、吉田屋正六「西国巡礼略打道中記」	此所のやどやハ毎日ゝゝのかくばんで●町が三すじある、その三すじの町ゟかいどうの辻へいで●きやくを引なり、見ればどれゝゝもきたない、三すじなからやどやハきたない、▲扨此所へゆくと四辻あり、此両かどへ●にもつをあづけて●夫ゟなれあいへ参る	▲扨此ちや店ゟ●ふねがつくトむかいニきて夫ゟ●めいゝゝの内を●ゆびざしをして夫ゟ●申事ニハ、▲さあゝゝ●御あがりされまし●めいぶつ●ちゑのもち ○見れば（あづきもちトきなこもち●さいかくてんがく ○見れば（こんにゃく、とうふ●しやんさけ ○見れば（白さげ、あまさげ、柳かげ、しやうちう、ミりん、なミさけ　●是バ御あがりゝゝと申て四五けんのちやミセゟやかましくゝゝ申候●扨是ゟ下向するト名所ゝゝこせきをなかめる	糸井31—15

15	天保11年	1840	俣野通尚翁「新撰増修西国順礼道中細見大全」★	宮津ゟ半り、切戸本名くせと、茶屋あり、松平伯耆守殿御城下、当所宿屋は旅人弐人伴は相対次第、三人以上ハ当番廻り宿へ泊る也、町中ゟ成相麓まで船あり、成相ゟ此所まで打戻なり、荷物を宿に預置てよし、但成相泊の積ならバ持行へし、切戸陸道甚悪し夜に入れバ返がたし		「新撰増修西国順礼道中細見大全」(ル03 03617 0069)、早稲田大学図書館所蔵、文政7年(1824)御免、「成相寺 本尊文政八年迄八百九年」などと記され、当時の情報
16	嘉永6年	1853	京町人、八代氏「丹後名所、但馬入湯、播磨廻り記」	夫より宮津鍛屋町北野屋利七方ニ而泊り		糸井文庫31―24
17	安政4年	1857	山城国東一口村「西国三十三所順拝道中記」	宮津泊なし　尤もやなせ村より岩瀧と申す処迄泊り宿は御座無く候、前の在所ニて得ト御聞合セ御泊り成され候、右心得成る事ニ御座候、尤も竹のやト申し候、行手ニ荒物やニて浦の蔵ニて泊り申し候		「西国三十三所順拝道中記」(山田武司家文書)『久御山町史』史料編、1992年、402～403頁
18	安政4年	1857	京三条呉服商、大黒屋「旅行箚記」	夫ゟ下刻宮津北野屋利七泊り、くんだ百姓家ニ泊る、但し此処西国巡礼之人ニ者順番宿被成よし、乍併入魂いたし中ニ上候分へ泊る、宿菊や喜兵衛	宮津北野屋へ船を相頼、皆々乗船成相寺札を打、此処山道難所也、夫ゟ又乗船文殊様札を打候、但し此処景地名物知恵之餅・さいかく伝楽・分別こんにやく・しやん酒有	杉浦家文書3、京都府立京都学・歴彩館所蔵
19	近世		三河国渥美郡東植田村村役人、石田家「西国三十三巡り」	宮津綿屋ニ荷物預置申候て参り申候、又宮津江もとりとまり、四拾日目泊、綿屋喜平治、はたこ銭百四十文、べんとうふ付		「西国三十三巡り」(石田家文書430)豊橋市美術博物館寄託、渡辺和敏『近世豊橋の旅人たち 旅日記の世界』豊橋市二川宿本陣資料館、2002年、557～558頁

20	明治7年	1874	熊谷県久保村、松田梅蔵「伊勢参宮金毘羅西国三十三所道中日記帳」	宮津宿ニ而 筆やニ休、五月四日　丹後国宮津宿ニ而本町筆屋幸七泊り、是七右衛門と直ル、代壱〆六百文酒泊り肴共、是大やすし宮津ノ城下あり	より成相寺へ行、是より成相山へ二り宮津迄かへり也、宮津より切戸ノ文殊参詣前ノ茶やニ休、文殊ノ前ニ歌あり、前ノ茶やニ而休ちゑの餅ヲ買百六十文	内田九州男編『明治七年甲戌第二月吉日　伊勢参宮金毘羅西国三十三所道中日記帳』、愛媛大学「四国遍路と世界の巡礼」研究会、2010年、14〜15頁
21	明治22年	1889	家幕能清香撰「丹後宮津名所案内志」		夕日の浦 智恵の餅 さいかくのでんがく 当地の名産	糸井29—02
22	明治39年	1906	岡山県牛窓町の鷲峯正賢「天橋遊記」★	車にのりて午後七時切戸文殊の門前なる松影楼にゆきこゝにやとりぬ	松影楼江かへり天橋の名産いさゝの缶詰ふくろいかなと購ひてよめる	糸井31—27
23	明治40年	1907	関清謙撰「天橋立」	夕日の浦、府志に文殊堂の西南今門前村とい云ふの地なりとあり、今は思案酒、才覚田楽、智恵の餅を販売する茶店(府志とは、宝暦元年(一七五一)の小林玄章「丹後州宮津府志」(糸井三五—〇四))		糸井29—04
24	明治期		関清謙稿「丹後国名産一覧表」		文殊地区の名産　智恵の餅 才覚田楽 思案酒 文殊貝 文殊牡蠣	糸井29—25

凡例—★—刊行された案内記、14の●▲は原文のまま、下線は著者解説

飯とした、とあります。険しい峠に疲れ楽しみにしていた昼食の場所が汚く閉口しています。ただ、名物なのか小豆餅を食べており、やはり当時の旅の楽しみも食事だったことがわかります。

宮津北野屋と面藤での宴

それより峠を下り、宮津の入り口にあたる上宮津へ行き小休、これより城下へ三一丁（三・三キロメートル）と聞いて安心しています。宮津へ入り、八ツ半時（午後三時頃）に、やっと鍛屋町の北野屋利七という宿へ到着しました。宮津の鍛屋町は城の東、当初鍛冶と猟師が居住した地域でした。北野屋利七は現在も「ホテル北野屋」として営業しています。

一行は、北野屋でまず髪・月代を整え、風呂に入り、飯と鯛の造りと塩焼きを少し食べつつ酒を一盃呑んでいます。それより新浜の「めん藤（面藤）」という料理屋へ繰り出します。新浜は、城下の西、魚屋町の北の海岸を埋め立てたところで「新道」と呼ばれ、文化八年（一八一一）には、宮津ではじめて遊女屋が許可されました。

一行は面藤で料理や芸者のもてなしを受けます。一盃呑んで、いろいろ御馳走であったが、天橋立の松露を吸物にしたものが大変風味がよかった、とあります。松露とはショウロ科のキノコで、四、五月ごろ、海岸の松林の砂地に生え、主に未熟で白いものを食用とします。このもてなしは、宿北野屋の手代が案内したもので、手代は若いときに京都の組の内へ奉公に来ており、よく知った友人でした。そのため、料理だけで帰るつもりでしたが、手代が段々勧めてきて、その上、芸者も一人と言ったのですが五人も来てはなはだ困っています。ただ芸者の名前は、布袋やのみつ、まん枝つる、大根やおひてなど五人全員の名前を記しており、楽しんでいる様子が描かれています（図3）。

新浜は海沿いなので、座敷から海岸をみると「季高」の碑がありました。「季高」とは賀茂季鷹（一七五四〜一八四二）のことで、江戸中・後期の上賀茂神社の社家、歌人、国学者です。有栖川宮職仁親王に歌道を学び、江戸で村田春海、加藤千蔭らと親交を結びます。和歌、狂歌、書道に通じた文人で、宮津近隣には、由良の戸や千歳嶺の碑があります。賀茂季鷹の碑に気づいているので、筆者も和歌などに関心があったのかも知れません。また座敷より橋立を描いています。この絵は手前に船、奥に橋立がわりとはっきりと描かれていますが、少し球形です。宴図の右上の人物が、遠眼鏡をのぞいているので、遠眼鏡を通した景色のため球形になったと思われます（図4）。

図3　宴の図（「丹後名所、但馬入湯、播磨廻り記」）

その宴会へ、菊次郎という大男が座もち（太鼓持ち的な存在）にやってきます。菊次郎は元相撲取りで、当時の新浜で「のろき者」して知られていましたが、いろいろ座興をしてしつこくつきまとわれたので、四ツ半（午後一一時）過ぎに宿へ帰りました。その夜、すぐに面藤から丹後のりと、布袋屋みつの礼状が送られてきます。料理屋・芸子からの丁寧な対応ですが、筆者は大酔のためすぐに寝てしまいました。この「丹後のり」は、正保二年（一六四五）京の松江

図４　天橋立図（「丹後名所、但馬入湯、播磨廻り記」）

重頼編の俳諧書『毛吹草』には、丹後の内堅苔《うちかたのり》とあります。丹後では他に蒲黄《ほおう》・胡麻・葛籠・撰糸・紬・切門文珠貝・伊禰浦鰤・鰯・老海鼠《ほや》・海鼠・目指・沖嶋隼・久美海松・河守矢根と、海産物を中心に各地の多様な産物が記されています。

橋立への船旅

翌一四日、北野屋から橋立までの船を依頼し、弁当や酒を積み込み五ツ時（午前八時頃）に出発しました。晴天のため海の状況もよく、宮津から橋立までの沿岸の名所で有名な、犬塚・鶏塚・片枝の松、涙の磯、龍燈の松を、それぞれ眺めながら一盃呑みましたが、とても風情があり、他にたとえようもありません。乗船した屋形船は風の都合により屋根なしになっていました（図５）。

ただ、供の虎吉は船に酔い非常に困り、帰りは船はやめて欲しいと頼んできました。その内に橋立の対岸にある日本三文殊の一つ切戸（九世渡）の文

図5　船に乗る一行（「丹後名所、但馬入湯、播磨廻り記」）

殊、智恩寺前の船着き場に着きました。そして、智恩寺へ参詣しましたが、ちょうど成相寺の聖観世音菩薩の御開帳だったので、大変賑わっていました。ただ、船賃も通常一〇匁のところ百疋と値上げしていました。百疋は千文、一〇匁は六二九文になり、一・六倍程度です（この日の相場六三・六匁＝一両＝四千文で計算、図6）。

○片枝の松　松の枝が一方のみ、都恋しや片枝の松という
○涙ヶ磯（身投石）　屋島の合戦後、平重盛の五男忠房に仕えていた白拍子花松が、この大岩より身投げした場所
○龍燈の松　龍宮より六斎日に九世戸の文殊堂へ龍燈を奉ずる、松並木の老樹の梢の茂ったところに点ずる

（「丹哥府誌」『丹後郷土史料集』一、龍燈社出版部、一九三八）

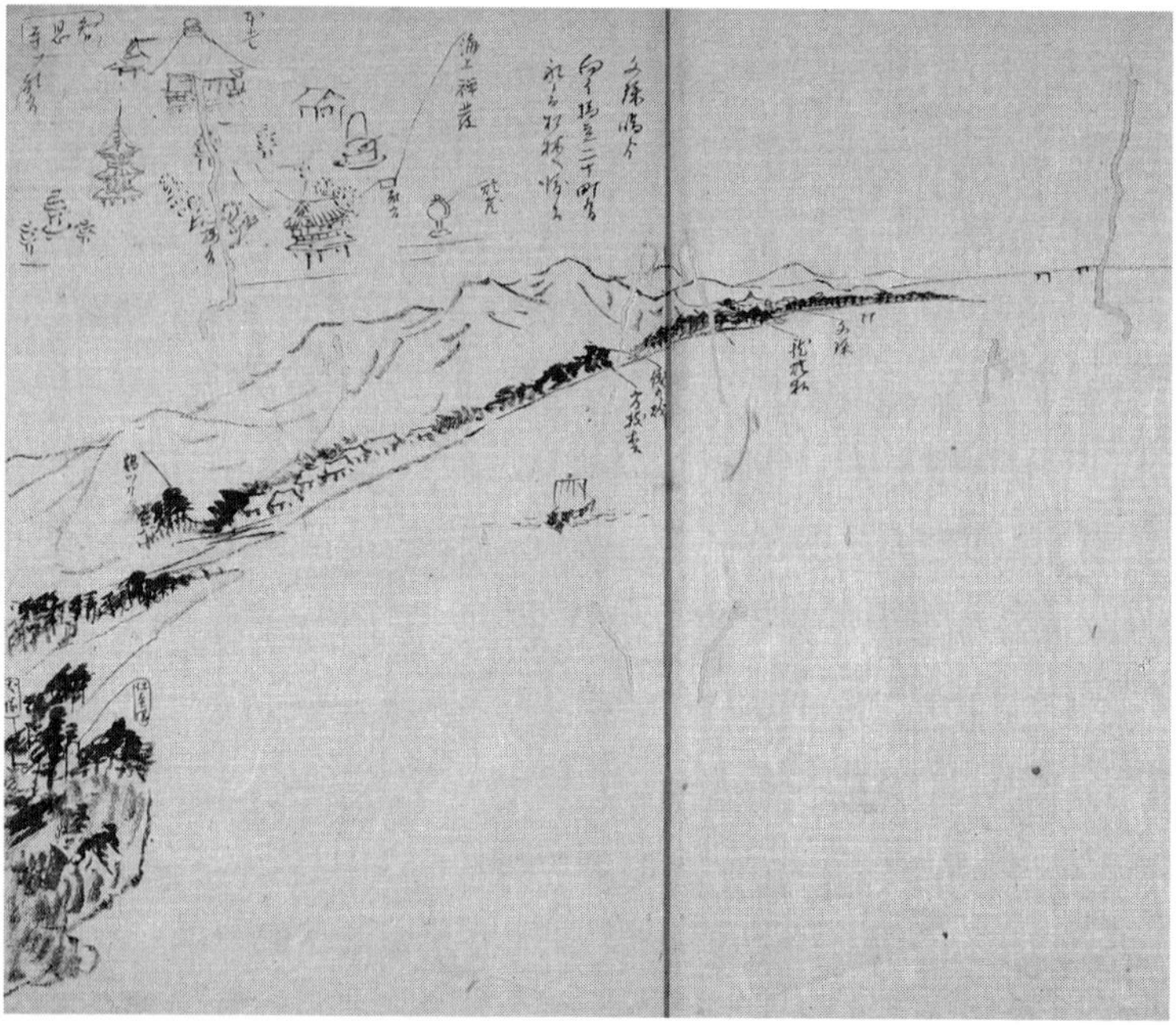

図６　沿岸の名所と智恩寺（「丹後名所、但馬入湯、播磨廻り記」）

成相寺参詣

それから成相寺へ渡りましたが、途中、九世渡・夕日浦・天橋立・一の宮を巡っています。成相寺では、釣鐘堂、えんま堂、本堂の聖観音を参拝し、庭に五・六尺（一・五～一・八メートル）の雪が残っているのが印象的でした。参詣後、山を下りる途中、須津村（現与謝野町）の若中が引ものを持って登ってきます。おそらく御開帳にあわせて村から奉納物を引いてきたのではと思われます。先頭に地元の番人二人が棒を持って道行く人々を先払いしていましたが、山を下っていた一行に対して棒を下へ置き平伏します。武士と見間違えたのでは、誠におもしろいことだ、とあります。そして元の船に乗り、八ツ半時（午後三時頃）岩滝（現与謝野町）へ着きましたが、虎吉は行きの船酔いに懲りたのか一人陸を歩いています（図7）。

この一行の旅では、宮津の料理屋における宴の様子や、成相観音の御開帳の賑わい、九世渡・天橋立・一の宮を訪ねたことなどが記されます。北野屋で依頼した船中では、景色を眺めながら弁当を食べ、酒を呑んで風情を楽しんでいます。

名物丹後ちりめん

四年後の安政四年（一八五七）、京の南、山城国東一口村（現久御山町）の同行九人が同じく天橋立、成相寺を訪れています（史料17）。三月一三日に出発し、西の石清水八幡宮を参拝後、南の紀伊高野山から熊野へ、その後、西国巡礼の札所を順番通りまわり、紀伊・摂津・播磨から丹後へ入り、加悦・岩滝を経由し、四月一〇日成相寺へ向かいました。加悦までの道は平坦ですが八里（三二キロ）あり、村も五・六ヶ所ありますが泊り宿はなく、菓子等を出す茶屋もなく大変難渋する道筋でした。一行は成相寺から船に乗り、天橋立を眺め切戸の文殊に参り宮津へと向かっています。舟賃が高いからか

図7　引ものの図（「丹後名所、但馬入湯、播磨廻り記」）

「誠にふじん（不仁）」と記します。

また、かやの（加悦）・岩滝村はちりめんの機織り処と記しています。丹後ちりめんについては、多くの道中記に登場しており、①享和二年（一八〇二）尾張商人菱屋平七の「筑紫紀行」には、弓木村（現与謝野町）の家々で大形のちりめんを織り出す、宮津で町屋にはちりめんを商う家が多い（史料9）。②文化一一年日向佐土原藩主島津家の修験である野田泉光院「日本九峰修行日記」には、丹州では商人はもちろん百姓まで家毎にちりめんを織ることを職とする、最もかやの辺りは三千軒ばかり町のように続く村があり、ここは皆々ちりめん織りである（史料11）。③年代不明、三河国東植田村（現愛知県豊橋市）村役人石田家「西国三十三巡り」には、ここは絹類が安い、掛け値があり半値でよい（史料19）、④明治七年（一八七四）熊谷県久保村（現埼玉県日高市）松田梅蔵の「伊勢参宮金毘羅西国三十三所道中日記帳」では、岩崎（岩滝か）村辺りはちりめんができるところで、一里半ばかり峠を越して谷合の村々もすべてちりめんばかりである、これは丹後ちりめんという名物である、宮津にも少しあるがちりめんは大いに安く、掛け値だとあります（史料20）。このように一九世紀の道中記には、この地の名物として丹後ちりめんが数多く記され、宮津では安く販売されているとあります。

京三条の呉服商大黒屋の旅

この「西国三十三所順拝道中記」の一ヶ月後に、同じ山城国、京の商人一行が天橋立を訪れています。この一行は、京三条の呉服商大黒屋の母、次郎八、供の正右衛門、うの、善助の五名でした。道中記「旅行笥記」によると、四月一七日出発、高瀬川を船で下り、大坂・播磨・丹波、普甲峠をへて五月六日に宮津へ入っています（史料18）。六日は晴、元伊勢の外宮、内宮を参詣し、天岩戸をみて、母は駕籠に乗り、仏生寺で大江山の由来を買っています。普甲峠では中之茶屋、岩戸村で休み、この一里程は難所だと記します。申下刻（午後五時頃）に「丹後名所、但馬入湯、播磨廻り記」と同じく北野屋利七方に宿泊します。この北野屋の手代は京都で奉公していたので、大黒屋とも既知であった可能性があります。

翌七日は午前曇、午後雨となり夜は晴れました。一行は北野屋に船を依頼し成相寺の麓まで乗船します。成相寺までは山道の難所でしたが、山中より橋立をみる風景は「殊ニ妙也」と絶景を堪能しています。山を下り船で文殊・智恩寺を参詣します。ここで、名物の知恵の餅・才覚の田楽・分別蒟蒻・思案酒があると記します。また船中では握飯・煮染・酒がありおおいに都合がよかったと八代氏一行と同じく、船中の食事を楽しんでいます。宮津に戻った一行は北野屋で準備をして東へ進み、栗田で百姓家に宿泊します。栗田では、西国巡礼の宿は各家の順番宿であるが懇意となり大変よい宿でした。八日は晴、早朝出発し、母・治郎八は駕籠、由良へ抜ける七廻八峠という難所を越えますが、ここでも風景が特によいとあります。成相山と同じく、苦労すればするほどよい景色をみることができるのでしょう。

ほぼ同時期の安政二年六月一九日、幕末の志士清河八郎も北野屋に泊まっています。清河は、酒を呑んで魚は結構だが宿泊料は安くない。船で文珠に渡り、茶屋では名物の知恵の豆腐や分別の餅（実は小豆餅）を売っている、とあります（『西遊草』）。

2 宮津の宿、文殊茶屋と名物智恵の餅

後半では、これまでみてきた道中記と刊行された案内記や絵図などの史料から、宮津の宿と切戸の文殊の名物である智恵の餅等についてみていきます。そこで、道中記・案内記に記される宿や船、茶屋・名物について、編年順に並べてみました（表1、113～117頁参照）。なお、明治期の史料については名物を中心に取り上げています。

順番宿と荷物預け

この表から宮津の宿の特徴をみていきますと、史料2のように、元禄期には宮津に宿の記載がなく、府中や栗田の宿のみ記される場合があります。これは『宮津市史』ですでに指摘されているように、天明三年（一七八三）「文殊百姓由来」の記述に理由が記されます。そこには、七、八〇年以前の元禄期に、西国巡礼は加悦谷から来ていたものが普甲峠経由で宮津城下に出て、船で成相寺へ行くようにルートが変化したとあり、そのため宮津の宿記載がないと考えられます。しかし同時期の史料1に普甲峠、宮津宿泊が記されており過渡期ともいえます（図8）。

史料3では、宮津の宿はくじにより決定するとあり、この他史料10「廻り宿」、14「毎日々々のかくばん」、15「旅人弐人伴は相対次第、三人以上ハ当番廻り宿へ泊る」、18「順番宿」とあります。他国にはあまりみられない制度なのか、この方式の説明の仕方が異なります。また史料15では、三人以上が当番宿であると記します。西国巡礼のルートが宮津経由に変更後、宿泊する巡礼者が増えたため、

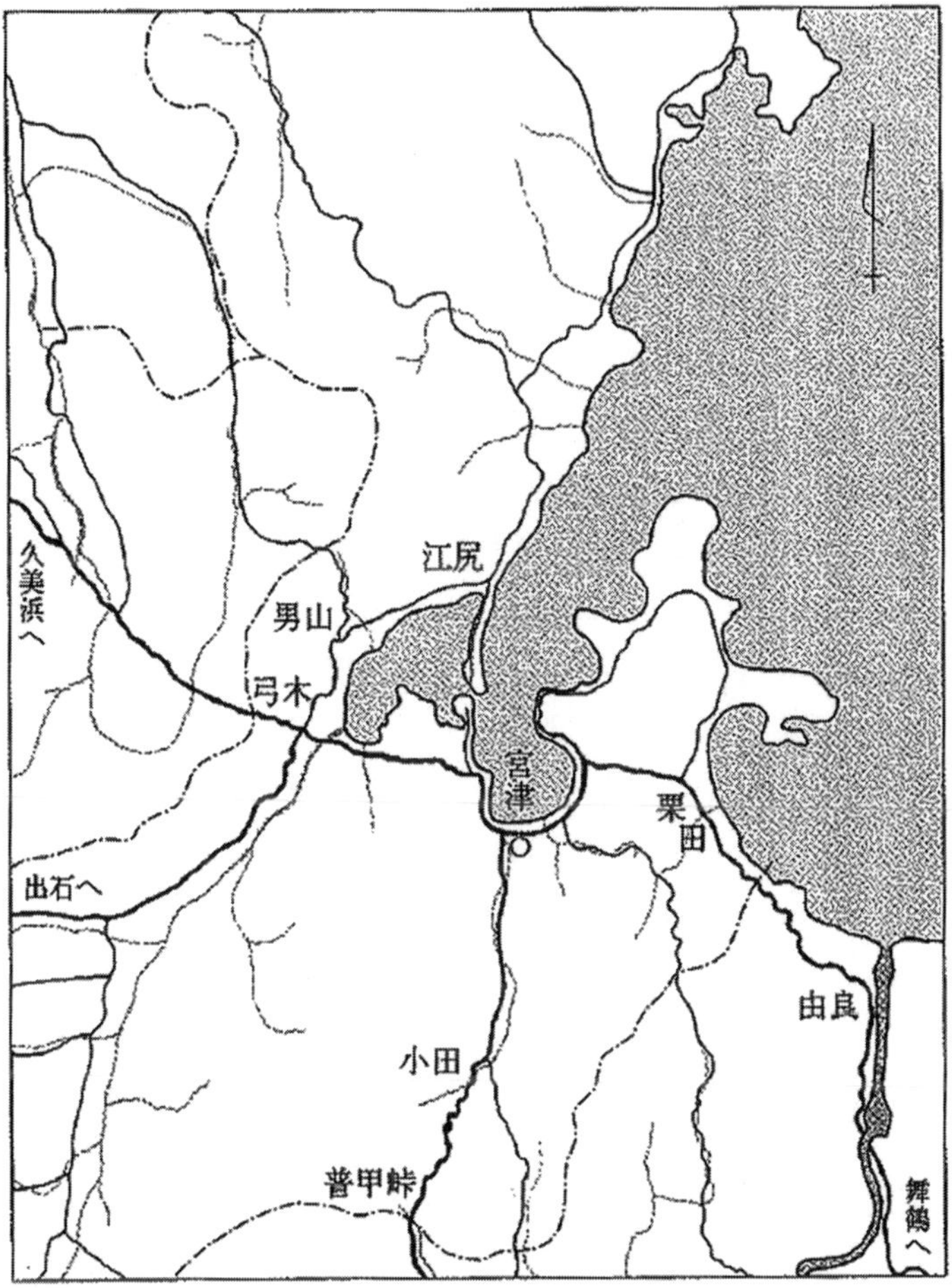

図8　西国巡礼ルートの変化（『宮津市史』通史編下、373頁）

宿屋間での過当競争を防ぎ、他国旅人を取り締まるため、このような順番方式が採用されたと考えられます。元禄一六年（一七〇三）刊行の吉井雲鈴の俳書「摩詰庵入日記」には、「帰りて宮津の旅店に宿す、諸国の巡礼集まる」とあるように、すでに元禄期後半には、宮津は巡礼が集まる場所となっていました（『天橋立集』）。その他、史料8に縁故のある宮津藩家中屋敷や、11のように門前茶屋付近に宿泊する場合もあります。

また、荷物を預けることは、史料3では成相寺へ参詣する場合、宮津へ戻ってくるので荷物などは宿へ預けるのがよいと記されます。この他、史料7、12、19にもあり、10では打ち戻りなので荷物を預けるのもよい、15でも成相より宮津までは打ち戻り、荷物を宿に預け置くのがよいとあります。これも、さきにみた元禄期の西国巡礼のルート変更に伴うものでしょう。加悦谷→成相寺→宮津→栗田ならば直線ルートですが、普甲峠→宮津→成相寺→宮津→栗田となると、宮津への引き返し、打ち戻りが発生し荷物を預けるのが効率的です。ただ史料15には成相で宿泊するならば荷物は持参した方がよい、切戸の陸路は非常に悪いので夜になると帰りにくいと注意があります。そのため、1でみた八代氏や大黒屋の一行は、往復船で参詣したとも考えられます。船酔いや天気の急変による危険性はありましたが、船は早く移動でき食事も可能な便利な交通手段でした。史料12文政元年（一八一八）播磨室津の堺屋の道中記では、九月一二日は名月の前夜で晴れていたため月が出ており、日が暮れると橋立の海の景色が面白い、とあります。そして海には、宮津の家中や町人の遊山船で賑わっていたと記します。船旅は、時には海から名月に出会うこともあり、陸路と違った趣があったのでしょう。

茶屋と名物智恵の餅

切戸の文殊にある茶屋と名物については、元禄三年（一六九〇）に門前茶屋として「茶屋四軒組合」からはじまること、史料14から茶屋で売られていた名物として智恵の餅、才覚田楽、思案酒があったと記されます（『宮津市史』通史編下）。

道中記では享保期の史料3に「智恵の餅売」として登場します。同じく享保期の史料5には「四軒茶屋」に「売る物を俗の戯に智恵の餅、才覚の田楽、分別の蒟蒻、思案の酒」と、新たに分別の蒟蒻が記されています。この四種類は、安政期の史料18にも登場します。智恵・才覚・分別・思案という名称はいずれも文殊に由来した言葉です。

享和期の史料9では、豆腐蒟蒻を分別の田楽、小豆餅を智慧の餅、酒を思案酒と命名して販売しているとあります。刊行された読物として脚色もあると思われますが、田楽と思案酒を、「とても苦て飲むほどでもないのに、主の女は年を経た老婆で、智はどこにあるのだろうか。形もとてもきたなく見苦しいので、かろうじて一盃をのみほした」と酷評しています。

同様に十返舎一九の諸国道中記シリーズの読物である文政期の史料13では、「ちゑのもち、しあんざけ」が登場します。ここには切戸の文殊にかけた狂歌が詠まれ、「呑まなくてよい思案酒、値段の高い智恵の餅」と、同じく低い評価で「名物にうまいものなし」のようです。史料14では、具体的な販売方法と内容が記されています。船が着くと各茶店から客引きが出て、各自の店を指さして、「さあさあ、御あがりされまし」と名物智恵の餅、才覚田楽、思案酒を勧め、「こればおあがりおあがりと申て、四五軒の茶店より、やかましくやかましく」と、当時の販売口上もわかります。この史料で

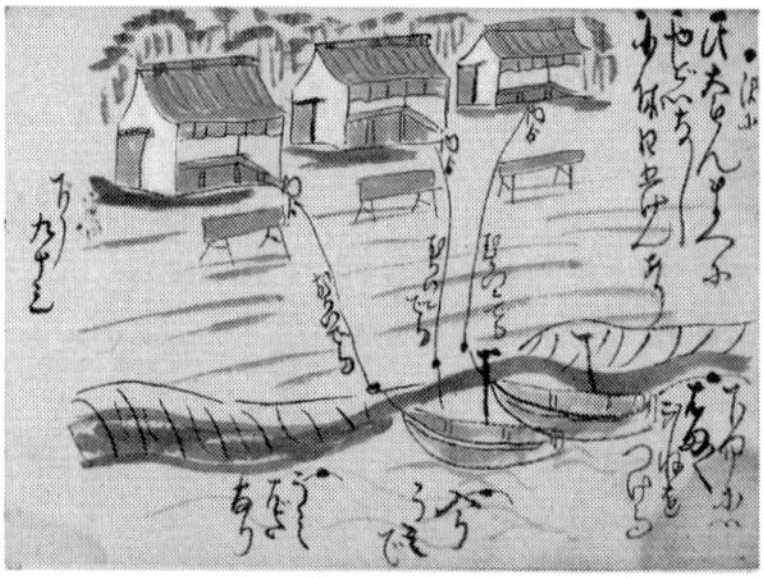

図９　茶屋の説明（「丹後名所、但馬入湯、播磨廻り記」）

は、智恵の餅が小豆餅ときなこ餅、才覚田楽が蒟蒻と豆腐、思案酒が白酒、甘酒、柳陰（焼酎と味醂の混合）、並酒と、名物の内容が判明し貴重です（図９）。

明治に入ると、史料20で智恵の餅を一六〇文で買っています。史料21、23では当地の名物として智恵の餅、才覚の田楽、思案酒とあります。才覚の田楽と分別の蒟蒻は混同されることが多く統合されているようです。そして、史料22では、「天橋の名産いさざの缶詰、ふくろいか」など、持ち帰りの可能な水産物の名産品が登場します。史料24は年代不明ですが、23と同じ筆者ですので明治後半と考えられます。この「丹後国名産一覧表」には文殊地区の名産として、智恵の餅、才覚田楽、思案酒以外に、文殊貝や文殊牡蠣などの多くの海産物が記されます。この時期に入りますと、明治三七年（一九〇四）の福知山舞鶴間の鉄道が開通することから、文殊の茶屋その場で食べる餅や田楽、酒以外に、いさざの缶詰など加工して保存の利く、土産として持ち帰り可能な海産物系の名産が記録に登場すると考えられます。

現在も智恵の餅は、智恩寺の門前で四軒の店によって販売されています。この智恵の餅の由来はつぎの通りです（「ちとせ茶屋」二〇一二年二月、図10・図11）。

「天の橋立文殊　名物智恵の餅の由来」

智恵の餅は古刹切戸文殊堂の名物にして、嘉暦の頃堂前に一老婆あり、餅を売る、深く菩薩を崇敬せしが、常に餅を児童に与えて、その喜戯するを嬉べり。一童子最も老婆に親しむもの天性悧にして応待よく長者を凌ぐあり、偶々京都大徳寺大燈国師来り見て聡明に驚く。老婆曰く『是れ智恵仏文珠尊の霊夢により製したる餅を喫せしが為なり』と。爾来この餅を『智恵の餅』と称し、今尚観光の旅人これを購ふて家土産とするを常とす。

現在では、鎌倉時代末の嘉暦年間（一三二六～一三二八）に、文殊菩薩を信仰する老婆の餅と、大徳寺の大燈国師（宗峰妙超）の話が結びつき、智恵の餅が誕生した、となっています。

これらの茶屋は、表2のように近世の絵図にも数多く描かれます（図12・表2-5、図13・表2-6）。3の享保期には茶屋の建物が描かれています。年代比定が難しい木版の寺図では、6安永～寛政期以降に茶屋と記される建物が描かれ、少し時期が遅れています。この茶屋は、先にみた史料14文政三年（一八二〇）吉田屋正六「西国巡礼略打道中記」に詳細に描かれます。店先には床机が置かれ、船着場と近いことなど販売状況の臨場感がでています。

図10　智恵の餅箱（「ちとせ茶屋」）

図11　智恵の餅（同上）

図 12　「丹後国成相寺図」（表 2-5　糸井 30―43c）

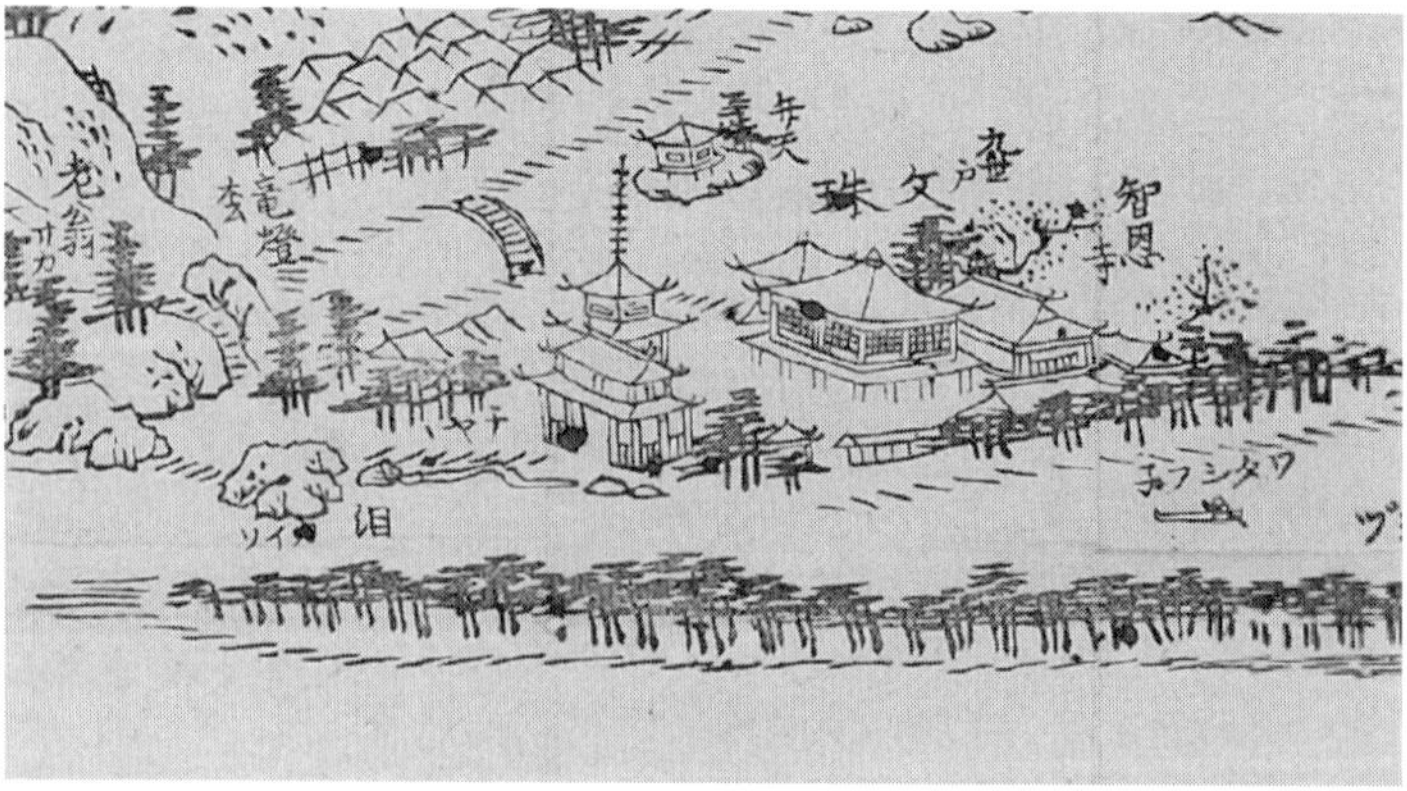

図 13　「天橋立図」（表 2-6　糸井 30―39a）

表2　絵図にみる茶屋

	年代(西暦)	表題	出典	作成	茶屋記載
1	元禄頃 (〜1704)	丹後国成相寺図	糸井30—43b		版ずれ不明
2	元禄頃 (〜1704)	丹後切戸文殊図	糸井30—73		茶屋なし
3	享保9年 (1724)	与謝之大絵図	成相寺所蔵、『宮津市史』通史編下、140頁参照	宮津紺屋町丸田屋久兵衛	茶屋あり
4	享保11年 (1726)	丹後天橋立図	『宮津市史』通史編下、140頁参照	貝原益軒	茶屋あり
5	明和頃 (〜1772)	丹後国成相寺図	糸井30—43c		茶屋なし
6	安永〜寛政頃 (〜1800)	天橋立図	糸井30—39a	宮津萬町大和屋幸次郎版、三上西州図画	茶屋あり 「チヤヽ」
7	天保以降 (〜1830)	大日本三景丹後国天橋立絵図並に文殊天橋立略縁起	糸井30—44b	智恩寺	茶屋あり
8	安政頃 (〜1859)	丹後国成相寺図	糸井30—43d	彫工宮津弥三良	茶屋あり
9	不明	天橋立絵図	糸井30—45b	丹後文殊知恩寺摺出	茶屋あり

注:和暦のみの場合、西暦は最下限とした

おわりに

ここでは、近世の道中記、案内記のなかから、天橋立・成相寺・切戸文珠を記したものを対象とし、宮津の宿と文殊門前の茶屋と名物について変化をみてきました。

最後に、道中記のかたちや記録方法などを分析する史料学の視点からみていきます。道中記の多くは横帳、横半帳の形態が多く、携帯に便利なように作られました。しかしそのため、竪幅が狭くなり、文章が短く簡潔になったと考えられます。それらは、道中で記す場合、宿屋や名所の現場で記す場合、疲れたなかで記す場合、急いで記す場合など、様々な条件や制約があります。また記された道中記を、後世の人が旅に持参する場合には、道中で簡単に読ませ読みやすい記録方法であったと考えられます。旅の後にまとめる紀行文や、刊行された案内記とは違う記録、思考法がありました。

また絵などの画像情報の意味も重要です。史料14の吉田屋正六は、巻末に「さてこの上下の道中記、小本は現地に行ってその所々を見物し、またその所にて詳しく尋ねたり、詳しく聞いて事柄を詳細に伝える小本といえる、一方本屋の道中記はただ通過するだけの道中記」と記します。実際に現場に行き、見学し、聞き取りして訪ねるなど、それぞれの細かいところを明確にした、とあり、本屋の道中記とは違うと主張しています。より詳細に現地の様子を伝えるため、文字だけではなく、たくさんの挿図を描いたといえるでしょう。このように、道中記の作成、記録、利用、また糸井文庫などデジタルアーカイブの画像を利用し、史料学からの分析も必要です。

参考文献

・「天の橋立文殊　名物智恵の餅の由来」（宮津市字文珠四七二－一「ちとせ茶屋」二〇一二年二月六日購入「名物ちゑの餅」のしおり」）
・清河八郎『西遊草』東洋文庫、平凡社、一九六九
・神戸大学経済経営研究所「近世経済データベース」（https://www.rieb.kobe-u.ac.jp/project/kinsei-db/index.html）
・小室萬吉『天橋立集』天橋立集刊行後援会、一九三八
・「普甲峠」「新浜」『日本歴史地名大系』京都府、平凡社、ジャパンナレッジ版
・「舞鶴市糸井文庫資料閲覧システム」「糸井文庫の概要」舞鶴市・立命館大学アート・リサーチセンター（http://www.arc.ritsumei.ac.jp/archive01/theater/html/maiduru/gaiyo.htm）
・『宮津市史』通史編下、二〇〇四
・森沢義信『西国三十三所道中の今と昔』下、ナカニシヤ出版、二〇一〇

5章 近世の京の名物松茸

はじめに

京の松茸は、平安時代から和歌にも詠まれるほど、ながく世に知られた名物でした。特に、明治時代には日本一の生産量を記録し、質量ともに国内随一となりました。ここでは、松茸が京の名物として知られるようになった近世において、どのように採取され、食されていたか、また産地の変遷や評価などをみていきます。まず、松茸の第一の産地が龍安寺山から稲荷山へ変化する過程、田舎・丹波松茸との差別化、評価・分類など、生産に関する視点から考えてみます。つぎに、享保期の霊元上皇の茸狩、旅人が食した京の松茸について、消費の面から紹介します。

1 京の松茸産地のひろがり

龍安寺山と田舎　一七世紀の京の松茸

近世に入って最初の産物記録となる『毛吹草』は、寛永一五年（一六三八）自序、京の商人松江重頼の編輯した俳諧書です。この巻四、「諸国の古今名物」の最初に、洛中・洛外・山城国内の順に四〇〇点を超える産物が列記されます。そのなかで松茸は、唯一龍安寺山のものが登場します。つぎに、寛文九年（一六六九）刊、京の医師奥村久正『料理食道記』の「国々の青物の分」に、松茸は大和・伊賀・丹波・山城の龍安寺と記され、元禄五年（一六九二）刊『万買物調方記』の「諸国名物重宝記」の「山城」にも龍安寺山の松茸とあります。いずれも、『毛吹草』を踏襲していると考えられ、一七世紀には龍安寺山の松茸が有名でした。

また、安芸国の医者、京で林羅山に学んだ黒川道祐は著書のなかで、一七世紀後期の京における松茸の状況を詳しく記しています。まず、延宝四年（一六七六）序『日次紀事』によると、京では九月に各地で茸狩を行い、松茸・初茸・シメジ・イクチ・黒皮茸を賞します。仁和寺・大覚寺（嵯峨）・三宝院（醍醐）の門主は、所領の山中に松茸が多く生えるので、禁裏・院中に献上します。松茸は洛外各地にもあり、龍安寺山、嵯峨山のものが最上で、松茸山を所有する人は採って親戚や友人に贈ります（図1）。ここでは、松茸他キノコ類を茸狩する行事を紹介し、仁和寺他から禁裏への献上、贈

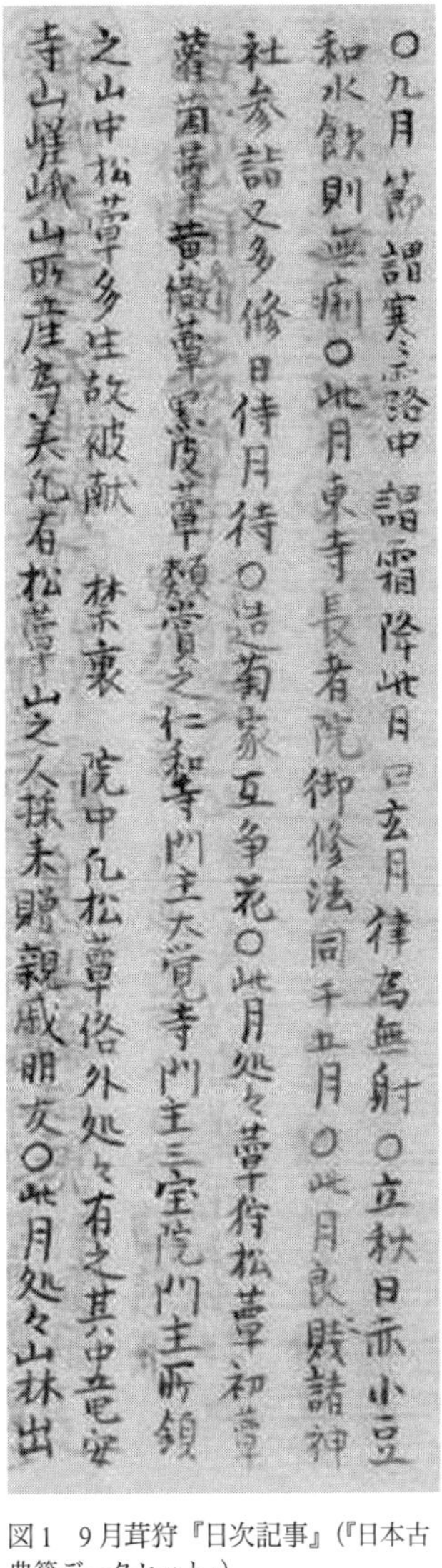
○九月節謂寒露中謂霜降此月曰玄月律為無射○立秋日赤小豆
和水飲則無痢○此月東寺長者院御修法同十五日○此月良賤諸神
社参詣又多修日待月待○是菊家互争花○此月処々蕈狩松蕈初蕈
薯蕷蕈黄熾蕈黒皮蕈類賞之仁和寺門主大覚寺門主三宝院門主所領
之山中松蕈多生故被献　禁裏　院中凡松蕈俗外処々有之其中竜安
寺山嵯峨山所産為美凡有松蕈山之人採未贈親戚朋友○此月処々山林出

図1　9月茸狩『日次記事』（『日本古典籍データセット』）

答品の事例を挙げています。黒川は、延宝九年八月晦日、北野天神から等持院を回り龍安寺へ行きました。住職の竜渓和尚と懇意で、一緒に山に登って松茸を採ったことを懐かしんでいます（「近畿歴覧記」）。

そして、貞享元年（一六八四）刊『雍州府志』でより詳細に説明します。松茸は、所々の山で多く採れますが、龍安寺山産が特に優れており、風味・馨香（芳香）は他の及ぶところではありません。洛陽四辺の山で産したものは、馨香が余りあって、京の気候・風土のためでしょうか、他国のものにはありません。洛中の人は、山城国以外のものを田舎松茸といいます。五月の梅雨の時期には、湿蒸によって、たまたま松茸が出ますがこれを早松といいます。この『雍州府志』では、品質や理由に踏み込み、田舎松茸や早松茸などの種類も説明しています。しかし、一貫して龍安寺産が優品であるとの見解は、『毛吹草』以来の共通する認識でした。

この洛陽四辺における山の一つ北山産の松茸が、天和二年（一六八二）刊の井原西鶴『好色一代男』七の「新町の夕暮、島原の曙」の段に登場します。主人公世之介五五歳は、菊の節句の夕方、大坂の新町遊郭へ行き、その足で駕籠に乗って京の島原へたどり着きます。夜の行燈が消えた頃、出口の茶屋の藤屋彦右衛門方に立ち寄ると、傍らに物さびた釜がたぎっていました。そこで、世之介は岩倉の松茸を焼いて、中椀で二杯飲んで、「これはまた格別」といいます。岩倉の松茸は、島原遊郭で美味と表現されていました。

このように岩倉をはじめとする北山の松茸は、全国的な地誌にも記されます。元禄一〇年（一六九七）刊、菊本賀保の『日本国花万葉記』は、全国各地の名産等が収録され、巻一「洛下八郡名物土産之品々」の「雑菜之品」に、松茸は嵯峨・龍安寺山・醍醐・山科・北山とあります。『雍州府志』で洛陽四辺の山とあった範囲が詳しくわかります。同年刊の江戸の医師人見必大『本朝食鑑』三によると、松茸は日本の菌蕈類のなかで一番であり、京都の諸山が最も多く、肥大で香美があり、なかでも北山産は勝れている。五畿内や丹波・近江・伊勢・紀伊・播磨産がこれに続き、西国にも多い。東国も多く産するが、香美は京都産には及ばない、とあります。ここでは、北山産を最上としますが、おそらく岩倉の松茸も加わっていたと思われます。

稲荷山の登場

享保年間（一七一六〜一七三六）、幕府の採薬使であった松井重康が上京した際、稲荷山で採れた松茸を饗されましたが、関東で食べたものより格別気味が勝れている、と述べています。山城国の松茸は名物と聞いているが、これほどまでよいものとは思いませんでした。特に北山のものは毎年年貢にも供すると聞いていましたが、大変風流な趣です。山城の松茸は古より名産で、特に松茸は蕈中の佳品、とあります。ここでは深草稲荷山の松茸が登場し、一七世紀末に評価が高まった北山産は年貢にもなっていることが判明します。

同じ時代、享保一五年（一七三〇）刊の『料理網目調味抄』は、洛西の隠士嘯夕軒宗堅の著で、京の料理書といえます。まず、凡例に松茸がつぎのように紹介されます。野菜などに至るまで名物は格別です。それほどでなくても吟味さえすれば甲乙は明らかです。そのことがわかっていない人は、鯛はすべて鯛、鴨はすべて鴨、田舎松茸も稲荷山の松茸も同じと思ってしまいます。ここで宗堅は食品

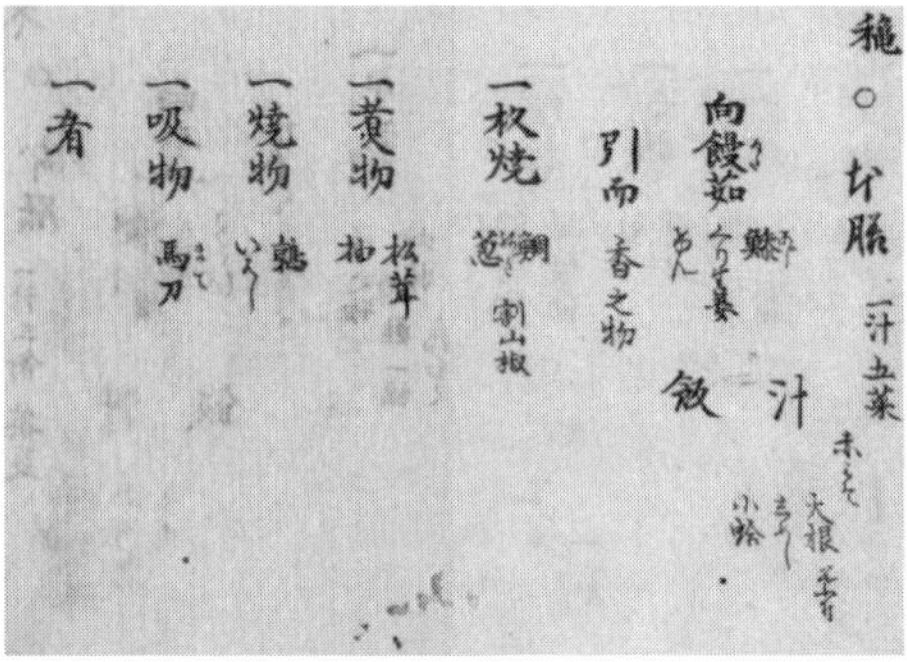

図2　秋の献立『料理網目調味抄』（国立国会図書館所蔵）

の善し悪しを示し判別できない場合、優劣のある稲荷山と田舎の松茸さえも区別できないと指摘します。続いて、巻一の献立では、秋の本膳の煮物に松茸と柚、巻四では松蕈は京の近山物がよく、調味法は多いので略、とあります（図2）。また巻三の「漬松茸」の調理法として、水一升・塩四合を六合に煎じ詰め、茸の間へ松葉を置いて漬けます。茸は軸のなかまで通る程湯がきます。しめじや初茸も同じ方法とあり、当時の松茸の食べ方が、これまでの焼き以外に煮物や漬もあったことがわかります。

一八世紀半ばには、松茸を扱う市や茸狩が地誌などに記されます。宝暦四年（一七五四）刊、大坂の書肆であった平瀬徹斎の『日本山海名物図会』四には、京都の高倉通錦下ル町に松茸市があり大変繁盛しており、名物は京稲荷山・高雄山・龍安寺、とあります。稲荷山が龍安寺山を超えて最初に記されます（図3）。また、安永九年（一七八〇）刊、京の俳諧師秋里籬島の『都名所図会』四の松尾付近で、「茸狩」の絵が紹介されています（図4）。松の山中に敷物が敷かれ、その周りでは、男二人が崖の上から松茸を採り、女二人が道ばたの松茸を見つけ、男子が松の根元の松茸を引っこ抜き、女子がススキに指したたくさんの松茸を手に持っています。親戚か知り合いの家族連れによる遊山のようにもみえますが、松茸狩を採り楽しんでいる様子がうかがえます。

図3　「天満松茸市」『日本山海名物図会』（国立国会図書館所蔵）

図4　「茸狩」『都名所図会』（国立国会図書館所蔵）

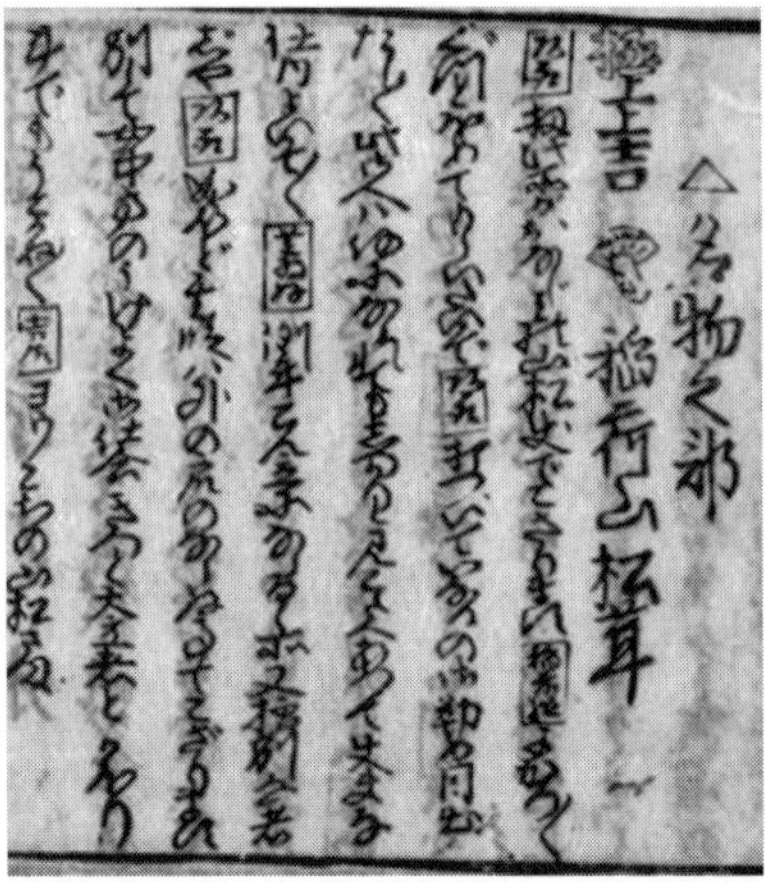

図５　「稲荷山松茸」『水の富貴寄』（早稲田大学図書館所蔵）

京松茸の分類と評価

一八世紀後半から、京の松茸の評価も定まり、詳細に分類されていきます。まず、評判・番付という、選定に評価が明確に現れた史料をみていきます。安永七年（一七七八）刊『水の富貴寄』には「京都名物評判惣目録」があり、京都の名物を貝に見立てて、評価等級・産物名・解説・貝名の順に紹介しています。最初に、「極至大上上吉　京乃水　日本一といふて二も三もない　宝貝」と、別格の京都の水がとり上げられています。京の水は、当時から名物、それも日本一、貝でいうと宝貝と極上の評価を与えています。つづいて「名物之部」に、「極上上吉　稲荷山松茸　味はひはかるうてむまみのある　蛸舟貝」、と記されています（図５）。稲荷山の松茸は、味わいが軽くてうまみがあるとし、蛸舟貝に例えます。タコブネは、メスが貝殻を作り海上を漂い、貝殻も大変軽いものです。この状況から、松茸の軽いうまさを表したと考えられます。

そして、文化二年（一八〇五）刊、京の本草学者小野蘭山選の『本草綱目啓蒙』巻二四は、京の松茸の品質・形状に基づいて分類しています。松茸は、八・九月に生じ、黒松が多い国には茯苓が多く蕈が少なく、赤松が多い国には茯苓が少なく蕈が多い、そのため、京では蕈が多く東国には少ないです。京では、丹波産は早く出荷されますが味が劣り下品、蓋の色は黒を帯び、深草稲荷山産は大きく味が優れ、蓋が厚く白色で堅く上品、粟田産も同じです。山科・上賀茂産は蓋が厚く堅く黒色を帯び、嵯峨産は蓋が薄い、京都には四種あると分類しています。

再び評価に戻って、山城周辺の大和・摂津・河内・和泉、いわゆる五畿内を対象とした、文化一〇年刊、大坂の画家大原東野編の『五畿内産物図会』をみてみます。この本は、俳句・和歌に絵を交えた国別の代表的な産物をまとめたものです。山城には、東寺頭芋・まくわ・壬生菜・京ねき・かも川御洗・道喜粽等に並んで、稲荷山松茸があります。大きく傘を開いた松茸の絵に、「まつたけや、日和になると、傘ひろげ」と、浪速の花滴の俳句が添えられています（図6）。

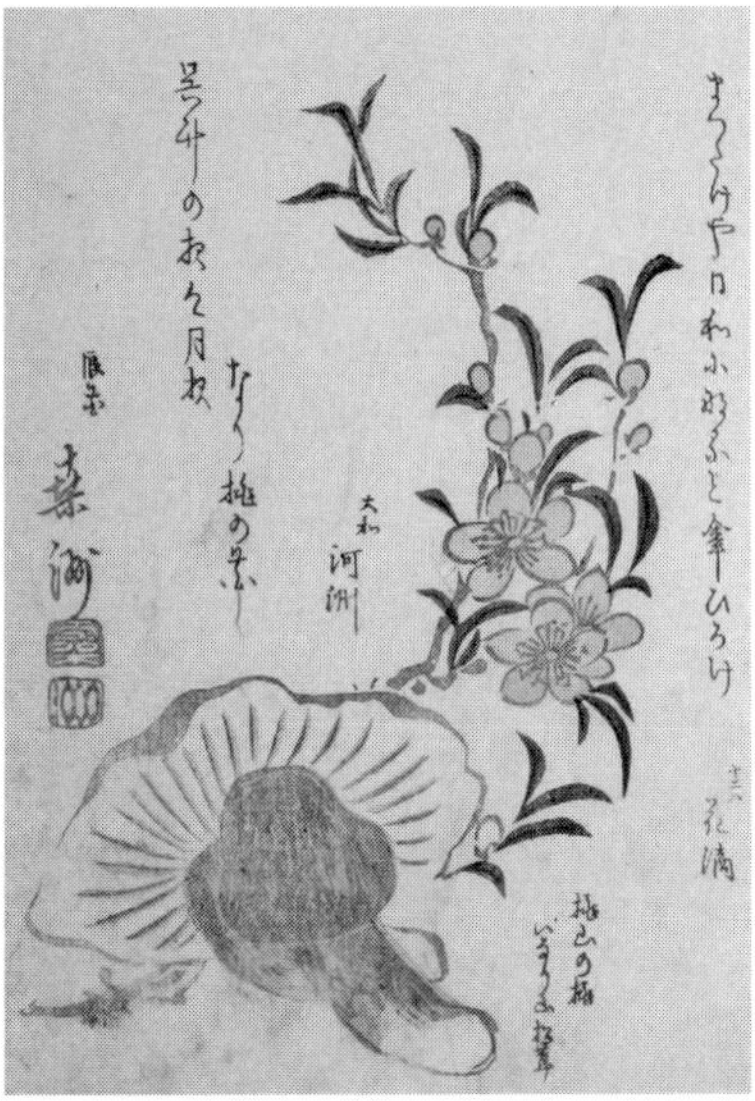

図6　「いなり山松茸」『五畿内産物図会』（早稲田大学図書館所蔵）

また、三都や全国との比較では、天保一一年（一八四〇）に刊行された二つの番付があります。まず、『まけずおとらず三ヶ津自慢競』の三都の比較では、京都は、諸宗本山・祇園会・嵐山・加茂川・伏見稲荷初午と、名所・祭礼・事項が五〇点ほど列挙されますが、松茸狩は七番目に位置します。つぎの『諸国産物大数望《ずもう》』では、産物を相撲番付風にしており、山城では小結に京羽二重、前頭に宇治茶・淀川鯉・水菜・加茂川鮎があり、別格の世話人として、京人形・八幡牛蒡とならび、北山松茸が登場します。三都や全国との比較でも、松茸が一定の地位を占めていることがわかります。

最後に、安政五年（一八五八）頃、二条城在番の家臣として上洛した原田光風の「及瓜漫筆」には、松茸について『雍州府志』土産門に龍安寺山が優れて風味がよいとある、と記しています。しかし、今は北山産が最上で東山産が続き、稲荷山は御留山であり、献上後まで採取が禁止されています。江戸では松茸を上品な料理に使い貴いものですが、京では旬の頃には価格が安いので、どんな店でも調理して商売するということはありません、とあります。一七世紀末の『雍州府志』の情報を参考にしつつ、一九世紀中期当時の北山・東山産が上位という評価や、旬の季節において大量の松茸が京へ流れ、安く入手できていた状況がわかります。

稲荷山の松茸献上

この、稲荷山、御留山の実態について、『朱』編集部による稲荷神社史料を用いた研究が詳細であり参照します。稲荷山は幕府の領山であり、京都所司代によって管理され幕府へ松茸が献上されました（図7）。その起源は慶長年間（一五九六～一六一五）と伝承されますが、寛文九年（一六六九）に所司代・町奉行所により、全山の図が作成され、寛文一〇年に松茸制法が定められ、最古の献上帳があることから、寛文期に定式化されたと考えられます。所司代は一番取・二番取を行い、その後社中や百姓の採取が許可されました。また、松茸の不作は、社中の山林の管理や手入れの問題とされ、与力・同心による山林掛の設置や出生地の保護策が進められます。元文二～四年（一七三七～三九）の不作に対して、元文五年松茸出生地五〇箇所を立ち入り禁止とします。これが御留山の由来とも考えられますが、稲荷山の北谷・南谷沿い、両者を結ぶ山の西麓に集中し、合計六万坪にも及びました。その結果、松茸は寛文から幕末に到るまで近世を通じて増産傾向にあり、特に天保期が最盛期となり、天保七年には二万本も献上されています。

この松茸狩は、六月の土用頃にはじまり、禁則札の張り出し、松葉や木の伐採が行われ、八月の彼岸に道刈、入山禁制札が建てられます。その後、松茸の芽が出る顔出しが確認されると、所司代・町奉行所へ芽切り注進が行われ、見張りの番小屋や番人が置かれ見回りが強化されます。芽切りが増えると、社中と山林掛役人が相談し一番取の日と員数を注進します。そして、当日は役人と社中が立ち会い、百姓五〇名・雇人により松茸狩が行われ、員数改後に役人に引き渡され所司代屋敷へ送られました。

図7 「稲荷山」(『拾遺都名所図会』早稲田大学図書館所蔵)

それから、一・二週間後に二番取が行われ、終了翌日は社用茸として採取売却され社費となり、その翌日、社家・百姓・来客に開放されました。

稲荷山と丹波の松茸

天保九年序の石門心学者柴田鳩翁の『続々鳩翁道話』一下では、産地による松茸の特徴を使い、当時の心学の普及に利用しています。柴田は、稲荷山と丹波の松茸を、つぎのように人の天理比較の比喩として用いています。稲荷山の松茸も丹波の松茸も、松茸にかわりありません。松茸の形ができると、食べられるという天理が備わります。松茸は食べられるのは自分の力と勘違いして、天理ということを知らないのです。ちょうど、人が自分の心だとして、天命の性を知らないようなものです、と書いています。

続いて、松茸を食べる際に、かならず柚を相手にします。これは、松茸に柚、人に忠孝、馬に轡と、生まれつきにかなう性によることを表現しています。松茸は、自分を使う際には胡椒や山椒、辛子でもよいのに、柚を入れるのは人のこじつけではないかと疑います。また稲荷山の松茸は、献上にもなり風味もとても良く、鰹節や酒塩など出しを入れず素焚です。しかし、丹波松茸は味が悪く出しや生魚などを入れ、やっと稲荷山の松茸の素焚と同程度になります。そのことに丹波松茸が腹をたて、なぜ素焚にはしないのかと小言をいいますが、味がないという持あわせがあるためで、どうしようもなく出しを入れます。おなじ松茸でも、土地によって風味の善し悪しがあり、人の気質の清濁と同じと表現しています。

このように、人の天理の説明に使われた松茸ですが、稲荷山と丹波の産地による優劣の存在、『料理綱目調味抄』にあったように柚とあわせること、素焚や出しを入れる料理法など、一般にも普及し認識されていたと考えられます。

2 上皇の松茸狩と旅人の賞味

山荘に茸かりすべし

2では松茸を採り食す、消費の面から実態をみていきます。近世前期の後水尾上皇は、修学院に山荘を営んでいますが、洛北の長谷も候補地でした。正保四年（一六四七）一〇月六日に、後水尾上皇と東福門院は長谷の聖護院門主道晃のところへ御幸し、松茸狩を行っています。また、寛文一一年（一六七一）九月二一日にも、岩倉や長谷の聖護院に行幸し、山のあちこち分け入って松茸をたくさん採りました。その後、聖護院へ帰り、上皇は幡枝の御山の松茸をみています。延宝四年（一六七六）九月一七日にも、幡枝に行幸し、山へ入って松茸を採っています。このように、後水尾上皇は、修学院、長谷、幡枝の北山で松茸狩を行っていたことがうかがえます。

そして、後水尾上皇の息子である霊元上皇も修学院山荘や幡枝で松茸狩の行幸を催しています。霊元上皇は、寛文三年（一六六三）後西天皇の後をうけ天皇となり、貞享四年（一六八七）東山天皇に譲位しました。その後、上皇となり、享保一七年（一七三二）七九歳で亡くなります（図8）。ここで対象とする「霊元院法皇御幸宸記」は、霊元上皇が享保六〜一六年、後水尾上皇に縁のある修学院山荘や幡枝に行幸した際の記録です。上皇は、修学院や幡枝で松茸狩を楽しんでおり、その様子を年代順にみていきます。

図8　「霊元上皇」（御寺泉涌寺所蔵）

まず、享保六年九月二七日、父後水尾上皇とともに九歳の時に来て以来六〇年ぶりの修学院行幸となりました。修学院の北、赤山権現に参詣した後、山に登って、松茸が少し残っていたのを珍しく採りながらゆくと、思わず頂きに登ってしまいます。遠く大山崎の渡しや、白くきらきらした淀川がみえました、とあります。院御所からほとんど出ることのなかった上皇にとって、山に生えた松茸を採り、各所を遠望するという経験は新鮮だったのではないでしょうか。

翌享保七年九月九日の修学院行幸では、南の一乗寺の山に登り松茸を多く採るなかで、今回も頂きまで上がり、西の方の京をみますが霧が深くどこもみえません。つぎに、去年も訪れた赤山で松茸を採り、頂きに登って西南の方をみると、やはり淀の方に薄霧がかかっていました。最後に、三社の宮山に登りますが、この山路はすこし坂がきつく、ようやく頂きまで登りましたが松茸はなかったようです。続いて、享保八年九月七日は、最初から「山荘に茸かりすべし」と、松茸狩が目的の行幸で、御霊社や下鴨神社を経由し、一乗寺の山、赤山に行って松茸をとり、頂きまで登りますが淀川は曇りでみえませんでした。

享保九年、上皇は修学院の行幸を、松茸か紅葉の盛りのいずれかにしたいと考え、八月の末が松茸の盛りということで二七日と決定しました。まず、赤山に行くと、今年は松茸が特に多く両手で持って登りました。七一歳の上皇は、去年の秋から歩行に自信がなかったのですが思ったほどもなく山の頂きに到着し、今回は淀川もよくみえました。つぎに、天満宮で祈念し一乗寺山、山伝いに端山へも行き松茸を採りました。しかし、日が傾きはじめ心慌ただしくなり、山路一〇丁（約一キロ）を急いで帰りました。翌早朝、釈迦院の前大僧正有雅達が来訪しましたが、九一歳とは思えない壮健な老僧で、山荘のまわりの山々を残らず歩き、松茸等を終日採って喜んで帰った、とあります。松茸狩は、自然のなかを歩き松茸を探し採取する面白さがあり、高齢になっても楽しめる催しといえます。

いつくの山も茸すくなし

翌享保一〇年九月一六日、恒例の山荘への茸狩に行き、寿月観から隣雲軒に上る道の途中でたくさんの女房に出会います（図9）。女房達は今朝、一乗寺で松茸をとって帰るところで、隣雲軒で食事し、つぎは赤山に行くようですが、今年はどの山も茸は少ないです、と話しました。このように去年は豊作でしたが今年は不作でした。上皇は松茸を少し採り、次の二首を詠んでいます。

かそふれは、今はいつしか、五とせの、秋になりぬる、山の茸狩
またゆかぬ、山又山の茸かりは、いかなる年の、秋よりかせん

図9　修学院離宮隣雲亭（宮内庁）

松茸狩について、今年で五年目になる、また来てしまったと、各地の山を廻るこの趣向を気に入っていたようです。その後、夜中に帰京したとあります。次の日、かねてよりの約束で一位前大納言、愛宕前宰相他を山荘に招いていましたが、帰京したので藤谷前中納言隆春に案内を依頼しました。彼らは一日各所を見物し、昨日採り残した松茸を少し採ったと聞きました。各自、漢詩や和歌を献じ、一位前大納言は、松茸をススキで貫いているのをみて、「松茸のかさの緒にせりいとすゝき」、狂歌として「有かたき昨日の奉書ひらくより、けふの肴を松茸のかさ」と詠みました。『都

名所図会』の絵にも、松茸をススキでまとめている様子がうかがえます（図4）。

享保一一年も秋に茸狩と考えていたようですが、伏見宮邦永親王が病を煩い、一一月の紅葉狩だけになりました。享保一二年は、春に山荘の屋根の葺き替えがあり、行幸は秋となりましたが、例年と違い八月になるまで暑さが続き、九月になれば松茸はいずれにも生えるので九日と決定しました。前日は早く寝ましたが、寺の鐘が聞こえまどろんでいますと、夢に父後水尾上皇が現れ目が覚め、うれしくなり歌を詠みました。快晴のなか山荘へ行き松茸を採りますが、今年は少なく言うほどではありませんでした。この享保一〇～一二年の松茸の減少は、先述した稲荷山でも同様に不作とあり、京全体の傾向であったと考えられます。

百本よりも多かるべし

享保一三年は下鴨・上賀茂へ行幸し、享保一四年は所司代が江戸へ行っており、一一月の山荘へ紅葉狩のみとなり、茸狩はありませんでした。ただ、二月三日に一乗寺の八大天王近くの山が、山の上に松茸が多く出るようだと聞いていますので、やはり茸狩を楽しみにしていたと思われます。

享保一五年は、前年の秋、所司代が幡枝の圓通寺への御幸も可能との話をしたので、九月一二日幡枝へ行くことになりました。幡枝に行くのは、珍しい山で茸狩をするため、とあります。まず、圓通寺の潮音堂に詣でて、その近くから坂道があり、竹で欄干が作られそれを使ってようやく登りましたが、道にはたくさんの松茸がありました。松茸を採りつつ、同行する人々にもたくさん採らせました。山の頂きに休息所が設置され、昔は現在麓にある茶屋がここにあったと聞いて、六九年前に来た際に茶屋があったことを思い出しました。遠く西の方を見ると戌亥の方角に何かみえます。蔵の白い土にも見えず、遠めがねで確認すると、六月の上京大火の場所に新しい家が建ち並んでおりその屋根でした（翌年四月にも松ヶ崎の山から西陣の在家が多く建っている、と記しています）思いがけないものが見えたと話しました。その後、山をおりて茶屋に行き、採った松茸を調理させて各白食しました。そして圓通寺にかえって夕食を食べます。帰路、月がさえて大変風流であり、後水尾上皇の歌を思い出し自らも歌を詠みました。

享保一六年九月に入り、幡枝へ茸狩に行きたいと思いましたが、松茸はまだ盛りではないので、みぞろ（深泥）が池で名月を見ることとし、一三日に出立しました。幡枝に行き観音に誦経して去年登った坂道を行きますと、思いのほか松茸が多く百本以上採りました。

図10　深泥が池（著者撮影）

式猿堂で夕食を作り、今日採ったばかりの松茸を食べ、酒を飲んでいますと日も暮れてきたので、山の麓を東に行きみぞろが池に出て、麓を西へ行き床で月見をします。しばらく月を見て酒を二・三献しましたが、寒くなってきたので帰京しています（図10）。

この霊元上皇が毎年行なった茸狩は、松茸採だけではなく、寺社を巡り、山を歩き京の町を眺めるなど、日常の御所内では味わえない様々な楽しみがありました。また父後水尾上皇の思い出も重なり、七〇代の上皇の生活に彩りを添えていたのではないでしょうか。

図11　「和宮」（長谷川巴南氏画）

御所内の松茸の贈答

つぎに、幕末における、皇族と松茸の関わり方についてみていきます。有栖川宮幟仁親王は、天保二年（一八三一）九月二七日、岩倉村に行き、幡枝の松茸山に登り、茸狩を行い、同所の木工大夫家に寄って晩餐を取っています（『幟仁親王行実』）。霊元上皇と同じく、幡枝の松茸山を訪れ、茸狩を楽しみ、その場で食していたと思われます。

また、孝明天皇の御乳人を務めた押小路甫子《なみこ》は、御所内での松茸の下賜・進上の贈答を記録しています（『押小路甫子日記』）。万延元年（一八六〇）九月二日、天皇から儲君（明治天皇）・准后（孝明天皇妃九条夙子）へ御領所の松茸が送られます。四日、和宮へも御領所の松茸を送られ、礼状と思われる文が届きました（図11）。翌五日には、准后へ御領所の栗も送られています。九日と一六日には修学院より松茸が届き、寂静院・信楽院へ下賜されました。

文久二年（一八六二）閏八月一七日、この日は修学院より御山の松茸が届き准后・敏宮（孝明天皇妹淑子内親王）へ、御領所の松茸・栗は親王へ送られます。二六日の修学院の松茸は、中務卿宮（有栖川宮幟仁親王）他、妙勝定院（有栖川宮韶仁親王妃）等へ送られました。続いて、九月九日重陽の節句には、幟仁親王は孝明天皇から修学院の松茸を賜わり、参内し御礼を言上した、とあります。

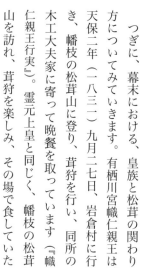

また、八月二八日に和宮へ送られた鴨山の松茸は、塩漬の指示がありました。この他、九月朔日には関白から御領山の松茸、一八日には稲荷山の松茸も届きます。慶応元年（一八六五）九月二四日の修学院御山の松茸は、入道准后・前関白・鷹司前関白へ送られました。このように、御所内でも、天皇の御領である禁裏御料や修学院御山、関白の所領や当時有名になっていた稲荷山などから松茸が届けられました。一方で、その松茸は、儲君・准后・和宮・親王などの皇族や、前関白など公家に送られました。そして、当時一般的な保存方法でもあった塩漬けにして保存していたこともわかります。

茸の匂ひ、風味は格別

最後に、京を訪れた旅人が賞味した松茸についてみていきます。まず、江戸深川の芸人富本繁太夫の全国を旅した記録「筆満可勢」では、天保六年に京を訪れています。八月五日には、筍（松茸）が安くなり一本七文で四、五本買って帰り食べましたが、匂い・風味ともにとてもよい、とあります。一七日には、東山の大日山の松茸狩に、芸子おいく・君江・君代・鶴子と茶屋大野夫婦などと連れ立って行きました。松茸山は「金弐分山」といい、金二分で貸し切り縄張をしており、山へ入ると松茸の匂いが充満し、松の木の根に四、五本位づつ生えていました。そして、すでに松茸をたくさん食べましたが、売物の多くは近江産で風味が悪く、京の地山産は別格で、誠に奇絶で風味は格別、と高い評価を与えています。九月六日には宇治へ行っていた金吉が帰り、茸狩をして松茸や喜撰を土産に持参しました。喜撰は九章で紹介する宇治茶喜撰でしょうか。松茸の生える山々は、香りが充満し味も別格であり、田舎とされる他国産との違いもはっきりと記しています。

図12　嵐山の三軒茶屋（右端）『都名所図会』（国立国会図書館所蔵）

つぎに、大坂の歌舞伎脚本家西沢一鳳軒の「綺語文草」によると、嘉永三年（一八五〇）一〇月一〇日、嵐山の三軒茶屋にある上花の茶屋の弟侘右衛門方に宿泊しました（図12）。茸の香りが紛々とするなか、嵐山の川沿いを散策し、大悲閣や法輪寺を参詣し、花の茶屋に帰りました。そこで、干物を焼き松茸を焚き、饗応され大変風流です。なかでも「黒皮」というシメジのような茸は、よく灰汁を抜いて薩摩芋と味噌和えにして猪口で出され、とても佳美でよいものでした。夜、俳句を詠んだ際に、宿主の老婆に、嵯峨野の秋も過ぎたので鹿の鳴き声もしないでしょうと聞くと、老婆は、鹿の音は松茸の盛りの頃には昼も喧しく鳴きますが、茸の旬が過ぎれば鳴きません、と答えました。

翌一一日、高雄・栂尾を巡り、清滝の橋辺の掛茶屋で休み、川辺に下りて床几で紅葉をみますが、大和の竜田と東福寺の通天橋を一つにしたような所だと評しています。そこでは、地元の人が茶店を出しており、採れたばかりの松茸に鱧をあしらって酒を勧めてきました。夜は、砥石・松茸の名産地鳴滝の近江屋に宿泊し、霜月九日の大根焚の話を聞きました。嵐山や清滝の紅葉の名所でも、松茸は風流な名物でした。

最後に、武士の旅人を二人、庄内藩出身で、文久三年に設立された幕府の浪士組の中心であった清河八郎は、安政二年（一八五五）五月七日、今宮神社の祭礼に訪れています（「西遊草」）。今宮門前の茶屋で休み、名物の壱文餅を食べ、座敷にあがって酒を呑みました。ここで、初物の松茸を食べましたが、季節も早く珍品といえる肴でした。梅雨頃に出る早松茸のことだと思われます。もう一人、江戸在住の武士石川明徳の「京都土産」は、元治元年（一八六四）正月より数カ月間京都に滞在した際の見聞記です。そのなかで京都の美事・悪事をまとめており、美事として「菜菓之美味」「河魚之珍味」と、食品・産物に関する記述があります。そこで、松茸は安値で香りが深く、味がよいとあります。京の松茸は、幕末に到るまで安くて美味との高い評価を維持していました。

おわりに

以上、近世において松茸が京の名物になる過程、どのように採取され、食されていたか、みてきました。松茸の産地は、一七世紀には、洛西の龍安寺山を筆頭に、嵯峨産、末期には岩倉などの北山産が登場します。また、山城国以外を田舎松茸として、京の松茸と区別していました。一八世紀に入ると、稲荷山産が幕府の御留山としての由緒も重なり台頭します。『本草綱目啓蒙』では、京の松茸は、稲荷山、山科・上賀茂、嵯峨、丹波と四種に分類・細分化されました。そして、稲荷山と丹波・田舎松茸が比喩に用いられるなど違いが強調され、五畿内や三都、全国の番付でも、最高の評価を与えられたといえます。
一方、松茸の消費といえる茸狩は、後水尾、霊元上皇をはじめとする皇族や、京を訪れる旅人も興じており、遊山の一つといえます。そこには、その場で賞味する最高の食べ方をはじめ、家族や友人と一緒に松茸を見つけて採り、山を歩き頂上から都を遠望する、当時の総合的な遊興であったといえます。京名物の松茸は味や風味が最高という評価だけではなく、茸狩という文化と一体に考えてみる必要があります。

参考文献
・有岡利幸『松茸』ものと人間の文化史八四、法政大学出版局、一九九七
・『朱』編集部「稲荷山の松茸と幕府役人の増産への執心 附・目代信資「文政七年当山松蕈取雑記」」『朱』三七、伏見稲荷大社、一九九四
・『押小路甫子日記』三、日本史籍協会、一九一七
・「綺語文草」「筆満可勢」「西遊草」駒敏郎他編『史料京都見聞記』三、法蔵館、一九九一
・「及瓜漫筆」「京都土産」駒敏郎他編『史料京都見聞記』五、法蔵館、一九九二
・「近畿歴覧記」『史料京都見聞記』一、法蔵館、一九九一
・『毛吹草』、早稲田大学図書館、へ 05 02925
・『好色一代男』『新編日本古典文学全集』六六、小学館、一九九六
・『五畿内産物図会』、早稲田大学図書館、雲英文庫三一 E 一二三五
・『後水尾天皇実録』、東京大学史料編纂所データベース「近世編年データベース」
・「採薬使記」下、国立国会図書館、特 1-464

・柴田鳩翁、柴田実校訂『鳩翁道話』東洋文庫一五四、平凡社、一九七〇
・『諸国産物大数望』『まけずおとらず三ヶ津自慢競』青木美智男編『決定版番付集成』、柏書房、二〇〇九
・『日次紀事』『新修京都叢書』四、臨川書店、一九六八、『日本古典籍データセット』国文学研究資料館鵜飼文庫
・『日本山海名産図会』、国立国会図書館、特1-106
・『日本国花万葉記』、早稲田大学図書館、ル03 01351
・『幟仁親王行実』、高松宮家、一九三三
・『本草綱目啓蒙』、国立国会図書館、特1-109
・『本朝食鑑』、国立国会図書館、特1-2284
・『水の富貴寄』『新撰京都叢書』八、臨川書店、一九八七、早稲田大学図書館、ル04 03186
・『都名所図会』『新修京都叢書』六、臨川書店、一九六七、国立国会図書館、特1-106
・本吉瑠璃夫「京都における松茸採採の史的変遷」『金鯱叢書：史学美術史論文集』一六、思文閣出版、一九八九
・『雍州府志』『新修京都叢書』一〇、臨川書店、一九六八
・『万買物調方記』、国立国会図書館、本別13-19
・『料理食道記』『食物本草本大成』四、臨川書店、一九八〇
・『料理網目調味抄』『江戸時代料理本集成』四、臨川書店、一九七九、国立国会図書館、特1-2954
・「霊元院法皇御幸宸記」、国立公文書館、内閣文庫一四五—〇九五三、翻刻：「続扶桑拾葉集」『続史籍集覧』五、近藤瓶城編、一九三〇、国立国会図書館、602-11

6章 日本一となった近代京都の松茸

はじめに

近世、都の周辺で採れる松茸は、地誌や本草書、番付などにも数多く登場し、最高の評価を与えられていました。また、京名物の松茸は味や風味がよいという評価だけではなく、茸狩という文化も大事な要素の一つでした。この京の松茸が、明治に入り都が東京へ移って以降、どのように変化したのか。まず、東京へ移転した有栖川宮幟仁親王の日記を通して、西京松茸とよばれた京都の松茸の贈答から、生松茸、缶詰など明治前期の展開を考えます。つぎに、日本一の生産量を記録し、質量ともに国内随一となった京都府下の松茸、産地の広がりと生産量の変遷をみていきます。最後に、松茸の主要な楽しみといえる松茸狩、松茸攻めにあった旅行者、そして、受け入れる側の松茸山の管理、村の経営や皇室への献上を紹介します。

1 松茸の展開　有栖川宮と松茸

西京松茸の贈答

幕末にみてきた皇族の松茸の贈答は明治に入っても確認できます。明治二年（一八六九）九月二三日、門跡三宝院易宮の家来が京都にあった新政府の留守官へ、二八日に領山の松茸を献上したいと伺を提出しています（「太政類典」）。また、翌三年九月二九日、一〇月二日に松茸を献上して差し支えないか問い合わせ、宮内省の玄関へ献上した、とあります。すでに、天皇・皇居は東京へ移転していましたが、留守官とあるように京都にあった留守宮内省に献上されたものです。三宝院は醍醐寺なので、松茸は醍醐周辺であったと思われます。

また、幕末修学院の松茸を贈られていた有栖川宮幟仁親王（一八一二～一八八六）は、明治期にも京都の松茸との関係は続きます（図1）。幟仁親王は、明治四年七月家督を熾仁親王に譲り隠居した後、明治五年五月永田馬場に屋敷を拝領し、七月家族を連れて東京へ移転します。その後、明治一四年神道教導職総裁、一五年には皇典講究所総裁となります。日記は、明治六～一五年（一部欠年）が刊行され、松茸の贈答が詳しくわかりますので、年代を追ってその変化をみていきます。

図1　有栖川宮幟仁親王『威仁親王行実』巻上（国立国会図書館所蔵）

まず、明治六年一〇月二〇日松浦恬助が西京松茸を持参し、一二月一〇日京都高倉から郵便が届き、武恒奥より漬松茸が到来しています。前年、京都から東京へ移った幟仁親王へ、西京と呼ばれた京の松茸が届いている様子がうかがえます。

明治九年一一月二〇日午後、随姫（孫、元水戸藩主徳川慶篤長女）方へ花昆布一箱を持参しますが、お返しに常陸産の塩漬松茸の竹皮包を贈られました。また、一二月二六日伏見宮家の使が来て、穂宮（貞愛親王妃利子女

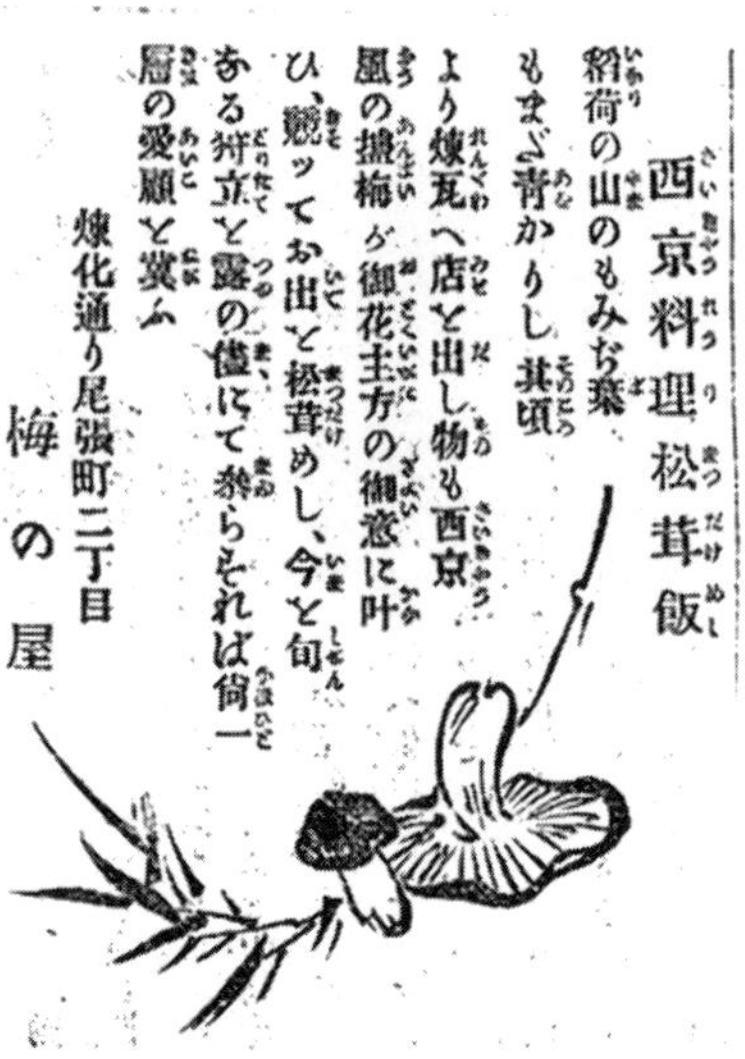

図2　西京料理・松茸飯（読売新聞）

王）から塩鮭一、織君より鶏卵小箱・西京の煮附松茸が贈られます。いずれの松茸も旬からはずれており、塩漬・煮付など加工されたものでした。この時期、東京の煉瓦通り尾張町（銀座）梅の屋は、西京料理・松茸飯の広告を出しています（読売新聞、図2）。広告には、稲荷山の紅葉がまだ青い頃から煉瓦通りへ出店し、西京風の料理手法が評判となり、お得意様が競って来店されるように、今が旬の松茸飯を準備しています、とあります。松茸を笹に突き刺した絵も添えられ、稲荷山や京風を喚起するようですが、おそらく生松茸ではなく、塩漬などの加工品か、または東京近隣産であったかもしれません。ただ、この時期、幟仁親王をはじめ皇族・公家他、京都から多くの人々が東京へ移住しているため、故郷京の料理は人気があった可能性は十分あります。

明治一〇年になると、息子熾仁親王が鹿児島県逆徒征討総督に任じられた西南戦争へ従軍した人々が登場します（図3）。一〇月一二日東伏見宮彰仁親王が昨日無事に九州から帰陣したとのことで、留主中見舞いの返答もかねて蒸菓子一箱・西京松茸・シメジの籠入が贈られました。一一月一四日招魂祭臨時祭を見に行き大混雑でした。三時過に戦地から一〇日に帰った中山と面会し話しました。そして、西京の母から到来したという煮干松茸の紙包を贈られています。年も押し迫った一二月三一日、歳暮の祝詞への返事を書いた後、西京六条高倉からの船便で干松茸と祝詞が到着しました。

生松茸の輸送

明治一一年一〇月一八日樋口タオが宿替りのため、西京松茸文匣入を持参したので賞味しました。二〇日には藤井希璞より西京の松茸と初茸等一〇本が送られます。この藤井希璞（一八二四〜一八九三）は、幕末有栖川宮家の家士として活躍し、明治以降、宮内省御用掛や有栖川宮家の家扶も勤め、幟仁親王と関係の深い人物です。樋口の詳細は不明ですが、藤井のように京都時代からの関係や、京都に縁故を持つ者が多いのが明治前期の特徴だと考えられます。松茸は、京都出身者にとって懐かしい故郷の味・風物詩であり、贈答として誇れる土産であったと思われます。幟仁親王は五〇代後半で長く住んだ京都を離れ、特にその思いが強かったのではないでしょうか。

図3　有栖川宮熾仁親王『威仁親王行実』巻上（国立国会図書館所蔵）

明治一二年一〇月二六日には藤井希璞へ西京の松茸七本を持たせています。一二月一五日、水天宮へ参拝後、午後伏見宮家へ行き、土産として織君へ三ツ重蒸物・静岡製の白干魚・ハラ、子、丹州の塩松茸を贈っています。ここでは西京ではなく丹波の松茸です。また静岡製の魚など、どの地域の産物なのか詳しく記録しているのも幟仁親王の特徴です。明治一一年以降、松茸一〇本などと本数が書かれている場合が多く、加工されたものではない京都の生松茸が、東京で贈答に利用できる輸送体制が整備されてきたのだと思われます。

明治一三年二月二五日、三澤信太郎が西京から現在でも京名物の蕪千枚漬一桶を贈ってきます。また三澤茂三郎は稲荷山の松茸漬一壺を土産として持参しています。ここでは、西京ではなく近世有名であった「稲荷山」として記されており、著名産地の地位は健在のようです。一一月三日の天長節には、西京の堀元厚が、毎年恒例の塩松茸樽漬小一、一三日には、以前登場した樋口夫妻が訪ね、氷砂糖一箱・西京の松茸・茶漬一蓋物を持参しています。

缶詰の登場

明治一四年になると、松茸の缶詰が登場します。二月八日、本邸奥向の広澤から便りがあり、加賀奥向の手製鯛のホンホリ煮・鰹亀甲煮・小鰯煮附三種が、一品宮（息子熾仁親王）から贈られてきます。熾仁親王は、返礼として西京稲荷山松茸缶詰を贈りました。二八日にも、岩井仙三が来て、手製の馴鮮鯖二本と西京松茸の缶詰を持参しました。そして、四月二六日中川長正が訪問し、先月三日に見物した第二回内国勧業博覧会で購入した土産の鱒・稲荷山松茸・越前蟹・雲丹製法（奥州）の缶詰を持参してきました。全国の有名な山海の珍味です。この博覧会は、東京上野公園で三月から六月まで開催されたもので、全国の物産などが集められ品評されています。五月七日随姫が暇乞に来た際には、西京の益寿糖一箱・稲荷松茸の缶詰を贈ります。益寿糖は京都の菓子で、糯米に蜂蜜・胡麻・肉桂を調合した短冊形の求肥餅で、進物にも使われていました。八月以降は、京都関係者からの贈り物で、八月三一日には西京の粟津悦喜子より深草製団扇一〇本と松茸、一〇月二五日樋口タヲより西京松茸三本・芥子漬松茸、一一月七日西京の堀元厚より例年恒例の漬松茸一桶が届きます。深草の団扇も近世以来の京名物です（図4）。本場京都からは缶詰ではなく、これまでのように加工前の生松茸や漬松茸でした。

一〇月七日には、東北へ巡幸中の天皇から皇后が拝領した松茸缶詰を頂戴しており、天皇の下賜品にも缶詰が利用されていきます。一一月一二日伏見穂宮が訪れて食事をした際には、子供へは紙包・手遊、二品宮へ一斤詰茶缶詰一、織君へ西京缶詰松茸一を贈りました。茶も缶詰となり、手遊びは九章で取り上げた清水屋などが作っていた京の手遊び人形かもしれません。

図4　近世の深草団扇『五畿内産物図会』（早稲田大学図書館所蔵）

この松茸缶詰は、東京でも販売されていました。前年の明治一三年一一月四日の読売新聞広告に「京都稲荷山名産、日本最初、まつたけ缶詰」「果物貯蔵製元東京銀座三丁目中川幸七、売捌元横浜太田町港月堂」とあります（読売新聞）。本文によると、昨年京都木屋町に出張して加茂川の水で製造・販売し、意外に高評で今年も京都で製造しますが、模倣品の粗品に気をつけるように、とあります。京都稲荷山、日本最初、模倣品注意など、特産地を利用した商品販売が好調であることがうかがえます。中川は、明治一四年一〇月三〇日に同じ稲荷山の松茸水煮缶詰を広告します。そこには他店の缶詰は塩や薬味を使い貯蔵するので香味が薄れますが、当店は水煮で料理に支障なく、一昨年来宮内省買い上げとなりました、とあります。幟仁親王周辺で、松茸缶詰の贈答が増えたのは、中川等の製品が普及したのかもしれません。また中川は、同年の内国勧業博覧会でも貯蔵蔬菜で有功賞牌を得ており、風味や生鮮、貯蔵の技で評価され、軍や航海などでの利用を期待されている。この賞牌と中川の名前で、類似の粗品と間違えないよう注意を促します、と追記します。また、稲荷山以外にも、同年三月二日に東京牛込築土八幡町煮海館が「丹波松蕈缶詰」、翌年四月二三日に神田区美土代町丸屋四郎が「丹波清水山名産まつだけ缶詰」の広告を出しています。特に丹波の清水山（現兵庫県丹波市）は、香気強く美味で無類の良品と宣伝します。近世では京の松茸に比べて評価が低かった丹波の松茸は、明治になると評価が上昇していることがわかります。

各地の松茸

明治一五年四月一二日九時前に元会津藩主・日光東照宮宮司の松平容保が訪れ、皇典講究所の総裁職を懇願されたので承知したと伝えると悦んでいたと伝言がありました。同日西京の山田至誠院から手紙と金平糖・干松茸が届きました。一〇月六日樋口ヒサより西京の松茸と大井川鯵塩一が送られ、京名物の一つ大井川の鮎も加工した塩鮎として登場します。一四日には、伏見宮家へ横浜から無事帰殿の祝の礼として西京松茸七本・神戸港カマホコ焼二枚を送っています。二〇日横浜に着いた藤井希璞から、手紙と松茸二〇本・鮒鮓皮包一本を土産として贈られました。一一月二日宮内省の侍医平野好徳と母華樂院から妙勝定院宮（父韶仁親王妃）一七回忌の御供として、練羊羹・西京塩漬松茸を贈られています。

明治一六年一月一九日精宮（妹韶子女王、久留米藩主有馬頼咸室）の年始挨拶では、煎茶一斤缶入・

稲荷山松茸一缶、二一日長屋住池田から贈られた新氷豆腐の返礼に稲荷山松茸缶詰を送り、五月二八日山崎ヱン他が、額面依頼のために稲荷山松茸缶詰五を持参しています。一〇月四日には、藤井希璞から奥向へ、紙包の西京の小松茸五本を船便で送ってきたのですが、すべて虫入だったため塩水に浸しておき、明日試みに食べてみる、とあります。一九日には、中山が大坂より松茸六を持参し、昼飯に賞味しましたが虫気はありませんでした。翌二〇日、常陸の松茸一〇本を贈られ夜食に賞味しますが虫がおらず、たびたび食べました、とあります。この時期、生松茸の輸送が可能になりましたが、船便などの輸送環境から虫入となったものも多かったと思われます。

旬の一〇～一一月には、一〇月二六日西京の松尾宮司が東京滞在中に立ち寄り、土産の煮附松茸箱入・平柿七籠入、二七日樋口ヒサから手紙と西京産の松茸五本・亀屋末廣の菓子小箱、三〇日藤井希璞から西京、志賀郡比叡麓の松茸三〇本、一一月一九日中川長正から松尾の松茸塩漬台乗三〇が届いています。松尾神社宮司の松茸、松尾の松茸も京都の松尾山周辺のものと思われます。藤井の出身である近江の日吉神社付近の松茸も届き、京都以外の松茸も東京へ輸送されています。明治二一年九月二二日の新聞記事には、神田の青物市場で丹波産の松茸の初荷が二・三寸のものが混じって二〇本で一円、とあります（読売新聞）。同時に下総や東京千住付近の初茸は大籠一杯二〇個位で一円と、この時候なので日々下落している、とあります。旬なのか天気がよいのか不明ですが、たくさんの松茸、初茸が東京へ集まっていることがわかります。

幟仁親王の日記以降、明治二〇年代も皇族と松茸の関係は続いていきます。明治二四年一〇月一八日英照皇太后（明治天皇母）が上賀茂より大宮の星の山へ遊覧し、板輿で登山し茸狩しました（『京都府愛宕郡村志』)。星の山は、当時三井高朗(総領家)が所有していた、送り火の舟形近くにある山です。近世の後水尾上皇、霊元上皇と同じく、洛北での茸狩に興じていたのでしょう。明治二八年一〇月一九日には、宮内省大膳職が京都の主殿寮出張所へ、京都の御料山である修学院離宮山と洛北衣笠山の松茸発生状況を問い合わせました。それに対し、主殿寮出張所では、一番茸三〇〇目を採り東京へ発送した、とあります(読売新聞)。幕末に修学院御山の松茸を幟仁親王も拝領していましたが、明治にも継承され宮中へ運ばれ皇族が食し、下賜されていたと思われます。

2 産地と生産量の変遷

明治一〇年代の産地

東京で西京松茸として贈答されていた京都の松茸ですが、つぎに、府下での具体的な産地や変化についてみていきます。明治一〇年(一八七七)東京で開催された第一回内国勧業博覧会の出品目録には、京都府庁からの出品として、稲荷山の松茸があります。他に一乗寺の滑茸がアルコール漬とあることから、同じ形態で出品されたと思われます。稲荷山からは白玉茸・黄玉茸、他に葛野郡杉阪の大黒玉茸・平茸、大山崎の姥松茸、松尾山の五月茸、岩倉山の布引茸、衣笠山のコウ茸など、近世において松茸の名所であった所を含めて京都各地の多様なキノコの名前がみえます。

同年に刊行された二冊の地誌類にも松茸は登場します。長岡恵俊の『改正京都府管轄内地理問答』では、山城国の有名なる物産は何かという問に対して、西陣織・白川石・清水焼・宇治茶と並んで松茸があげられます。つぎに、福富正水著、乙葉宗兵衛編の『京都名所順覧記』では、「四季勝地」の松茸に、加茂一〇月一五日、東山一〇月一一日、松尾一〇月一二日、稲荷山一〇月一一日とあります。ほぼ一〇月一一～一五日に集中して、近世、松茸の産地であった京周辺各地の盛りの時期が記されます（図5）。そして「物産」には、京都（山城）と丹波それぞれに松蕈が登場します。

明治一五～一七年頃成立の京都府編纂の「郡村誌」は、山城国八郡、丹後加佐郡の計九郡が現存していますが、その内、紀伊郡以外の物産のなかに「松茸」「松蕈」「松菌」とあり、計三一村、二万一一〇三貫目、約七九トンにもなります（表1）。この内、葛野郡松室・松尾谷、相楽郡別所は数量が掲載されていません。なかでも突出しているのは、葛野郡下山田村の九〇〇〇貫で三三・七五トンにもなり全体の四三％を占めて、質も上等と記されます。下山田村は、桂川の西、松尾大社の南で洛西丘陵を含み、孟宗竹も植林され竹と筍の産地としても有名で、二万貫、質中等とあります。北の上山田も五〇〇〇貫産出し、量は不明ですが松室・松尾谷も含まれており、近世の『都名所図会』の茸狩で描かれた松尾一帯であったと考えられます。

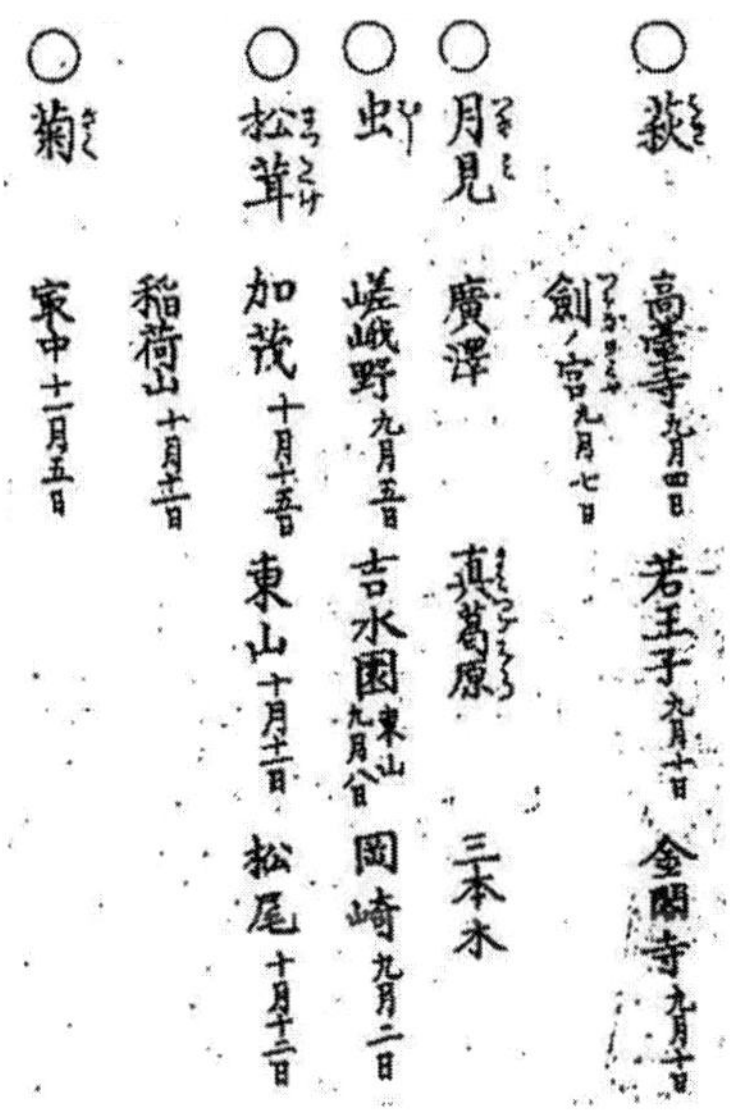

図5　「四季勝地」の松茸『京都名所順覧記：改正各区色分町名』（国立国会図書館所蔵）

つぎに多いのが一〇〇〇〇貫以上の四ヵ

表1　明治15～17年頃京都府の松茸生産村

	郡	村	現市町村	数量(貫)	備考
1	愛宕	上賀茂	京都市北区	150	
2	愛宕	西紫竹大門	京都市北区	3,000	
3	愛宕	岩倉	京都市左京区	1,000	
4	愛宕	長谷	京都市左京区	500	
5	葛野	下山田	京都市西京区	9,000	質上等
6	葛野	上山田	京都市西京区	500	
7	葛野	松室	京都市西京区	—	
8	葛野	松尾谷	京都市西京区	—	
9	葛野	越畑	京都市右京区	900	
10	葛野	杉坂	京都市北区	1,000	
11	葛野	小野	京都市北区	60	
12	葛野	宇多野	京都市右京区	500	
13	久世	白河	宇治市	300	伏見ニ輸ス
14	久世	中	城陽市	160	
15	宇治	御陵	京都市山科区	200	
16	宇治	安朱	京都市山科区	30	
17	宇治	小山	京都市山科区	280	
18	宇治	西野山	京都市山科区	38	
19	宇治	西笠取	宇治市	158	
20	宇治	醍醐	京都市伏見区	2,000	
21	宇治	日野	京都市伏見区	15	
22	宇治	木幡	宇治市	150	
23	宇治	菟道	宇治市	250	
24	綴喜	禅定寺	宇治田原町	130	味美
25	乙訓	奥海印寺	長岡京市	400	
26	乙訓	浄土谷	長岡京市	30	
27	乙訓	石作	京都市西京区	150	
28	相楽	別所	和束町	—	
29	相楽	童仙房	南山城村	32	香茸200斤
30	加佐	喜多	舞鶴市	100	
31	加佐	女布	舞鶴市	70	

出典:「京都府地誌」(山城国8郡・丹後国加佐郡)京都府立京都学・歴彩館所蔵

村、近世鷹ヶ峰村であった愛宕郡西紫竹大門村の三〇〇〇貫、宇治郡醍醐村二〇〇〇貫、愛宕郡岩倉村・葛野郡杉坂村各一〇〇〇貫です。醍醐や岩倉は、近世前期から登場していますが、西紫竹大門、その北の杉坂は、近世前期に有名であった龍安寺山の北に位置します。

また、近世後期に有名であった稲荷山のある稲荷村は、明治七年東福寺村と合併して福稲村となります。稲荷山は山・森林・名勝の項目に記されますが、物産は菜種・茄子・大根・蕪・乾藍・水菜の六種のみで、松茸の記載はありません。稲荷山は、東は西野山村、西は福稲村、南は深草村に属す、とあります。深草も記載はなく、西野山には三八貫とあり、多いところでは一〇〇〇貫以上もあるなかで、かなり少ないことがわかります。この「郡村誌」には、旧山城国内ほぼすべての郡で幅広く、松茸を物産とする村が含まれています。一方で、近世第一とされた龍安寺や稲荷山から産地が移動した可能性があります。

産地の広がりと他県産

明治二八年、同志社社長代理等を勤めた松山高吉の『きやうと』は、京都の名勝と美術を世に広める目的で刊行されました。その附録に「京都府管内物産」として、松蕈は、山城：乙訓・葛野・愛宕・宇治・紀伊五郡、丹波：桑田・船井二郡の計七郡が記されています。

この状況を、明治三六年（一九〇三）、大正一二年（一九二三）の府内の郡別割合をみると、産地が推移していることがわかります（表2）。生産量順では、明治三六年は、南桑田・宇治・船井・綴喜、大正一二年は、船井・南桑田・加佐・綴喜で、全体の三分の二を占めています。特に、船井・南桑田

表 2　明治 36、大正 12 年京都府内郡別生産数

		明治36年				大正12年				
	郡名	数量(斤)	価格(円)	1斤価格	割合	数量(斤)	価格(円)	1斤価格	割合	増減
山城	京都	531	18	0.034	0.05%	4,723	2,171	0.460	0.22%	4,192
	愛宕	43,469	2,910	0.067	3.86%	89,138	21,029	0.236	4.11%	45,669
	葛野	96,163	5,671	0.059	8.54%	120,020	48,008	0.400	5.53%	23,858
	乙訓	21,125	1,704	0.081	1.88%	10,785	2,696	0.250	0.50%	-10,340
	紀伊	506	415	0.820	0.04%	21,875	4,200	0.192	1.01%	21,369
	宇治	187,688	7,502	0.040	16.67%	97,860	28,451	0.291	4.51%	-89,828
	久世	45,000	2,550	0.057	4.00%	28,125	12,025	0.428	1.30%	-16,875
	綴喜	122,188	6,630	0.054	10.85%	147,210	46,062	0.313	6.79%	25,023
	相楽	22,219	1,150	0.052	1.97%	61,744	17,344	0.281	2.85%	39,525
丹波	南桑田	267,638	12,846	0.048	23.77%	535,920	214,368	0.400	24.71%	268,283
	北桑田	61,525	3,879	0.063	5.46%	129,057	37,744	0.292	5.95%	67,532
	船井	169,238	9,757	0.058	15.03%	611,500	196,880	0.322	28.20%	442,263
	天田	36,894	2,192	0.059	3.28%	86,381	31,173	0.361	3.98%	49,487
	何鹿	23,625	1,575	0.067	2.10%	40,611	9,747	0.240	1.87%	16,986
丹後	加佐	14,181	1,141	0.080	1.26%	147,625	21,521	0.146	6.81%	133,444
	與謝	1,475	118	0.080	0.13%	1,346	471	0.350	0.06%	-129
	中	3,006	233	0.078	0.27%	15,764	4,677	0.297	0.73%	12,758
	竹野	2,625	260	0.099	0.23%	6,359	2,760	0.434	0.29%	3,734
	熊野	6,938	510	0.074	0.62%	12,363	4,096	0.331	0.57%	5,426
	合計	1,126,031	61,061	0.054		2,168,406	705,423	0.325		1,042,375

出典:『京都府統計書』明治36年第3、4編、大正12年第8編

で半分を占めており、産地が南部の山城から丹波中心となり、そして丹後加佐郡の京都北部にも移動していきます。明治三六年では山城・丹波はいずれも全体の半数弱を占め二分していましたが、大正一二年には、山城が四分一となり、丹波が三分二に増加しています。近世、京近郊の龍安寺、稲荷山が最上とされ、田舎松茸とされた丹波が、明治後期になると生産量を逆転していきます。昭和五五年（一九八〇）京都府林業試験場が京都の松茸の変遷を報告したものでも、この時期、北山松茸から丹波松茸へと移行したと指摘しています。

さて、大正四年京都で行われた大正大礼を記念し、京都府が府の現状を記録し編纂した『京都府誌』では、府下全体の松茸生産の概要をまとめています。副産物の項目では、主要なのは菌蕈類でなかでも松茸は産額が多く、品質の佳良なことはすでに世の定評があります。そして農産物の分布において、京都市附近・口丹波の松茸は、本府の一大名産と位置づけています。一大名産と特記されるのは、この他には山城の製茶のみです。

同じく京都府が昭和三年に刊行した『京都名所』では、松茸は、京都附近に産出し昔より京松茸と称し、品質・香気が良好なので世に知られています。一〇月を出盛期として青物店頭を賑わしますが、缶詰として年中食用にも供しており、缶詰店や食料品店等で販売している、とあります。産地の移動により京都市と口丹波を含めた「京松茸」は、茶と並ぶ京都の名産として定評があったこと、缶詰により年中食せる産物に変化していったことがわかります。

昭和二年の『京都市中央卸売市場誌』によると、この頃京都へは他県から松茸が入荷されます。松茸は京名物の随一ですが、山城産のみでは需要に応ずることはできません。古くから丹波、近江の松

図6　昭和11年度六大都市の松茸販売数

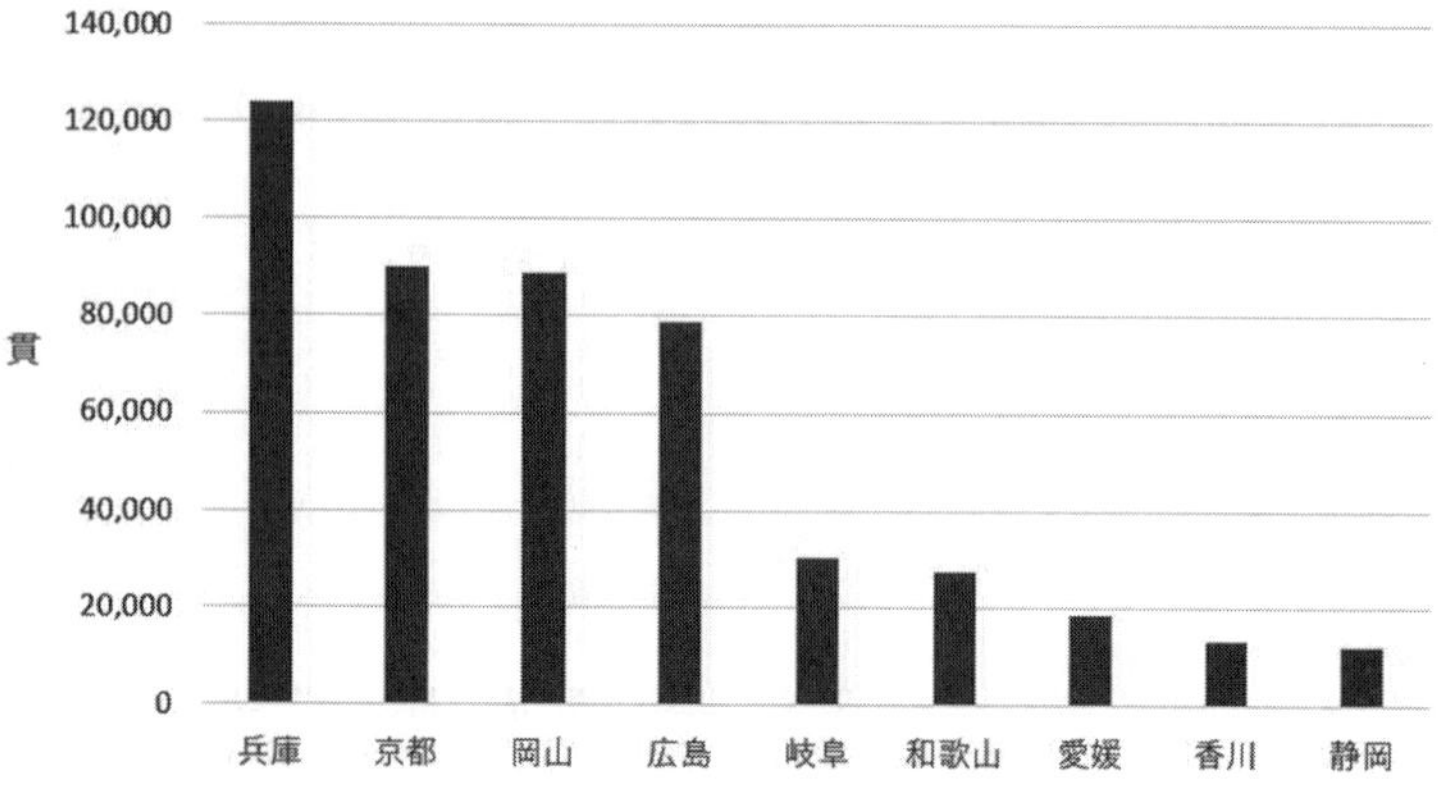

出典:『六大都市に於ける青果物市況調査』昭和11年度、帝国農会、1938

茸は多く京の松茸として販売されています。現在はなお不足し、また缶詰業者の買付等もあり、長野・山口・鳥取・伊予あたりの松茸が入荷されるとあります。このように、京都の松茸は、近世では丹波・近江産も含まれ、近代では缶詰の需要などもあり他県産のものが市場に流入していることがわかります。

実際に、昭和一一年度の京都青物市場の統計では、京都四万一七〇四貫、和歌山五四二貫、広島三三一貫、朝鮮二四三貫、長野二二八貫、岐阜二七貫、その他二〇八貫、計四万三二八三貫となり、京都産が九六%を占めますが府外産もみられます。時期別にみると、九月下旬には、朝鮮・長野・京都の順番ですが、一〇月に入ると京都が急増し、朝鮮・長野・広島・岐阜・和歌山、一一月には京都と和歌山のみになります。松茸の産地は北から南へ移動するので、京都の松茸の発生が少ない九月には朝鮮や長野産が流入したと思われます。六大都市を比較すると、京都産は京都で一番多く、つぎに大阪がほぼ同数三万九一八九貫、その後、東京八四一〇貫、横浜・神戸と続きます（『六大都市に於ける青果物市況調査』）。府県別の販売数量の総計では、兵庫産が一二万四〇一四貫、二位が京都九万七一貫、岡山八万八七七一貫、広島七万八八三九貫と続きます（図6）。この京都産は京都で四六％、大阪で四四％と全体の九割以上が関西で消費されています。近代、交通網が整備されていきますが、生松茸は長距離・大量輸送ができないことが一因と思われます。

生産量の変遷、国内一位に

京都府全体の松茸生産量の変遷は、京都府から毎年報告される『京都府統計書』で判明します。明治三二年（一八九九）～令和二（二〇二〇）までの約一二〇年間の変遷をみていくと、最初の明治三二年は二七一六トンとかなり多いですが、明治三四年四九四トンから順調に増加します（図7）。明治四一年一五二トン、大正一一年五〇五トンは前年に比べ急減しますが、昭和九年一六三六トンまで増加します。

大正二年一〇月一〇日の「松茸便り」は米作と反対に松茸の不作を報じます（読売新聞）。美濃・近江・丹波・伊賀など入荷が大変少なく、わずかに信州ものが入荷しています。関西・信州ものは、大小混ぜて一貫目で五円五〇銭、上物は七円もしますが、京都稲荷山の松茸のように美味ではありません。府統計によると、この年の京都は一〇九一トンと前年より一・一倍と増加し、京都は不作の影響がなかったように思われます。

昭和九年以降は減少しますが、昭和一六年一八七六トンと最高値に達します。敗戦後、昭和二一年

図７　京都府の松茸生産量

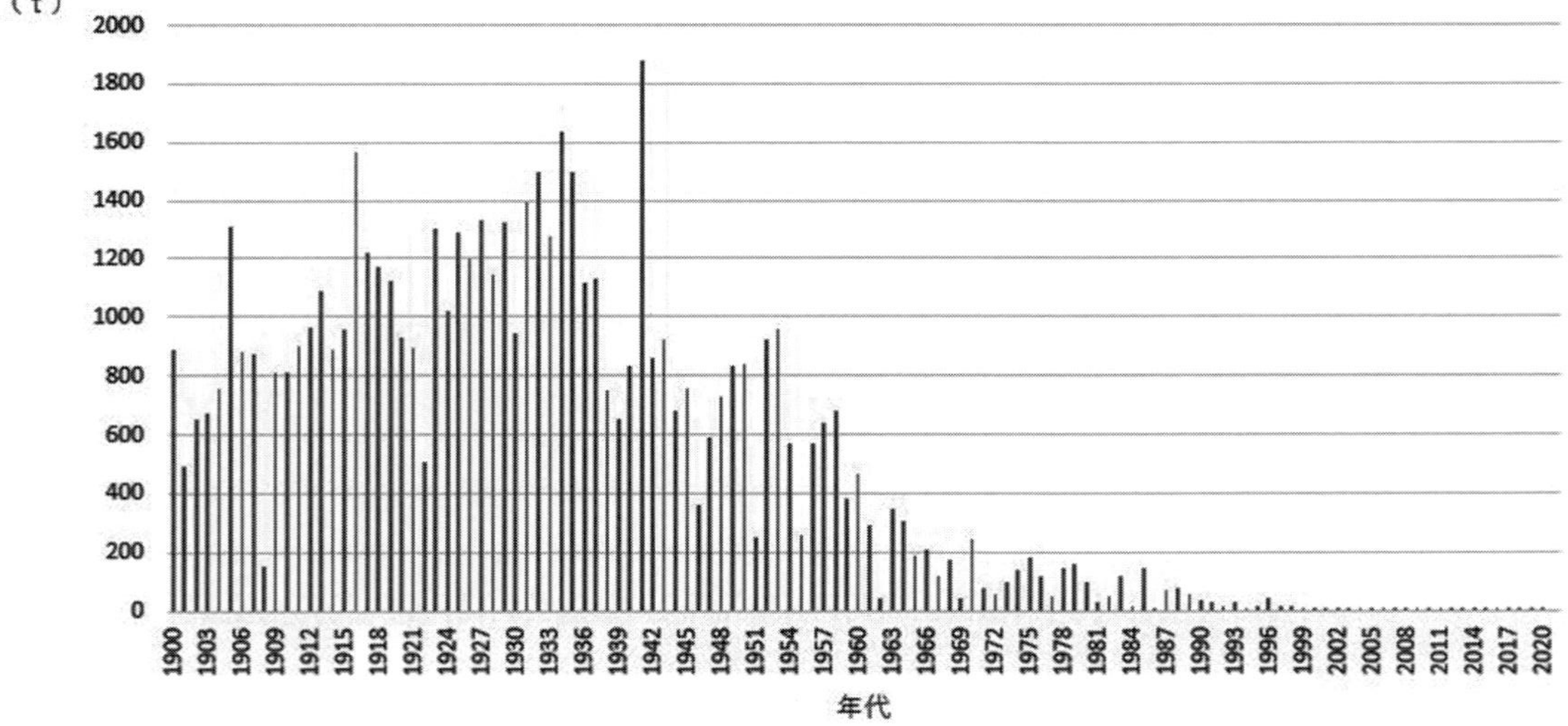

出典：各年の『京都府統計書』

に三六四トンと最低になり、また増加し昭和二八年九五四トンを最高に、増減しながら全体では減少していきます。この昭和二八年の豊作は全国共通で、一〇月五日には「マツタケ大豊作、戦後最高」という記事があります（読売新聞）。京都の事例として、昨年より五〜八万貫増え四〇万貫という大豊作、三〇万貫が市場へ、最盛期には貫あたり五〇〇円を割る、とあります。長野でも四〇万貫と京都と同じ予想ですが値段は下がらず、卸値で貫あたり二〇〇〇円から三五〇〇円、極上四〇〇〇円、小売り平均百匁四〇〇円です。広島産が出盛る一〇月中旬すぎには卸値一五、六〇〇円に下がる見込みですが、庶民の口には入らない、とあり、すでに松茸は高級品となっています。この年の京都は九五四トンなので、予想より低い二五万四〇〇〇貫でした。この記事から、市場へ流通しない地元・自家消費分も大量にあったことがわかります。

生産量の変遷を全国と比較すると、京都とほぼ同様の動きをしています。それは、京都が主要な生産地であり、全国の四分一から五分一を占める特産地だったからです。明治三八年には全国の四三％を占め一位でしたが、二位の兵庫県が大正一〇年以降拮抗し一・二位を争うことになります。その後も上位にはありますが、平成二五年（二〇一三）以降、一トン以下の生産量となっています。

3 松茸の楽しみと管理、経営

松茸狩と松茸攻め

つぎに市場へ出荷されず、松茸山で消費される松茸狩を紹介します。まず、明治後半の京都における松茸狩と松茸山の実態をみていきます。明治四二年（一九〇九）に京都府山林会が刊行した『京都府山林誌』に、秋の京都、高雄・永観堂の紅葉、岡崎公園・高台寺の萩が有名ですが、天下の豪者であっても、秋の京都に酔い興楽の限りをつくすものは松茸狩である、と記しています。続けて、京都の松茸は天下に轟き全国至る所でその美を称されるのは、松茸その物の薫香芳しく、質がよいこともありますが、風光明媚・山紫水明の眺望に富む諸山に生えているため、と断言します。この諸山はほとんどが国有林で、管轄する京都小林区署の松茸収入は年間少なくて八千円、多い時は一万円となります。発生量・面積から公売にかけられるので、小林区署は松茸公売役所、松茸小林区署とも呼ばれます。また、発生量が増加する山を上山《ノボリヤマ》といい、上賀茂の本山・神山、醍醐山、減少するものを下山《クダリヤマ》といい、東山諸山、松尾山が該当します。宮中の御膳にも上がる稲荷山の松茸が高名ですが、京都附近の国有林はほとんど全山赤松の純林で、松茸の発生に適し収入を大いに助けています。「京都の松茸、松茸の京都」を忘れず保安林の管理をしており、「秋の京都は松茸のものなり、松茸の京都は秋のものなり」とまとめています。山林の視点からまとめられ、小林区署の存在、国有林の赤松、そして松茸狩に言及しています。大正四年（一九一五）『京都府誌』でも赤松林の説明には、京都府では古くから用材や薪炭需要により、本樹の繁茂を助けるためと、副産物、特に松茸を得るためにこれを保護した、とあります。

明治三五年一〇月、国文学者池辺義象と増田村雨（于信）は、二六日間の畿内への旅に出かけますが、最初の訪問が京都の松茸狩です。二二日に到着した二人は時代祭の帰途行列に出会いつつ、聖護院の博士のところへ訪ねます。翌日博士・犬と一緒に、大文字山の麓の若王子神社へ行くと、奉書紙に松茸の絵を描いた案内者の小屋がありました。山を二・三丁登り、松茸預り人が住む山番小屋で案内者がまず番人と相談して山数百坪を買い、細縄を張って四方を囲い、この中で勝手に採るようにと指示されます。これは、大林区署から全山何円で購入し、客に坪単位で売る方法で、松茸は天然ですが釣り堀で漁をするようだ、と池辺達は記しています。松茸は小松の根、灌木の間、落ち葉の下に生じ、それを見つけて収穫するのが快く、陣笠の行列のようなもの、土を持ち上げているものなど、大声を上げて収穫していきます。三時間で三貫目（一一キロ）を収穫し、案内者は地面を掘って石を積み、小竈を造って火をおこし、収穫したての松茸を炙って塩をかけます。それを蓆の上で足を伸ばし、ビールとともに食していますが、そのうまいこと、東京の常盤八百膳の調理も及ばない、と記しています。松そして、食後腹一杯になるとまた松茸を探し、腹が減るとまたこの蓆で食べる、を繰り返します。そして松茸狩は京都の年中行事で、住人は必ず年に一度はこの遊びをして平生の鬱を晴らします。下山後、松茸を採りに行くのではなく食いにゆくもので、東京の花見、潮干狩りのようだ、と評しています。当時の松茸狩の具体的な様子がよくわかる内容です。先にみたように山が国有林のために大林区署から購入し、番人・案内者など複数の関係者によって、松茸狩は維持されていていました。旅行者、京都の住人も含めて、秋の大きな楽しみの一つでした。

池辺の訪問から二〇年後、京都を訪れた旅行作家松川二郎は、この時期の松茸について二つの作品を残しています。まず、主人公李兵衛の見物記では、大正四年一一月一日京都駅へ降りたち、御所や前年の大正天皇の即位式を記念して開催された岡崎公園の大典記念京都博覧会、時代祭を見物します（図8）。しかし、宿の食事が鯛の刺身と焼き鱧、茶碗蒸し続きに飽きた二人は、京の新鮮な野菜を求

図８　大典記念京都博覧会工業館『大典記念京都博覧会報告』

め、四条大橋の袂の「鳥新」という東京の牛屋式の店に入りますが、たくさんの三つ葉に驚きます。そして、連れの男は「杢さん、松茸がある。秋の京都は松茸の京都ですぜ、松茸は喰はぬまでも―否喰はぬ方がよい。其の香いだけがよい。俺は此の香りを臭ぐといつも丹波の山国を旅して居るやうな気分になる」と、やたらに松茸を取寄せて鍋の中に盛り上げます。そして、会計が二人分で七六銭、京都は算盤のわからないほど安いと感心します。松茸の京都、丹波の山国にいるような、そして安いという、当時の状況がうかがえます。

つぎに、「京の松茸攻め」として、御大典の前後一箇月ばかり京都で暮らした松川は、京都で松茸に苦しめられた経験を記しています。ちょうど、松茸の季節で、朝から晩まで松茸づくしには少からず閉口しています。これはたまらないと宿屋を逃げ出して、肉屋へ行くとここも松茸や三つ葉は勘定に入っていないほどに持ってきて、京都人の松茸に対する感覚は、東京人の豆腐のようだと語っています。そして、近畿地方の山では松茸が採れないところはなく、松茸狩も盛んで、その上、丹波から移入される量も多い、風味は産地によって優劣があるが大和南部、吉野口、北宇智、五條が最も香味がよいとしています。

池辺・松川いずれも東京からの旅行者で、松茸狩を花見や潮干狩、松茸を豆腐と、東京と比較しています。当時の京都においては、松茸は一般的な庶民の娯楽、旬の食べ物でした。また、『京都府山林誌』、松川二郎の見物記、いずれにも登場する「松茸の京都」は、明治後期における京都の秋の代名詞であったといえます。

洛北の松茸

つぎに、この松茸を採取する松茸山について、近世以降の松茸の産地、洛北における明治後期以降の状況についてみていきます。明治四四年、現在の左京区の大部分が含まれる愛宕郡の郡役所が編纂した『京都府愛宕郡村志』では、いくつかの村で松茸が産物として計上されています。まず、大宮村、松茸・諸菌類八万貫、三〇〇〇円、上賀茂村も同じく松茸・諸菌類六五〇〇貫、三〇一〇円で、生産量は違いますが、ほぼ同額です。つぎの、鷹峰村も松茸・諸菌類一三〇〇貫、九七五円です。これらの三村は「郡村誌」にも松茸が物産に記されます。そして、雲ヶ畑村は松茸のみで一〇〇〇貫、一〇〇〇円、静市野村も松茸二〇八貫、一四五円です。それぞれの村で単価が違うので、品質の違いなどが反映していると思われます。また「郡村誌」で多かった岩倉村は記録がありません。いずれにしても、明治後期になっても引き続き洛北は松茸の一大産地だったといえます。

それでは、松茸が採れた村で松茸はどのように利用されていたのか。二章で紹介した雲ヶ畑の京都御猟場では、大正九年に監守長波多野富之助から御猟参加者・関係者に松茸が贈られています（図9）。この年の御猟内容に関する手帳に「松茸　八百匁　朝香宮、北白川宮、鍋島、酒井、東郷」とメモが記されます（波多野六之丞家文書一二―三六五）。これは、松茸各八〇〇匁（三キロ）を、朝香宮他へ贈

図9　御猟に参加する朝香宮と北白川宮（波多野六之丞家文書）

るという意味だと思われます。朝香宮鳩彦王、北白川宮成久王は、大正八〜一〇年に毎年来訪し、宮内省の主猟官鍋島・酒井、海軍大将東郷平八郎も常連でした。松茸は五〇〇匁（一・八七五キロ）分もあり、久邇宮、戸田氏共主猟寮頭、井上・坊城・石川・伊東・細川・伊達主猟官六名、泉谷・子林宮内属、徳川圀順、黒木・樺山大将、井上侯、河村善益（裁判官）、計一五名の名が記されます。河村以外の一九名は御猟参加者として確認できます。また、同じ宮、主猟官、大将でも贈る量が違っており、監守長との付き合いの深さなどが関係していたと考えられます。

長谷の松茸山の管理、宴

長谷は、洛北岩倉の東にあたり、五章でみたように近世前期後水尾上皇が松茸狩りを行ない、「郡村誌」でも物産として松茸が五〇〇〇貫採れた産地の一つです（図10）。この長谷に住んでいた金田力蔵は、農業の傍ら岩倉村役場に勤めていました。義弟の積良が、現在の任天堂につながる花札の製造をしていた山内房次郎家へ養子に行きます。力蔵の日記には松茸に関する記事が多く、当時の松茸山の管理や利用がわかります（金田力蔵文書）。現存する一番古い明治四一年の日記をみると、松茸採取は九月末から一〇月いっぱいのおよそ一ヶ月間です。九月二七日、朝小倉山等にて松茸四本を採り、二九日は雨の中、朝小倉山へ松茸採りに行き一〇〇目を収穫し、一〇月五日からは力蔵・妻てる・母・子供など、数日おきに小倉山の松茸番をしています。当時松茸は貴重な収入源となっており、そのため食害や盗難にあわないように山番をしていたと思われます。

採れた松茸は、親戚・知人への贈り物や販売されていきます。一三日力蔵の母は、京都の積良へ松茸二貫、田中うのへ少々持参しました。特に松茸の販売は数多く、一七日に山本市之助へ四一五目を五三銭、一九日山本亀之助へ上等五〇〇目を七五銭、松茸屋へ六八〇目を四五銭で、二二日は山本亀之助へ三〇〇目を三〇銭で販売しています。平均すると一銭六目〜一五目ほどで卸値ですが、現在と比較するとかなりの安価に思えます。

図10　尼吹山から長谷方面 (1961)（相良直彦撮影）

また、松茸の収入は山手金や落札など他人への委託によるものもあります。二一日には岡山助三郎より小倉山における松茸客の山手金八円を受け取っています。村外から訪れる松茸狩の客に開放して料金を取っていた場所もあり、松茸販売以外で大きな収入になっていました。そして、松茸の旬の前後、九月一五日には松本貞四郎が天狗谷の松茸を一九円五〇銭で落札、一二月二八日松尾善之助から鎌谷の松茸山手金三円とあり、松茸採取権や松茸狩の客への販売権の落札であったと考えられます。

もちろん、自分たちでも旬の松茸を楽しんでいます。九月二九日、鶏肉・葱・酒を購入し、自宅で朝採りの松茸を食し、一〇月一日には、二階で酒を飲みつつ鶏肉・葱・松茸を食し大酩酊しています。九日には、学校の一～三年生を連れ動物園に行き、帰宅後、岩倉教場にて兵庫・田中・渋谷たちと松茸飯・松茸汁・酒の宴会でした。一二日は鶏を料理し葱を準備し小倉山へ行き、松茸飯を柾木・田中・兵庫他二〇人ほどで饗していています。この日は松茸のヒラキ二貫目と松茸・シメジ混ぜ二貫一四〇目を購入した、とありますので、それを持って小倉山へ登り、松茸狩のようにみんなで食べ宴を開いたのでしょう。一四日にも午後鶏を料理し小倉山へ登り、相村・高橋・玉城他、巡査の饗応でもあったので上等の酒も準備しました。

図 11　昭和 14 年の松茸狩（中村公紀氏所蔵）

昭和一四年（一九三九）、松茸山へ行き松茸のすき焼きを食している様子が写真に残されています（図11）。この年は二年前に比べて半減した不作の時期ですが、参加者の手前には大きな松茸が置かれています。力蔵の宴は、いずれも鶏肉（カシワ）・葱と松茸によるすき焼きと思われ、当時一〇月の旬の定番だったと思われます。現在ではほぼ幻の食文化になりつつあります。

昭和八年京都府下から皇室への献上を、京都府秘書課がまとめた「雑事雑」のなかに松茸もあります。ここには一〇件の献上があり、「嵯峨誌」「九条家本延喜式ノ内大神宮篇」の文書・典籍類を除くと八件が産物となります（表3）。内訳として、丹波の松茸以外はすべて旧山城国からの献上で、町村長から三件、諸団体三件、商人一件です。町村長では、雲ヶ畑村（現京都市）長・雲ヶ畑猟区管理者から鹿、小野郷村（現京都市）長・小野郷猟区管理者から猪、宇治町（現宇治市）長から新茶が献上されています。農会などの諸団体からは、寺田村（現城陽市）農会長から寺田李、三山木村（現京田辺市）農会から京都西瓜、大原野村（現京都市）官幣中社大原野神社氏子代表から孟宗筍が献上されています。また商人で唯一、京都市中京区下本能寺前町熊谷直之（鳩居堂）から「四季之香」の記録があります。

松茸の献上は、まず、昭和八年一〇月六日に、船井郡檜山村（現京丹波町）の村長伊藤耕作から京都府知事齋藤宗宣宛に文書が提出されました。そこには、天皇・皇后・皇太后に、本年村有林に発生した松茸を献上したい。また同日の知事官房宛の村長文書には、松茸は一〇月一四日頃「発生盛り」のため、その頃発送できるよう準備したいので宮内省へ伝えて欲しい、とあります。これに応じて京都府秘書課では、九日知事から宮内大臣宛に、この献上は恒例であるので特別の詮議をして受け取って欲しい、一三日頃が最も好時期なので至急の指示をと要請しています。一一日書類を発送しましたが、一三日中に採否決定が必要なので電信にて連絡し、翌一二日宮内大臣官房総務課から電報で、献上を受け取ると連絡がありました。その後、三一日には宮内大臣の挨拶状を送付する件が起案されていますので、無事献上が終了したと思われます。松茸の生育・輸送は、諸条件に左右されるので、

表3　昭和8年京都府下から皇室への献上

	起案日	献上品	献上者	献上先	内容	備考
1	昭和7年12月26日	鹿	雲ヶ畑村長雲ヶ畑猟区管理者波多野岩太郎	天皇・皇后	牡鹿・牝鹿各1	
2	昭和8年1月7日	四季之香	中京区下本能寺前町熊谷直之	天皇・皇后・皇太后	梅花・千種・菊花・侍従3基	
3	昭和8年1月13日	猪	小野郷村長小野郷猟区管理者日下部一成	天皇・皇后	猪・鹿各1	
4	昭和8年4月14日	孟宗筍	大原野村官幣中社大原野神社氏子代表斉藤清一外2名	天皇・皇后・皇太后	孟宗筍3籠	大正11年11月14日、国母陛下大原野行啓記念
5	昭和8年5月4日	嵯峨誌	嵯峨自治会長小松義一郎	天皇・皇后・皇太后	嵯峨誌3冊	昭和6年4月京都市編入
6	昭和8年4月12日	新茶	宇治町長堀井長次郎	天皇・皇后	玉露・煎茶・碾茶各1壺	
7	昭和8年7月4日	九条家本延喜式ノ内大神宮篇	官幣大社稲荷神社宮司高山昇	天皇・皇后・皇太后	九条家本延喜式ノ内大神宮篇3部	
8	昭和8年7月11日	寺田李	寺田村農会長西山正次	天皇・皇后	寺田李2箱（1箱60個）	
9	昭和8年7月29日	京都西瓜	三山木村農会	天皇・皇后	京都西瓜2籠	疑似赤痢発生により辞退
10	昭和8年10月9日	松茸	船井郡檜山村村長伊藤耕作	天皇・皇后・皇太后	松茸	

出典：「庁規、賞罰、位勲、善行、雑事雑」「府庁文書」昭和8-6、京都府立京都学・歴彩館所蔵

村・京都府・宮内省は急ぎの対応を迫られているのがわかります。

この檜山村は、大正期に植林事業で有名でした。大正六年、京都府庶務課が編纂した『市町村特種事業概要』に「船井郡檜山村植林事業」が紹介されています。この『市町村特種事業概要』は緒言によると、府下市町村の公益事業で成績良好なものの概要、事業の起源・沿革・成績を収録し内容を知るため、とあります。公共事業の推進のため、優良事例を紹介したものでした。植林以外では、電気・水道・家畜市場・道路整理・海面埋立など、合計一〇件ありますが、つぎに檜山村の植林事業を紹介します。

檜山村は、山間渓谷の村落で、村の面積二六〇〇町歩の内二〇〇〇町歩が山林です。その内、村有林は一四〇〇町歩と全体の七〇％あり、部落財産を統一して作りました。松林は一五～二〇年生、一部四〇年以上があり、松茸の採取料だけで年間千円以上になります。この植林は、明治二五、二六年頃より杉苗植栽を継続し、明治四三年の部落財産を統一した際には五万本もありました。統一以降、大正五年までの六年間に植林面積は一八六町歩、杉約二八万本、扁柏（檜）約四六万本、松約九万本にものぼります。一〇年以上の松は四〇〇町歩もあり、植林した杉檜松は今後一〇年、年間三千円から二万円、成長すれば五万円の純利益を見込んでいます。この部落財産の統一と植林は、明治三四年当時の村長太田榮之助と有志が基本財産期成同盟会を組織し進めました。一〇年間の伐木禁止、造林を義務化し、保護育成の収益を村の基本財産としたのです。そのため一〇数年後、村長太田源治郎がさらに推進し、実地踏査による林相の評価、林業経営の必要性を周知し、村民も理解し協力しました。山林の看守は各部落の連帯責任、枝打ち・間伐、林道の修築の労役は柴草採取者の負担とし、事業費

表4　大正12年頃船井郡檜山村の産業と年産額

種別	主産物	産額(円)	割合
農産物	米・麦・繭	192,554	64%
畜産物	鶏・鶏卵	2,285	1%
林産物	材木・薪炭・竹林林野産物	86,031	29%
鉱産物	砥石	5,500	2%
水産物	漁獲物	50	0%
工産物		15,091	5%
合計		301,511	

出典：農商務省山林局『部落有林野統一ノ効果一班』1924

を節約しています。この部落財産の統一と植林事業の結果、良好な松林となり、松茸の一大産地となったことがわかります。

檜山村の植林事業は、全国的にも優良事業として紹介されます。大正一三年、農商務省山林局は、明治四三年部落有林野統一以降、林野改善・農村経済・社会生活に及ぶ効果の実例を全国から収集し模範としました。この明治四三年の部落有林野統一とは、内務・農商務両省の合意による、部落有林の町村有林への統一と入会権を整理する国家事業でした。当時の檜山村は、八の部落（近世の村）、戸数四八一戸（半商半農一〇〇戸以外は農家）、人口二二三八人とあります。また主要産物は、米・麦・繭の農産物が全体の六割を占め、材木・薪炭・竹林産物などの林産物が三割を占めています（表4）。明治四四年の案では、一四二〇町の内、農家への緑肥採取地として四〇〇町を貸し出し、残り半分の六〇〇町を赤松林とする計画でした。その赤松林は、天然林として順調に成長して盛んに松茸が発生し、大正一二年に八〇〇〇円、翌年には一万円に達する見込みです。その原因として天然林が伐採時期になり、必要に応じて伐採することにより、副産物である蕈類の発生が近年著しい、とあります。それは売却代金が、大正八年度二九〇〇円、九年度四九〇〇円、一〇年度六八〇〇円、一一年度五七〇〇円、一二年度八二〇〇円と急増していることからも判明します。松茸採取料他林業収入は今後一〇万円を超える見込みとし、教育施設や村道改修費用など村財政に貢献していました。このような事例は他にもあり、明治四〇年一〇月南桑田郡篠村が松茸の収入で村費と学校基本財産を作った模範事業として記事に紹介されています（読売新聞）。松茸は、村の財政や村民の生活にも貢献しています。

檜山村のある船井郡全体では、大正四年、松茸の生産額は二万四〇〇〇余円にのぼり、林産物中の主要産物であり、郡内の連嶺松林にはどこにでもあり、近隣の都市に販売していました。そして、近世にも園部町では漬松茸御用商人が、毎年漬松茸一五〇駄（一駄六樽）を江戸に送っていた、と近世の由緒を記しています。

明治後期の丹波における生産量の増加は、檜山村のように、国の部落有林野統一政策に基づき、村内をまとめ植林事業を展開した村が支えていました。この事業は府内・国内でも模範事業として紹介され村の自信となり、優良な赤松林に産出し高名となった丹波松茸を皇室に献上するという流れになったと思われます。京都府の献上記録では、いずれの産物も重複しておらず、皇室の関係や府内でも特に優れた産物を選定していた可能性があります。

おわりに

日本一の質量を誇った近代京都の松茸が、どのように生産、利用され、影響を及ぼしていたかみてきました。松茸は、近世以来、献上や贈答として利用され、近代においては、缶詰などの保存技術の進展により、遠方への贈答が可能となりました。また、近世の茸狩は松茸狩となり、旅行者や住人・生産者自身が楽しむ年中行事、遊びの一つとして発展していきます。これら生産を維持するため、松茸山は厳重に管理され、村全体の植林事業に発展した地域もありました。また、生産者や村にとっては重要な収入・財源となり、様々な生活の発展に寄与していたといえます。

その松茸の生産は、近世の京の付近から京都府全域に広がり、特に大正期には丹波が生産量の六割を占めるようになりました。全国的にみても上位を維持していましたが、昭和一六年を最高に減少し始め、現在では年間一トン以下に激減しています。その原因は、薪炭からプロパンガスへの燃料転換や肥料の変化による、赤松林の管理の崩壊などが指摘されています。この生産の減少とともに、身近に松茸を味わう食文化や山の中で採取する松茸狩の行事も、消えゆく文化遺産となりつつあります。

参考文献

・池辺義象、増田村雨『畿内めぐり』、金港堂、一九〇三
・伊藤武「マツタケ生産額と燃料資材の推移」『昭和五〇年度京都府林業試験場報告』京都府林業試験場、一九七七
・『京都市中央卸売市場誌』下篇、京報社、一九二七
・『京都府山林誌』京都府山林会、一九〇九
・京都府庶務課編『市町村特種事業概要』第一輯、一九一七、国立国会図書館、349.8-Ky6ウ
・『京都府誌』上、京都府、一九一五、国立国会図書館、224-213
・『京都府統計書』京都府、一九九一年以降「京都府統計WEB」

・『京都府愛宕郡村志』京都府愛宕郡、一九一一
・『京都名所』京都府、一九二八、国立国会図書館、291.62-Ky62ウ
・『新修有栖川宮系譜　高松宮蔵版』高松宮編修掛、一九四〇
・『幟仁親王日記』上中下、高松宮家、一九三七
・「太政類典」一編七巻・制度・種族二、国立公文書館所蔵
・『大典記念京都博覧会報告』京都市、一九一六、国立国会図書館、326-156
・「庁規、賞罰、位勲、善行、雑事雑」「府庁文書」昭和八―六、京都府立京都学・歴彩館
・長岡恵俊『改正京都府管轄内地理問答』、文明書楼、一八七七
・農商務省山林局『部落有林野統一ノ効果一班』一九二四、国立国会図書館、327-187ロ
・橋爪伸子「近代京都における庶民のくらしと食文化の諸相　大正から昭和初期の金銭出納帳を事例に」『経済学論叢』七三、二〇二二
・福富正水著、乙葉宗兵衛編『京都名所順覧記　改正各区色分町名』、村上勘兵衛、一八七七
・船井郡教育会編『船井郡誌』一九一五、国立国会図書館、348-323
・松川二郎『珍味を求めて舌が旅をする』日本評論社、一九二四
・松川木公『杢兵衛東京見物京都見物戦争見物』磯部甲陽堂、一九一六
・『マツタケ山の造成』京都府林業試験場、一九八〇
・松山高吉『きやうと』田中治兵衛、一八九五
・『明治十年内国勧業博覧会出品目録』四、内国勧業博覧会事務局、国立国会図書館、特17-982
・『読売新聞』、ヨミダス歴史館
・『六大都市に於ける青果物市況調査』昭和一一年度、帝国農会、一九三八

Ⅲ　土産

7章 幕末・明治期の加佐郡における桐実生産

はじめに

現在、舞鶴市域が大部分を占める丹後国加佐郡は、幕末・明治期「ころび」の一大産地でした（図1）。「ころび」とは、アブラギリの種子で「桐実」と呼ばれ、絞った油は乾性油として傘、油紙など防水や灯用に用いられてきました（『燈用植物』）。「ころび」の由来は、実が丸いので転ぶ、また実に毒があるので食べると転げ回る等あります（大槻伸「ころび（油桐）について」）。近世から近代にかけて、現在の福井県が主要な産地でしたが（『福井県史』）、隣接する加佐郡でも大規模に生産されていました。加佐郡の桐実については、『舞鶴市史』に近世の田辺藩領内での桐実運上、桐実問屋、他国売買などが概説されています。近代には桐実の生産地の一覧他、明治初期の重要生産物であった桐実が、明治末・大正期の統計には登場しないため、早くに生産を終了した、とあります。

また田辺城下の竹屋町文書には、天保八年（一八三七）宮津の松屋が、田辺の問屋安久屋から桐油二〇石を購入した記録があります（『丹後国田辺城下竹屋町文書史料集、丹後国田辺城下竹屋町文書目録・追加』）。近代の桐実生産、加工については、大山地区の聞き伝えをまとめた岡山親年の記録は貴重です（『山里の暮らし　大山の農作業と農民具の今昔物語』）。岡山は、小浜商人が田井に来て桐実を購入していた話や、最盛期は大正期で養蚕が盛んになると衰退した話を聞き取りしています。この他、近世丹後国内の福知山、夜久野、大江地域の桐実生産について、大槻伸が各自治体史からまとめています。

これら自治体史の多くは、桐実の概要を記したものが多く、近世から近代を通した分析、村の生産実態などは不明です。そこで本章では、まず、近世から近代の全国・加佐郡の桐実生産の変遷、つぎに、明治期の「郡村誌」から加佐郡内の生産の概要、そして近世近代文書が現存する堂奥区・多門院区有文書を中心に、加佐郡の東に位置する堂奥村・多門院村の桐実生産の実態を分析します。

1　加佐郡の桐実生産の歴史と生産

図1　ころび（筆者撮影）

加佐郡と全国の桐実生産の変遷

加佐郡内の桐実生産について、大正一四年（一九二五）『加佐郡誌』には、つぎのような起源と変遷が記されています。桐実栽培は、明暦頃（一六五五～一六五八）の人、和江（現舞鶴市）の森仁左衛門がはじめました。当時の和江は村高三五〇石でしたが、慶長四年（一五九九）領主細川氏が治水した結果、寛永二年（一六二五）の大洪水に際して多くの田を流失し、米作のみでは生活できなくなりました。仁左衛門は救済策に苦心し、長年諸国を巡歴して石見（現島根県）で桐実栽培に利益を見いだし、種実を若干持ち帰って試作しよい結果を得ました。そのため大いに村民に奨励して増産に努めたので、数年もたたないうちに予想外の収益を得ることができました。この時代には石油利用がなかったので、販路は拡大し価格は玄米と同値段で取引され利益は非常に多く、和江の主要な産物になりました。後述しますが、和江は明治期の「郡村誌」でも、二〇〇石を生産する郡内上位の主要産地といえます。洪水の救済策のため、国内の主要な産地であった石見から種を持ち帰って普及しました。

大正二年（一九一三）農商務省山林局の比留間重次郎が調査した『油桐ノ造林並桐油ノ調査』によると、『加佐郡誌』の内容より詳しい変遷が判明します。和江で奨励した結果、七〇町の油桐林、五〇〇〜七〇〇石の種実が収穫されました。当時、桐実五斗が米四斗に交換でき、また庄屋六右衛門は櫨と混植し収穫調整を行った結果、近隣に比類ない富裕村になったとあります。

同じく『油桐ノ造林並桐油ノ調査』には、全国における明治以降の桐実栽培の状況がまとめられています。桐実は、維新以前は米と同価格でしたが、石油が輸入され灯用の主流となり、地位が低下する一方で労賃が上がり、手入れされず雑木林となりました。また、桐を伐採し下駄材として、代わりに杉・檜、三椏《みつまた》・楮《こうぞ》・桑・柑橘を植えました。日露戦争後に樹皮の需要が増し再び伐採が進み、栽培面積は維新以前の三分一から一〇分一に減少、または皆無になりました。しかし最近四、五年間で、桐油を乾性油として利用する需要が増え、そのため価格が昇騰し再び栽培する人も増えました。ただ全国的な傾向とならず、福井県や同県三方郡では、自治体が植樹奨励を実施している、とあります。

そして、当時の油桐の産地として、加佐郡の四所・岡田中・丸八江・与保呂・西大浦・新舞鶴があげられています。全国では、京都以外に福井・石川・島根・千葉・静岡・三重県が主要産地とあり、この七県の明治三四〜四三年一〇年間の生産額と価格が掲載されています（表1）。この表をみてい

表1　明治34～43年の桐実生産額・価格変遷

年代	区分	千葉	静岡	三重	京都	福井	石川	島根	合計
明治34	産額(石)	811	-	15	900	1,499	225	1,064	4,514
	価額(円)	17,784	-	499	27,490	45,475	6,242	31,301	128,791
明治35	産額	656	120	16	580	1,868	346	1,028	4,614
	価額	19,264	3,600	555	17,150	56,279	9,082	32,026	137,956
明治36	産額	533	100	18	578	1,636	302	994	4,161
	価額	15,458	3,000	585	17,720	51,125	8,826	34,312	131,026
明治37	産額	495	80	18	500	1,798	222	1,093	4,206
	価額	14,325	2,800	609	17,750	57,513	7,900	37,555	138,452
明治38	産額	511	80	19	530	1,686	229	964	4,019
	価額	15,441	2,800	639	21,760	60,066	8,644	34,924	144,274
明治39	産額	499	70	17	520	1,754	186	837	3,883
	価額	16,816	2,450	638	22,150	67,340	7,323	33,498	150,215
明治40	産額	519	60	18	385	2,229	240	809	4,260
	価額	19,915	2,100	737	18,250	86,356	9,522	28,732	165,612
明治41	産額	352	-	20	390	2,145	270	874	4,051
	価額	12,600	-	857	20,160	80,909	9,797	30,162	154,485
明治42	産額	315	30	20	342	2,762	369	880	4,718
	価額	9,604	900	953	19,300	102,473	3,317	30,490	167,037
明治43	産額	381	30	20	289	2,243	341	874	4,178
	価額	13,627	1,140	1,070	16,470	98,322	17,831	32,882	181,342

出典：比留間重次郎、『油桐ノ造林並桐油ノ調査』農商務省山林局、1913

きますと、一位福井、二位島根は変わりませんが、三位は七年間が京都で、三年間は千葉です。明治三四年福井四一%、島根二九%、京都二四%と三県で九四%を占めています（図2）。明治四三年には福井五四%、島根二一%、千葉九%、石川八%、京都七%と福井が五割を超えました。一〇年間の変遷は福井一・五倍の増加に対して、京都は三分一に減少しています（図3）。石川も生産額は少ないですが一・五倍近くになり、福井・石川両県が増加し、他県は減少する傾向にあります。

「京都府地誌」とは

「郡村誌」は、「皇国地誌」とも

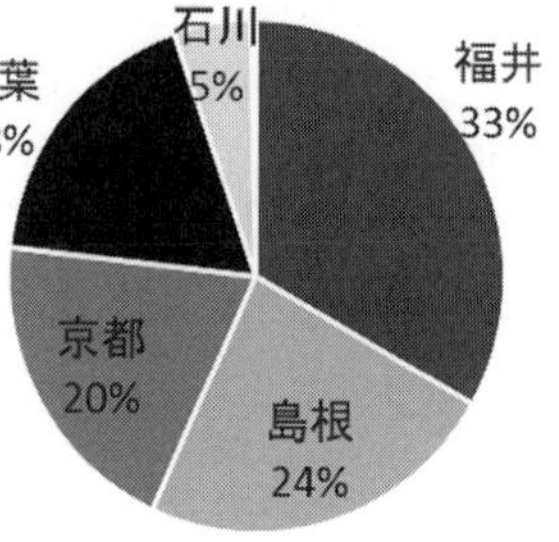

図 2　明治 34 年各府県の桐実生産割合

図 3　明治 34 ～ 43 年各府県の桐実生産変遷

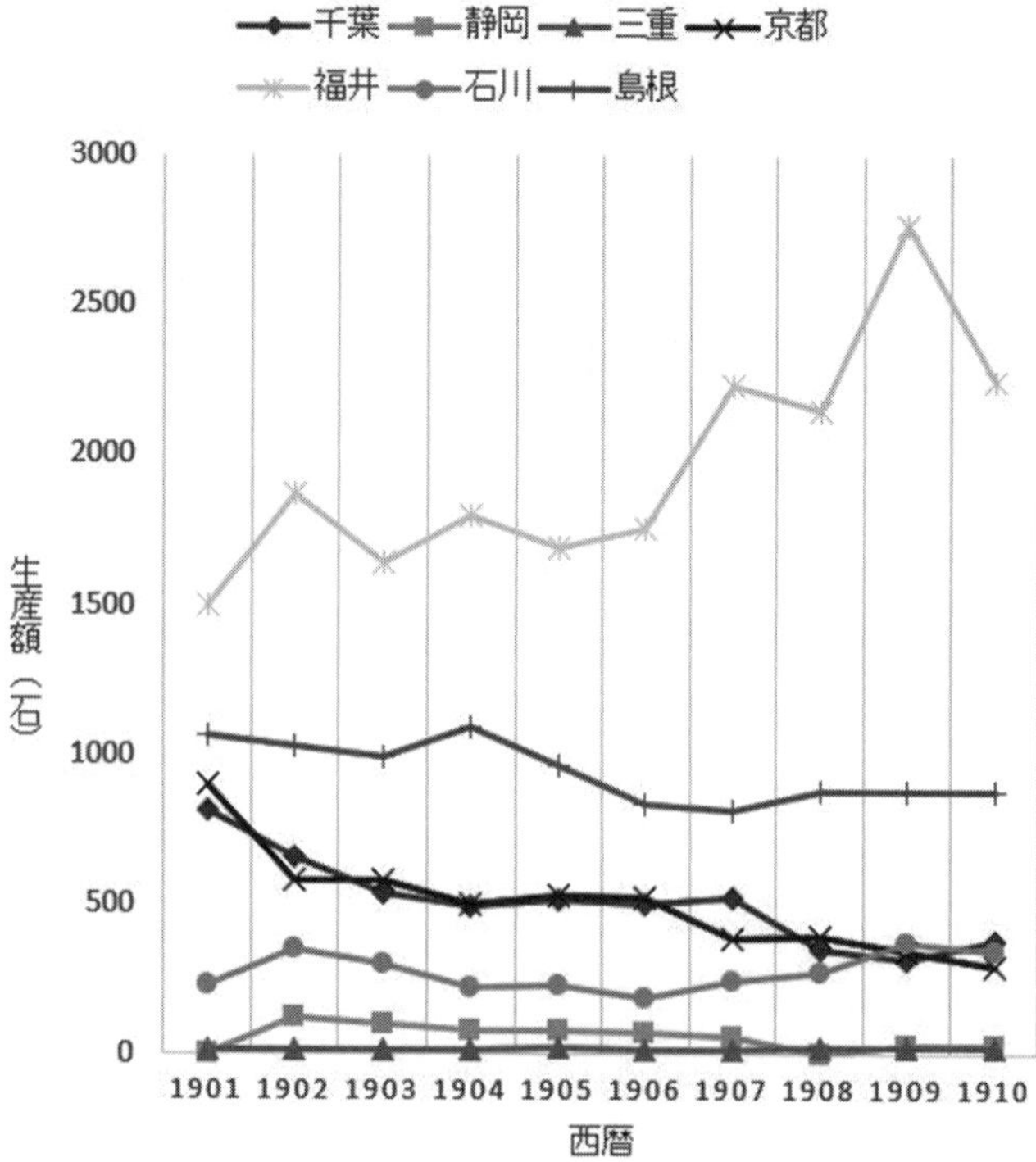

出典：比留間重次郎、『油桐ノ造林並桐油ノ調査』農商務省山林局、1913

よばれ、明治八〜一八年の全国的な地誌編纂により、各府県で作られたものです。この時期は、明治二二年の大規模な町村合併以前であり、ほぼ近世村と同じ範囲の各村の多様な状況を、全国同じ基準で知ることができます。京都府下分は「京都府庁文書」のなかに「京都府地誌」としてまとめられています。京都府地誌には、京都や伏見の市街地に関する「市街誌」、郡全体の記述である「郡誌」、各荘郷町村の「荘誌（八幡荘、柳原荘）」「郷誌（宇治郷、淀郷）」「町誌」『村誌」の種類があります。現存するのは、京都市街誌料五冊、伏見区市街誌料一冊、山城国八郡（愛宕・葛野・乙訓・紀伊・宇治・久世・綴喜・相楽）と丹後国加佐郡の各郡誌九冊、及びその村誌二一〇冊の計三五冊です。山城国以外の京都府では唯一加佐郡が現存しています。「郡村誌」は、明治八年六月五日太政官より各府県に編纂の指示があり、編纂を担当した京都府土木課調査係編輯部には、明治一七年「地誌雑記」が現存します。その内務省地理局への進達内容から、加佐郡は明治一七年に編纂完了したと考えられます。しかし明治一八年度以降、府県の地誌編纂業務を内務省へ移管することとなり、京都府における地誌編纂事業は終了します。

「村誌」には、各村の名称・彊域・管轄沿革・幅員・里程・地勢・地味・貢租・戸数・人数・牛馬・舟車・山川・道路・陵墓・社寺・学校・郵便所・古趾・物産・民業の項目が記されます。また記載年代については、いくつか考えられ、まず「綴喜郡村誌」の「郡村誌編輯例言」には、「税地貢租ハ明治八年中ノ収納高ニ係ル物産モ亦同年ノ出来高トナス、戸口人数牛馬舟車ハ例則追補ニ照準ス」とあります。桐実が含まれる物産は明治八年の収納高を採用する、とあります。太政官は編纂基準として明治八年「皇国地誌編集例則」を示しますが、この「郡村誌編輯例言」は、おそらく京都府下全体に出された基準であったと思われます。一方で「郡村誌」編纂に関連して作成されたと思われる、明治一五年成生村「村誌編輯取調書」の情報が「加佐郡村誌」に反映されています（成生漁業共同組合文書）。政府の指示では明治八年でしたが、編纂に時間がかかり現状とあわない部分も増加し、編纂時に近い情報に変更された可能性があります。そのため「加佐郡村誌」の物産の情報は明治一五年と推定しました。

「加佐郡村誌」の桐実生産状況

「加佐郡村誌」は、内題に「丹後国加佐郡町村誌」とあり四冊構成です。各冊は一仏性寺～下漆原、二長谷～東神崎、三舞鶴町～溝尻、四市場～佐波賀と、加佐郡の西から東へ順番に収録されています。全一四九町村を現行市町村別に分けると、舞鶴市一一八町村、福知山市（旧大江町）二八村、宮津市三村です。「加佐郡村誌」一四九町村の内、物産に桐実を挙げているのは、表2の四九町村、全体の約三分一にあたります。生産額は、合計三二四七石、平均六六石、現行市町村では舞鶴市四五、旧大江町三、宮津市一となり舞鶴市域に集中しています。最大は舞鶴町の八三〇石、最小は南山三石であり、舞鶴町だけで全体の二六％を占め、一〇〇石以上の七村で五〇％と全体の半分を占めています。同じく京都府地誌の加佐郡全体を記述した「丹後国加佐郡誌」の「物産」には、繭・生糸・櫨実・桐実・楮皮・海魚の六種が記されます。桐実は、郡中到る処で栽培しているので生産も多い、一ヶ年凡二、三〇〇石を産出する、とあります。この数字は「加佐郡村誌」の合計に比べると少ないですが、当時桐実は加佐郡の主要産物の一つであったことがわかります。

この桐実生産を舞鶴市域に限定して分布図にしました（図４）。舞鶴町を中心に東部に多く、山間地域や大浦半島、西の由良川沿岸にも多くみられます。舞鶴町の石数が多いのは、港から輸出するため近隣地域の集荷拠点であったと考えられます。舞鶴町の物産は、桐実以外にも生糸二〇〇〇斤、生蝋六〇〇〇斤、乾魚七〇〇〇斤、干海鼠六〇〇〇斤と、いずれも他村と比べて多いのが特徴です。舞鶴町に集荷された桐実は搾油され、他国へ輸出されました。明治一〇年一〇月四日井上佐兵衛、恒田金四郎から宮津の元結屋三上勘兵衛に宛てられた「前借用証」には、舞鶴の油買い付けに関する内

表２　「加佐郡村誌」桐実生産額

	町村名	明治22年以降	現在	石
1	北原	河守上村	旧大江町	30
2	橋谷	河守上村	旧大江町	50
3	南山	河東村	旧大江町	3
4	大俣	岡田上村	舞鶴市	80
5	河原	岡田中村	舞鶴市	5
6	下見谷	岡田中村	舞鶴市	20
7	久田美	岡田下村	舞鶴市	100
8	大川	岡田下村	舞鶴市	50
9	八戸地	丸八江村	舞鶴市	40
10	和江	丸八江村	舞鶴市	200
11	石浦	由良村	宮津市	40
12	白杁	四所村	舞鶴市	70
13	青井	四所村	舞鶴市	100
14	吉田	四所村	舞鶴市	40
15	大君	四所村	舞鶴市	10
16	水間	東雲村	舞鶴市	30
17	蒲江	神崎村	舞鶴市	100
18	東神崎西神崎	神崎村	舞鶴市	30
19	舞鶴	舞鶴町	舞鶴市	830
20	白滝	池内村	舞鶴市	30
21	寺田	池内村	舞鶴市	50
22	上根	池内村	舞鶴市	50
23	別所	池内村	舞鶴市	70
24	布敷	池内村	舞鶴市	70
25	池内下	池内村	舞鶴市	30
26	堀	池内村	舞鶴市	40
27	今田	池内村	舞鶴市	70
28	福来	余内村	舞鶴市	30
29	森	倉梯村	舞鶴市	60
30	与保呂	与保呂村	舞鶴市	70
31	多門院	与保呂村	舞鶴市	50
32	小倉	志楽村	舞鶴市	5
33	鹿原	志楽村	舞鶴市	40
34	吉坂	志楽村	舞鶴市	51
35	松尾	志楽村	舞鶴市	13
36	杉山	朝来村	舞鶴市	6
37	笹部	朝来村	舞鶴市	15
38	登尾	朝来村	舞鶴市	35
39	白屋	朝来村	舞鶴市	39
40	長内	朝来村	舞鶴市	6
41	赤野	西大浦村	舞鶴市	30
42	西屋	東大浦村	舞鶴市	60
43	栃尾	東大浦村	舞鶴市	83
44	大山	東大浦村	舞鶴市	150
45	成生	東大浦村	舞鶴市	45
46	野原	西大浦村	舞鶴市	130
47	瀬崎	西大浦村	舞鶴市	60
48	千歳	西大浦村	舞鶴市	25
49	佐波賀	西大浦村	舞鶴市	6

出典：「加佐郡村誌」（京都府立京都学・歴彩館所蔵）

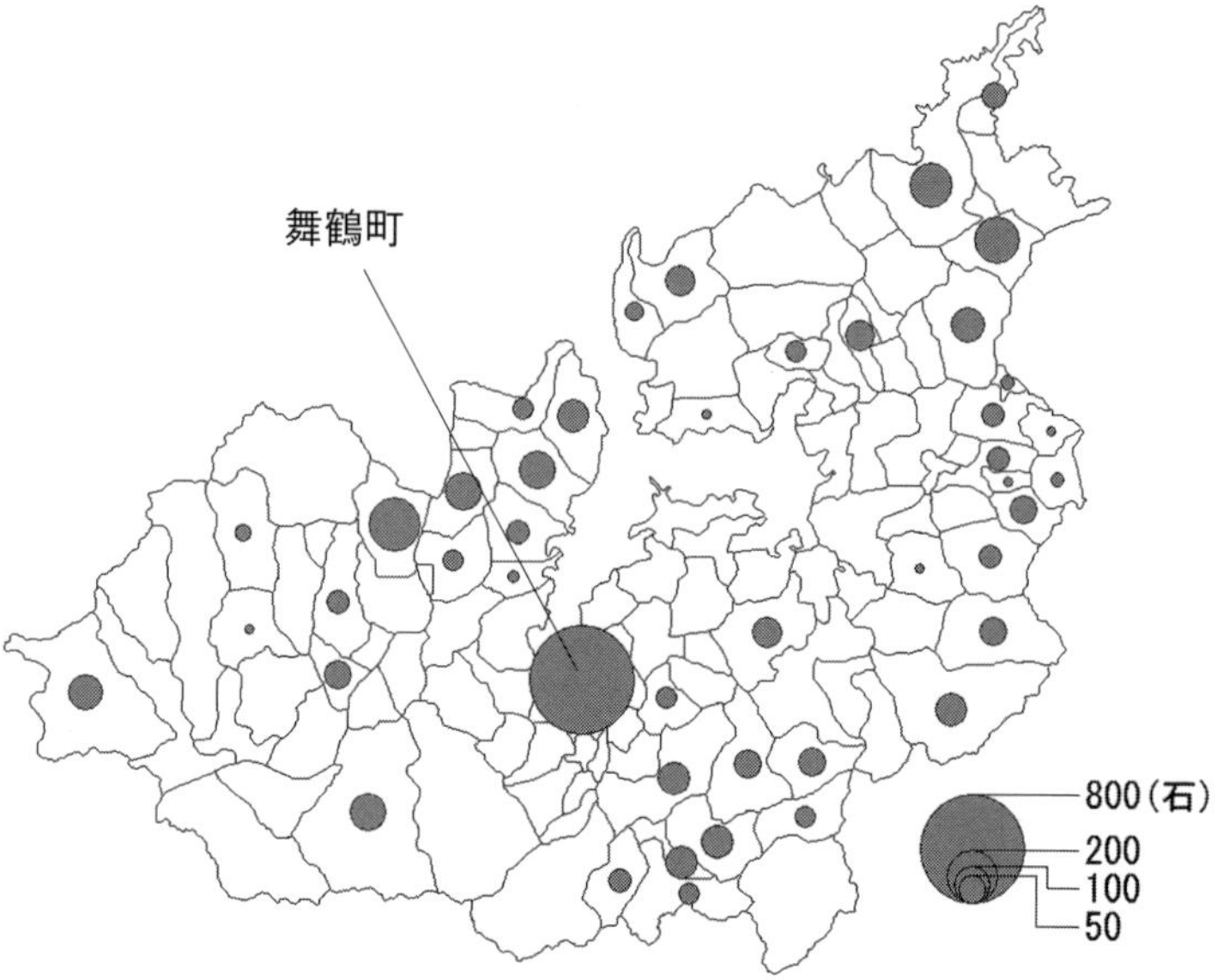

図4 「加佐郡村誌」の桐実生産分布（舞鶴市域）
「加佐郡村誌」（京都府立京都学・歴彩館所蔵）から作成

容が記されています（『丹後国与謝郡宮津元結屋三上家古文書目録』）。また、神崎村神原屋伊勢丸の取引でも、明治一六年一一月に舞鶴の桐実油一〇石の仕切状があり、売買の実態が判明します（『舞鶴市史』通史編中）。

加佐郡の桐実生産発祥の和江は、二〇〇石と二位ですが、舞鶴町の集荷拠点という特殊性を除くと、郡内一位といえます。つぎにみる堂奥周辺は、多門院五〇石、与保呂七〇石、鹿原四〇石、小倉五石と桐実生産が盛んな地域でした。

明治前期の村の実態、多門院村と堂奥村

「加佐郡村誌」のなかから、これまで地域での蓄積があり（「多門院歴史探訪」）、現地調査を行っている多門院村について、いくつかのまとまりに分け番号を付し、隣村堂奥と比較しながら当時の村の実態を説明していきます（図5）。

丹後国加佐郡多門院《タモンイン》村
①本村往昔高橋郷ノ属ニシテ祖母谷三ヶ村〈溝尻・堂奥・多門院〉ノ一タリ、前後変換ナシ
②彊域　東ハ丹波国何鹿郡老富村及ヒ若狭国大飯郡関屋上津ノ二村、西ハ本郡堂奥村、南ハ与保呂村、北ハ小倉村ト各山岳ヲ以テ界ス
③幅員　東西二十七町五十間、南北十八町四十間、面積欠ク
④管轄沿革　円満寺村誌ニ同シ
⑤里程　京都府庁ヨリ西北方本村元標ニ達スル凡三十里六町、宮津支庁ヨリ東南方凡九里、四隣東何鹿郡老富村界へ二十一町五十二間五分〈実測〉、西本郡堂ノ奥村へ二十一町五十六間五歩〈実測〉
⑥地勢　闔境山岳囲繞シ中部稍平濶、人家概三部ニ分ル、運輸不便薪足リ炭乏シ
⑦地味　其色赤黒錯雑シ其質下等タリ、全部諸植物ニ適セス只麦ニ宜シキノミ、水利便ナルモ時々水害アリ

註：史料中の〈〉は割書、○数字は加筆

まず①～⑦は、村の沿革、範囲、地勢など地理的な項目です。村は、①昔は高橋郷に属し、溝尻・堂奥とともに祖母谷三ヶ村の一つでした。堂奥には「康正ノ頃祖母谷村ト称ス」とあり、康正年間

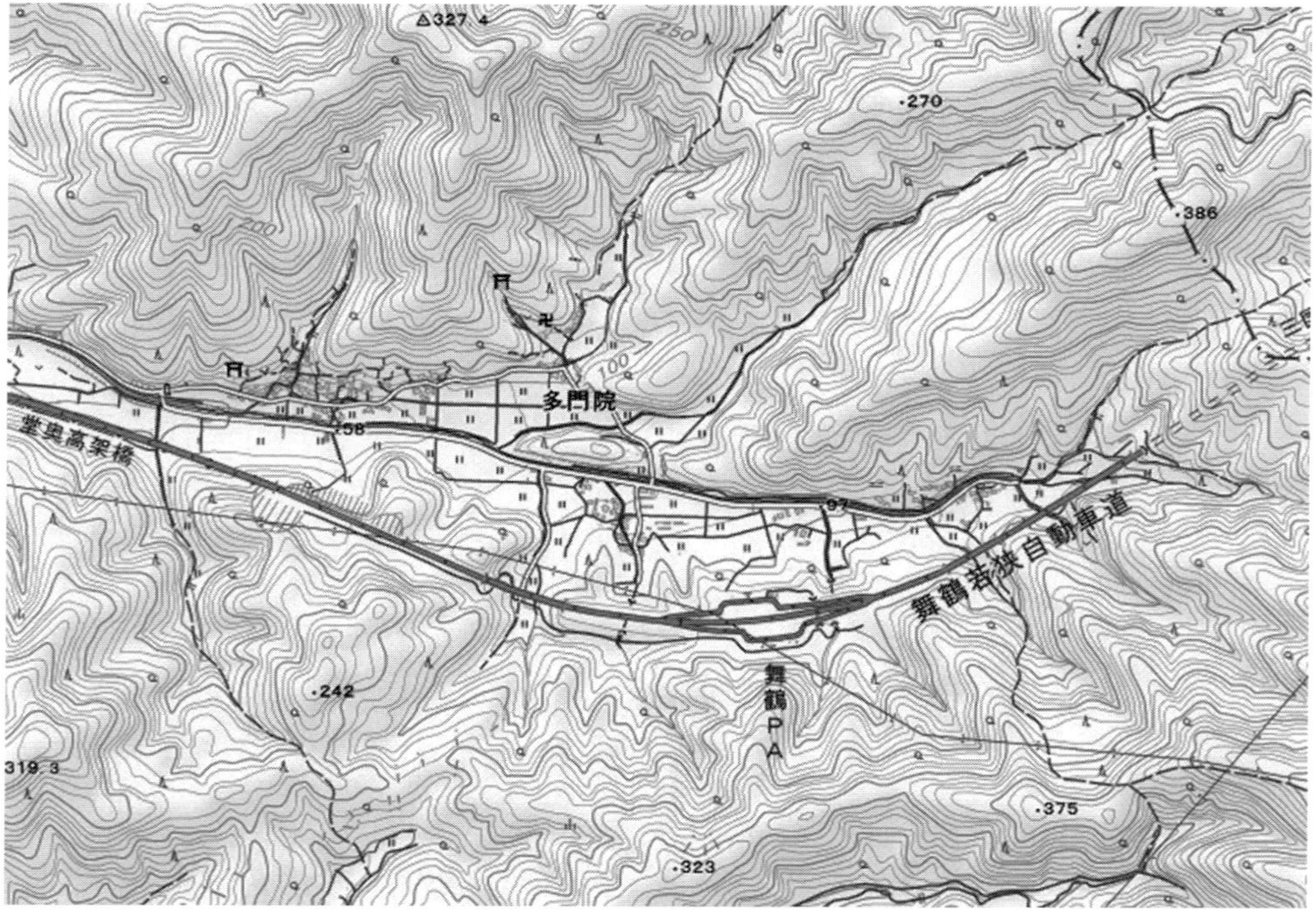

図5　現在の多門院（国土地理院地図）

（一四五五～一四五七年）、室町時代中期には祖母谷と呼ばれていたようです。氏神山口神社の社殿修理の棟札に康正三年とあることから、そのあたりから伝承されているのかもしれません（『倉梯村史』）。④沿革は円満寺村誌と同じとありますが、天正九年（一五八一）細川藤孝の入部から、京極、牧野氏の藩政、廃藩置県以後の舞鶴、豊岡県、京都府への管轄変遷が記されます。

多門院は加佐郡の東端にあり、②丹波・若狭に隣接しており、⑤若狭の老富村まで二一町（二・四キロ）、西隣の堂奥村と同じ距離となり中間に位置しています。祖母谷とあるとおり谷地形で、⑥村は山岳に囲まれ中央部が平坦で、集落は三つに分かれるとあり、これは村の東から黒部、財木・多門、荒倉の現小字です（「多門院歴史探訪」）。⑯にあるように幅一間（一・八メートル）の狭い道路のため物資の運送に不便で、当時の燃料の薪はあるが炭に乏しい、とあります。堂奥は薪炭ともにほぼ足りるとありますが、これが三で述べる堂奥・溝尻・多門院の入会山の山論と関係していると思われます。⑦耕地の地味は、赤土・黒土が混ざり質は悪く、畑に植える野菜類には適さないが麦にはよいとあり、堂奥もほぼ同じですが、これに砂礫が混ざっています。水利は祖母谷川があり都合がよいが時折水害を受け、堂奥は反対に時々干害に苦しむとあります（図6）。昭和二八年（一九五三）台風一三号水害では、多門院は山津波が発生し、倒壊家屋一〇戸と大きな被害を受けています（『舞鶴市史』現代編）。

図6　祖母谷川（新谷一幸氏撮影）

⑧税地　田〈三拾三町四反八畝拾四歩〉、畑〈四町八反弐畝拾壱歩〉、宅地〈弐町五反弐畝弐拾壱歩〉、山〈反別欠ク〉、藪地〈四畝壱歩〉、総計〈四拾町八反七畝拾七歩、外荒地六町弐反壱畝弐拾弐歩〉

⑨字地　財木〈村ノ南ニアリ、東西二町、南北一町四十間〉、黒部〈村ノ東ニアリ、東西二町五十五間、南北四十間〉、ヲソノ口〈村ノ東北ニアリ、東西十一町五間、南北五町二十間〉、荒倉〈村ノ西ニアリ、東西三町十二間、南北一町四十五間〉、以上著名ノ字ヲ挙ク、余ハ悉ク略ス

⑩貢租　地租〈金三百七拾六円五拾七銭八厘〉、山税〈金九拾弐銭九厘〉、総計〈金三百七拾七円五拾銭七厘〉

⑪戸数　本籍七十九戸〈平民〉、社四戸〈無格社〉、寺一戸〈禅宗〉、総計八十四戸

⑫人数　男百八十七口〈平民〉、女百六十五口〈平民〉、総計三百五十二口

⑬牛馬　牡牛一頭、牝牛三十四頭、総計三十五頭

つぎの⑧〜⑬は、土地・貢租・人口などの基礎統計です。⑧田が三三町と畑の八倍あり、堂奥も田四〇町、畑一四町と両村ともに田が多くなっています。⑨字は主なもののみで、堂奥も竹中・谷口の二件です。⑪⑫人口戸数は、七九戸・三五二人、一戸あたり四・五人、堂奥は五〇戸・三七〇人、一戸あたり七・四人と二戸あたりの人数が両村で大きく違っています。家の人数は、加佐郡（現舞鶴市域）平均が多門院の四・五人となり、堂奥は郡内最大の規模でした。⑬牛は堂奥が一六頭で多門院が倍以上いることになります。こちらの平均は一四頭なので多門院がかなり多く、牛耕が進んでいたの

か、山の運搬用に利用されたのではと思います。

⑭山　三国ヶ嶽〈高凡百七十五丈、周回欠ク、村ノ東ニアリ、嶺上ヨリ三分シ、東ハ何鹿郡元大唐内村ニ属シ、北ハ大飯郡関屋村ニ属シ、余ハ本村ニ属ス、山脈南北ニ連亘ス、草樹交生ス、登路一条、本村黒部ヨリ南折シ字胡麻ヨリ上ル、昇リ凡十六町四十二間、嶮ナリ、渓水一条山間ヨリ発シ、本村ノ田若干歩ヲ養ヒ、下流祖母谷川トナル〉

⑮川　祖母谷川〈深一尺許、巾二間、清ニシテ急、源ヲ本村三国ヶ嶽ヨリ起シ、本村ノ田若干歩ヲ養ヒ、西方堂ノ奥村境ニ入ル、長凡十九町十五間〉、中嶋橋〈架シテ村ノ西方祖母谷川ニアリ、本村ヨリ何鹿郡ニ通ス、長二間半、巾四尺、木製〉

⑯道路　村道〈東南方与保呂村界ヨリ西方堂奥村界ニ至ル、長二十六町十三間、巾一間〉

⑰掲示場〈本村東口ヨリ十六町四十八間ニアリ〉

⑱堤塘　祖母谷川堤〈祖母谷川ニ沿ヒ、村ノ中央字二反田ヨリ西方堂ノ奥村境ニ至ル、長十五町、馬踏一間、堤敷二間、修繕費用官ニ属ス〉

⑭～⑱は山川・道路・堤などの環境や施設です。⑭山は丹後・丹波・若狭の境である三国嶽とそこから流れる⑮祖母谷川、用水としては若干とあり、木製の中嶋橋がかかっていました。多門院にはない項目ですが、堂奥には森林として後《ウシロ》ヶ迫《ガサコ》官林があり、面積二町八反三畝一〇歩に松千株、雑木六五〇株の林でした。⑯道路・堤塘は両村いずれも村道、祖母谷川堤と同じものですが、堤の修繕費

用負担は多門院が官、堂奥が官民と違います。

⑲社　八幡神社〈社地東西六間二分、南北十間、面積六十二坪、村ノ西ニアリ、應神天皇ヲ祭ル、祭日六月十五日、境内老樹繁茂ス〉、山神々社〈社地東西五間七分、南北十間、面積五十七坪、村ノ西北ニアリ、大山祇神ヲ祭ル、祭日十一月九日、境内老樹アリ〉、天藏《アマクラ》神社〈社地東西四間、南北四間、面積十六坪、村ノ南ニアリ、天香語山命ヲ祭ル、風土記高橋郷条下ニ云、天香語山命於倉部山尾上創当神庫以収蔵種々神宝設長梯而為到其庫之科故云、高橋今猶峰頭有神祠称天藏《アマ》祭天香語山命ト、祭日一月七日、境内老樹雑木アリ〉、多聞神社〈社地四履欠ク、面積八十一坪、本村字多門ニアリ、猿田彦神ヲ祭ル、創建年代及ヒ由緒詳ナラス、境内末社一座アリ〉

⑳寺　興禅寺〈境内東西八間、南北十五間四分、面積百二十三坪、村ノ北ニアリ、禅宗、本郡餘部下村雲門寺末、創立年月開基僧名詳ナラス、尓後衰廃セシヲ天正元年癸酉、僧椿庭再建ス〉

㉑物産　大豆〈三石〉、小豆〈七斗五升〉、菜種〈二石五斗〉、桐実〈五十石〉、已上市場村ニ輸出ス

㉒民業　男〈農業七十五戸、採薪業四戸〉、女〈各夫業ニ従フ〉

⑲〜㉒は社寺・物産です。⑲神社が多く、八幡（荒倉の若宮八幡）、山（黒部）、天蔵（財木）、多聞神社の四社があり、特に天蔵神社には、風土記の高橋郷の由来が記されています。⑳寺院は天正元年（一五七三）に再建された禅宗興禅寺があります（図7）。堂奥には、天神神社・八幡神社の他に、多門院と一緒に祭祀を行う山口社があり、同じく風土記の祖母祠天道日女命の話が記されます（図8）。

多門院にはこのほか、明治一六年寺社明細帳に、地蔵堂が字多門・荒倉・財木・ヲイ川の四カ所にあり、興禅寺受持の毘沙門堂が字大イ川にありますが、これらの仏堂は掲載されていません。また堂奥には、生徒男五三人、女一三人の人民共立小学校がありましたが、明治一一年に廃校になっています。この学校は、堂奥校として最初民家を借りて開校し、堂奥・多門院・溝尻の生徒が通っていました（『倉梯村史』）。

また堂奥の「古跡」として「御城山」が「古跡墟」として、昔矢野備後守の拠点であり、現在もわずかに形跡を残している、とあります。これは、おそらく舞鶴市域最大の中世城郭「溝尻城」だと思われます（『舞鶴の山城』）。㉑物産は両村ほぼ同じで、多門院は大豆・小豆・菜種・桐実の四種を市場村へ輸出していますが、堂奥は大豆・小豆・菜種・薪で、村内需要が半分、舞鶴への輸出が半分とあります。㉒生業も両村ともに農業が多く、多門院は一部採薪、堂奥は採桑・養蚕業が多く、猟を兼ねる家も数軒存在します。

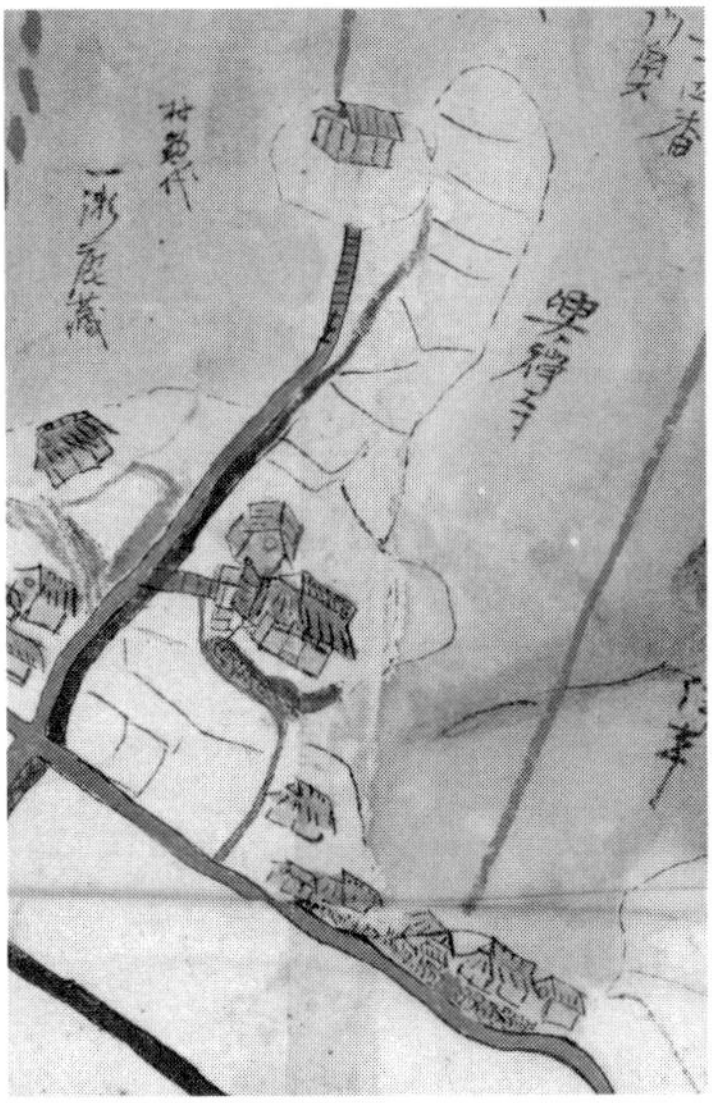
図7　興禅寺と毘沙門堂（「多門院村全図」多門院区有文書）

このように多門院・堂奥村の土地や人口・租税・山川・社寺・物産など基本的な情報がまとめられていますが、両村は隣村で地形や神社が共通していますが、家族人数や牛数、官林・学校・旧跡の存在など、相違点が多くそれぞれの個性が描かれています。

2 堂奥村の桐畑と溝尻村との山論

嘉永五年の山論と一札

近世の堂奥村における桐実生産の実態については、堂奥村が作成した嘉永五年（一八五二）四月「桐実畑畝歩改帳」から判明します（堂奥区有文書、以下同）。この史料は、堂奥村にある多門院・溝尻村の入込山（入作・入会）における山利用の争論（山論）に関するものです。まず、この山論について、溝尻村側の同様の史料、嘉永五年五月「堂奥村入作山畑畝歩改帳」も含めて検討します。いずれも史料の後半に嘉永五年五月とあり、同年月に相手村へ提出した一札があります。

図8　山口神社（新谷一幸氏撮影）

最初の堂奥村の村方三役（百姓惣代・年寄・庄屋）から溝尻村庄屋・年寄・惣百姓中へ出された文書（「為取替申一札之事」）には、つぎのように記されます。堂奥村野山の内多門院村・溝尻村三ヶ村の入込山に、新林二三ヶ所と桐実畑があり、これが先年以来の山論となっています。今回、このなかで以前から所持している四畝二五歩は、藩の指示ではないのですが、それを村の中で歩付（登録）し四二ヶ所半を設定していました。この場所と桐実畑は、それぞれ持主等を改め帳面に付け、田辺藩の代官・手代が現場で確認し、両村立会の上でこれらの面積を改めました。その内、四畝二五歩は今後どのような種物を植えてもよいとの許可をいただきました。そこで、今後溝尻村は、種物が植えてある場所への入込や牛を引き入れることを禁止し、桐実木を破損しない、桐実を拾わない、という誓約をしています。ただし、四畝二五歩以外の土地、四畝二五歩内でも種物を植えていない所へは入込可能としています。

一方、相手の溝尻村村方三役から堂奥村庄屋・年寄・惣百姓中へ出された文書（「為取替申一札之事」）には、ほぼ同文ですが、桐実を拾わないことに加えて、田の畔岸で草苅りをしないと追加の一文があります。溝尻村は野山だけではなく、田の畔岸でも草刈りをしており、これも禁止されたと思われます。

続いて、堂奥村「桐実畑畝歩改帳」には、「為取替申一札之事」と同時に代官役所へ提出した「差上申御請一札之事」の写が記されます。両村から代官へ提出され、大庄屋が奥書した文書です。ここでは三ヶ村の入込山に新林や桐実畑が多く作られたため山論になった。代官確認の上、両村で帳面と取替一札を交わし、今後毎年両村立合で面積を改め心得違いのないようにすると誓約しています。

この山論は、堂奥・溝尻・多門院三ヶ村の田の肥料として柴草を採取する入会山であった野山（柴草山）へ、堂奥が新しく植林したり、桐実を植えたりしたことで、柴草採取量に影響が出たことが発端となりました。一方で、溝尻側は、入会山に柴草の運搬用の牛を連れ込み、その牛が新林や桐実を破損し、野山の柴草が減少したため田の畔岸でも草刈りするなど、堂奥へ問題行為を行っていたと想定されます。

表3　嘉永5年堂奥村の桐畑

	字	明治13年	畝数		分付			無分		所有者	備考
			畝	歩	畝	歩	分米	畝	歩		
1	一ツ谷	一ノ谷	51		4	25	0.058	46	5	忠左衛門	
2	一ツ谷	一ノ谷	5	15	2	12.5	0.029	3	2.5	七郎左衛門	
3	一ツ谷	一ノ谷	48		4	25	0.058	43	5	文右衛門	
4	あらぼり	アラボリ	9	6						文右衛門	
5	あらぼり	アラボリ	5	19						忠左衛門	
6	あらぼり	アラボリ	14	8						仙次郎	
7	あらぼり	アラボリ	8							与惣次郎	
8	あらぼり	アラボリ	5	20	4	25	0.058		25	仙次郎	
9	なひら	ウロ谷	5	15	4	25	0.058		20	六右衛門	
10	なひら	ヲヒラ	1	21						与八	
11	なひら	ヲヒラ	6	18						平八	
12	なひら	ヲヒラ	7	21	3	19	0.0436	4	2	磯右衛門	
13	なひら	ヲヒラ	2	24	2	12.5	0.029		11.5	与八	
14	千丈谷	青ヂ西	5	14	4	25	0.058		19	清兵衛	田地ニ付
15	千丈谷	青ヂ西	10	20						清兵衛	田地ニ付
16	千丈谷	青ヂ西	6	4	4	25	0.058	1	9	忠左衛門	
17	千丈谷	青ヂ西	14	17	7	7.5	0.087	7	9.5	友三郎	
18	千丈谷	青ヂ西	6	9	4	25	0.058	1	14	伊助・与惣二郎	
19	千丈谷	青ヂ西	12	3	4	25	0.058	7	8	与惣二郎	
20	千丈谷	青ヂ西	1							清兵衛	
21	梨木廻	青ヂ西	5							甚左衛門	
22	梨木廻	青ヂ西	34		4	25	0.058	29	5	甚左衛門	
23	横畑ケ	青ヂ西	22	24	4	25	0.058	17	29	忠左衛門	
24	横畑ケ荒堀	青ヂ西	4	10	1	28	0.0232	2	12	忠左衛門	
25	横畑ケ	青ヂ西	6	15	2	27	0.0348	3	18	仙次郎	
26	横畑ケ	青ヂ西	7	24	4	25	0.058	2	29	与八	
27	横畑ケ	青ヂ西	33	19	4	25	0.058	28	24	長右衛門	
28	尾段	青ヂ西	9		4	25	0.058	4	5	治左衛門	
29	尾段	青ヂ西	13	2	4	25	0.058	8	7	治左衛門	
30	尾段	青ヂ西	9	10	4	25	0.058	4	15	七十郎	
31	尾段	青ヂ西	3	10	1	6	0.0144	2	4	孫六	
32	尾段	青ヂ西	21	4	4	25	0.058	16	9	仙次郎	
33	鳥ヶ谷	青ヂ西	80		4	25	0.058	75	5	小右衛門	
34	鳥ヶ谷	青ヂ西	5							与惣次郎	
35	鳥ヶ谷	青ヂ西	35	6	4	25	0.058	30	11	孫兵衛	
36	鳥ヶ谷	青ヂ西	20	13						惣兵衛	
37	うさぎ廻	青ヂ東	11	14						伊助	
38	うさぎ廻	青ヂ東	3	10						与惣兵衛	
39	清水廻	青ヂ東	17	26	4	25	0.058	13	1	治兵衛	
40	清水廻	青ヂ東	26	26	4	25	0.058	22	1	与惣兵衛	
41	清水廻	青ヂ東	3	20						五郎右衛門	
42	清水廻	青ヂ東	1							弥助	
43	清水廻	青ヂ東	1							五郎右衛門	
44	柳ヶ谷	青ヂ東	8	20						伊助	
45	柳ヶ谷	青ヂ東	15	14						孫兵衛	
46	石ヶ廻	青ヂ東	2							友三郎	

47	石ヶ廻	青ヂ東	1	9						弥助	
48	原ヶ谷	青ヂ東	3	15	2	12.5	0.029	1	2.5	弥右衛門	
49	原ヶ谷	青ヂ東	2							磯右衛門	
50	原ヶ谷	青ヂ東	20	22						久助	
51	原ヶ谷	青ヂ東	13	22						与八	
52	原ヶ谷	青ヂ東	38	2	9	20	0.116	28	12	利右衛門	
53	原ヶ谷	青ヂ東	3							平八	
54	霜ヶ廻	大谷	16	6						久助	
55	大谷	大谷	3	9						友三郎	
56	大谷	大谷	6	28						次右衛門	
57	大谷	大谷	2	20						磯右衛門	
58	大谷	大谷	3	6						忠左衛門	
59	大谷	大谷	1	4						磯右衛門	
60	大谷	大谷	2	17						弥助	
61	大谷	大谷		20						与八	
62	大谷	大谷	3							友三郎	
63	大谷	大谷	52	24						磯右衛門	
64	大谷	大谷	10							弥市	
65	大谷	大谷	1	15						惣兵衛	
66	大谷	大谷	8	12						五左衛門	
67	大谷	大谷		20						惣兵衛	
68	大谷	大谷	5							弥助	
69	今末	大谷	27	19	4	25	0.058	22	24	弥右衛門	
70	今末	大谷	13	17	3	25	0.046	9	22	弥助	
71	今末	大谷	52	15	4	25	0.058	47	20	五郎右衛門	
72	今末	大谷	13	3						伊八	
73	真谷	大谷		24						利右衛門	
74	真谷	大谷	10	9	4	25	0.058	5	14	小右衛門	
75	真谷	大谷	3	6						利右衛門	
76	真谷	大谷	20	18	2	13	0.0292	18	5	与惣兵衛	
77	真谷下	大谷	5	24						伊八	
78	真谷上	大谷	10	8						伊八	
79	真谷	大谷	6	28						久助	
80	桐ヶ谷	大谷	1	10						惣兵衛	
81	桐ヶ谷	大谷	3	8						伊八	
82	桐ヶ谷	大谷	24	13						次右衛門	
83	桐ヶ谷	大谷		20						次右衛門	
84	桐ヶ谷	大谷	12	1						与八	
85	桐ヶ谷	大谷	1	15						惣兵衛	
86	桐ヶ谷	大谷	1	19						五左衛門	
87	桐ヶ谷	大谷	4	23						五左衛門	
88	桐ヶ谷西	大谷	39	4	4	25	0.058	34	9	久助	
89	桐ヶ谷東	大谷	17	15						久助	
90	桐ヶ谷	大谷	28	6						弥右衛門	
91	桐ヶ谷	大谷	15	18						清兵衛	
92	桐ヶ谷	大谷	15	24	2	6	0.0264	13	18	重次郎	
93	足谷	大谷	27	10						弥市	
94	足谷	大谷	13	18						小右衛門	
95	足谷	大谷	7							弥助	

96	足谷	大谷	4			27	0.0108	3	3	弥助	
97	足谷口	大谷	4	28	2	12	0.0288	2	16	弥市	
98	足谷	大谷	3							友三郎	
99	段畑ケ	大谷	41	25						五左衛門	
100	稲谷	稲ナ谷	5		4	25	0.058		5	登代次郎	
101	稲谷	稲ナ谷	4	10						五左衛門	
102	稲谷	稲ナ谷	25	25	4	25	0.058	21		惣兵衛	
103	稲谷	稲ナ谷	5	18						太右衛門	
104	稲谷	稲ナ谷	3	10						太右衛門	
105	稲谷	稲ナ谷	4							太右衛門	
106	稲谷	稲ナ谷	3	6						惣兵衛	
107	稲谷	稲ナ谷	9	10	4	25	0.058	4	15	与市	
108	稲谷	稲ナ谷	35	15						与市	
109	稲谷	稲ナ谷	38	13						登代次郎	
110	稲谷	稲ナ谷	8	6						利助	
111	宇呂谷	ウロ谷	5	25						登代次郎	
112	宇呂谷東枚原	ウロ谷東枚原	14	14						長兵衛	此2ロハ字荒堀中伊助持林一ヶ所不残伐払并仙次郎分林之内3畝7歩伐払此2口代地ニ成ル
113	宇呂谷西	ウロ谷西	11	8						長兵衛	同断
114	宇呂谷枚原	ウロ谷枚原	1	24						利助	
115	宇呂谷	ウロ谷	2	21						長兵衛	
116	宇呂谷	ウロ谷	17	10	4	25	0.058	12	15	長兵衛	
117	宇呂谷	ウロ谷	13	14	4	25	0.058	8	19	利助	
118	宇呂谷	ウロ谷	21							長兵衛	
119	宇呂谷	ウロ谷	16	27						市助	
120	宇呂谷	ウロ谷	26	2	2	12	0.0288	23	20	五郎右衛門	
121	宇呂谷	ウロ谷	5	21						惣兵衛	
122	宇呂谷	ウロ谷	6	20						長兵衛	
123	宇呂谷	ウロ谷	10	20						惣右衛門	
124	八王寺	八王寺	5	15	4	25	0.058		20	太右衛門	

溝尻入作

1	越行	壱ノ谷	1	20						荘助	桐畑
2	こすきり	壱ノ谷	1	20			0.08			勘七	山畑
3	こすきり	壱ノ谷	2	15			0.03			重右衛門	山畑
4	こすきり	壱ノ谷	1	20			0.02			勘四郎	山畑
5	こすきり	壱ノ谷		25			0.01			勘七	山畑
6	はか谷	壱ノ谷	3	15	2	15	0.03	1		太平	山畑
7	はか谷	壱ノ谷	2	24						太平	桐畑
8	おか	壱ノ谷		5			0.002			太平	山畑
9	一谷	壱ノ谷	1	8			0.015			荘四郎	山畑
10	一谷	壱ノ谷	8							勘七	桐畑
11	一谷	壱ノ谷	2	27		25	0.01	2	2	勘七	山畑
12	一谷	壱ノ谷		25			0.01			太平	山畑
13	あらほり	荒堀	1			25	0.01		5	勘左衛門	山畑

出典:嘉永5年「桐実畑畝歩改帳控」「堂奥村入作山畑歩畝改帳」を基に、明治13年「桐実山反別書上帳」と照合した(いずれも堂奥区有文書)

史料からは、年貢地四畝二五歩を根拠として溝尻村の入込を禁止するなど、堂奥村側の主張がおおむね通っていますが、一部種物を植えていない場所は入込可能と譲歩しています。これまでの米を中心とした農業生産に対して、新しい換金作物として桐実が登場したことにより発生した山論といえます。このような桐実に関する山論は、近隣の夜久野の空山でも発生しています（『夜久野町史』）。空山をめぐる今西中村と井田村の山論には、先年より桑畑であった場所を、近年ころび（桐実）・漆に植え替えたところ、井田村が草苅盗みや樹木苗を切り、林山を荒らして薪を盗むようになった、とあります。ここでも桐実への転換が山論の契機となっています。

近世後期堂奥村の桐畑

つぎに、①「桐実畑畝歩改帳」、②「堂奥村入作山畑畝歩改帳」から、当時の桐実生産の実態についてみていきます。①は堂奥村一二四筆、②は堂奥へ入作している溝尻村一三筆、計一三七筆の各桐実畑の書上です。各筆は字、面積（反畝）、所有者名を基本としています。分付がある場合には面積と分米高と差し引いた面積が記され、それらをまとめたものが表3です。記載順序は、後述する明治一三年の字で確認しますと、村の西南一ノ谷から西北の荒堀、南の青路・大谷、ついで東の稲谷・ウロ山と続きます。溝尻村の入作は、溝尻に近い一ノ谷に集中しています。合計、堂奥村一五町六反四畝一一歩、その内分付四五口一町九反三畝で分米二石三斗一升六合、残七九口一三町七反一畝一一歩とあります。溝尻村入作は二反八畝二四歩、その内分付一〇口一反三畝三歩で分米一斗五升七合、残六口一反五畝二一歩となります。

堂奥村民が所有する土地の面積は、最大が字鳥ヶ谷の小右衛門の七反五畝五歩、最小が字稲谷の登代次郎の五歩、平均一反一畝となります。所有者別にまとめると三八人となり、最大が久助の九反五畝二〇歩（五筆）、最小が六右衛門の二〇歩、平均三反七畝となります。筆数の最大は八筆の惣兵衛で、大谷・青路五、ウロ谷・稲谷三、六筆は四人おり、忠左衛門は大谷・青路四、一ノ谷・荒堀二、長兵衛はウロ谷、与八は大谷・青路、弥助は大谷・青路などと、同じ字内にまとまっていることがわかります。

明治一一年「桐実山売買証書之写」には、表4のように享和三年（一八〇三）から慶応二年（一八六六）まで一九件の桐実山の売買証文がまとめられています。各文書には「九拾七番之証書之写シ」とあり、明治一三年「桐実山反別書上帳」の番地と一致します。売却の理由がほぼ年貢未進ですので、証文の作成は年貢納入期の一二〜三月に集中しています。また天保七年（一八三六）二月が四件、同一人物と思われる七十良・七重良・七重郎が三件と集中しています。この前後もあわせると六件、その後約三〇年売買がありませんので、天保の飢饉の影響もあったと考えられます（『舞鶴市史』通史編上）。代銀も時代を経るにつれて高額になっていきます。慶応二年年伊八が弥助に売却した二筆は、大谷今末一反三畝三歩、大谷桐谷三畝八歩と面積は三倍ほど違いますが、いずれも代銀五五〇匁です。幕末になると桐畑の価値が上がった可能性があります。売買された場所の多くは村の南の大谷ですが、西の一谷や東のうろ谷・稲谷もあります。一番古い享和三年の証文があることから、それ以前から堂奥に桐畑が存在したといえます。

表4　19世紀の堂奥村の桐実山売買一覧

	表題	年月	西暦	種別	数	分米	代銀	字	売主	宛名	理由	備考
1	売渡申山之事	享和3年3月	1803	山	1	1.3		稲谷奥	次右衛門	五郎右衛門	戌未進	
2	永代売渡申畑之事	文化7年3月	1810	ころび畑	1	0.5		はら谷	平九郎	理左衛門	巳未進	
3	永代売渡申畑之事	文化8年8月	1811	ころび畑	1	0.25		うろ谷	平九郎	理左衛門	年貢差詰	
4	永久売渡し申田地之事	文政4年2月	1821	田・山畑	2	0.33	140	二ノくた・一ノ谷	七重郎	文右衛門		
5	永代売渡申山畑之事	文政6年12月	1823	畑	2		50	大谷	平四郎	次右衛門	未未進	
6	永代売渡し申一札之事	文政7年2月	1824	山畑	1		20	大谷	治右衛門	与八	申未進	
7	永代売渡申桐実畑之事	文政13年正月	1830	畑	1		65	大谷	伊右衛門	五郎右衛門	丑未進	久次郎組合
8	永代売渡し申桐畑之事	文政13年3月	1830	桐実畑	1		60	よこ畑	甚左衛門	与八	丑未進	
9	永代売渡し畑之事	天保6年2月	1835	山畑	1		10	梨木	久平	五郎右衛門	午未進	
10	永代渡申桐実畑之事	天保7年2月	1836	桐実畑	1		131	大谷	久次郎	五郎右衛門	未未進	
11	永代売渡申桐畑之事	天保7年2月	1836	桐実畑	1		55	大谷	七十良	久助	未未進	
12	永代売渡申桐実畑之事	天保7年2月	1836	桐実畑	1		30	大谷	七重良	五左衛門	未未進	
13	永代売渡し桐実畑之事	天保7年2月	1836	桐実畑	1		100	青路	七重郎	与左衛門	未未進	
14	永代流申桐実畑之事	天保8年2月	1837	桐実畑	1		46.5	大谷	惣治郎	久助	申未進	
15	永代売渡し山畑之事	文久元年3月	1861	桐実畑	1	0.058	450	一ノ谷	忠左衛門	弥太治		
16	永代売渡申山之事	文久2年12月	1862	山林桐実畑共	1			うろ谷	市助	長兵衛	戌未進	
17	永代売渡し申畑之事	文久2年12月	1862	桐実畑	1		190	梨木廻	長右衛門	孫兵衛	戌未進	
18	永代売渡申一札之事	慶応2年7月	1866	桐実畑	1		550	大谷今末	伊八	弥助	丑未進	
19	永代売渡申一札之事	慶応2年7月	1866	桐実畑	1		550	大谷桐谷	伊八	弥助	丑未進	

出典：明治11年「桐実山売買証書之写」（堂奥区有文書）を編年順に配列

3 明治一三年の山論と桐実生産の減少

明治一三年の再調査

この山論は、明治一三年に同じ内容で再燃します。明治一三年四月二六日代言人（弁護士）青内勝之がまとめた「桐実山再検査ニ付見込ミ」によると、溝尻側は桐実畑の面積が拡大し、野山に設定された苅草場に故障が発生したと主張します。代言人は「果タシテ桐実畑ノ畝歩ニ間違ヒアルヤ否ハ、立会ヒ再検査ノ請求ニ応ゼザルヲ得ザルベシ」と述べます。そして「其認許サレタル苅草場ガ狭ミタル旨ニテ、其桐実畑ノ再検査ヲ官庁ニ要請シタル後」に、「溝尻村ニ於テハ独リ之再検」するようにと記します。ただ「検査ヲスル已前ニ（再検スルモ間違ナカリシトキハ、嘉永度ノ約ノ如クニ以後苦情ヲ云ハザル証書ヲ）請求シタル上再検査ヲ致スベシ」と主張します。堂奥は面積の不変に自信があるため、間違いない場合には、先述した嘉永五年の「為取替申一札之事」のように、以後溝尻側は苦情を出さないという証書の提出を求めています。

そして、同年六月一日再検査され、「桐実山反別書上帳」が作成されます。嘉永五年「桐実畑畝歩改帳」の内容（堂奥、溝尻村の入作）、順番を基に、新たに付された番地や字、現所有者名を追加し、合計一五町六反七畝一三歩となります（堂奥区有文書）。文末には、「右桐実山ニ付溝尻村ニ於テハ、従前トハ箇所之相違及ヒ延畝歩有ヲ以テ苅草場狭ミタル旨之ヲ申シ、依テ両村立会反畝歩ノ箇所毎、嘉永五年度為取替ノ反畝歩帳ニ照シ調査候ニ、箇所之相違且延ビ畝歩無之ニ付、此帳簿ニ連印シ双方後日ノ証鑑トスル」とあります。再検査の結果、堂奥村の主張の通り、面積の変更はありません

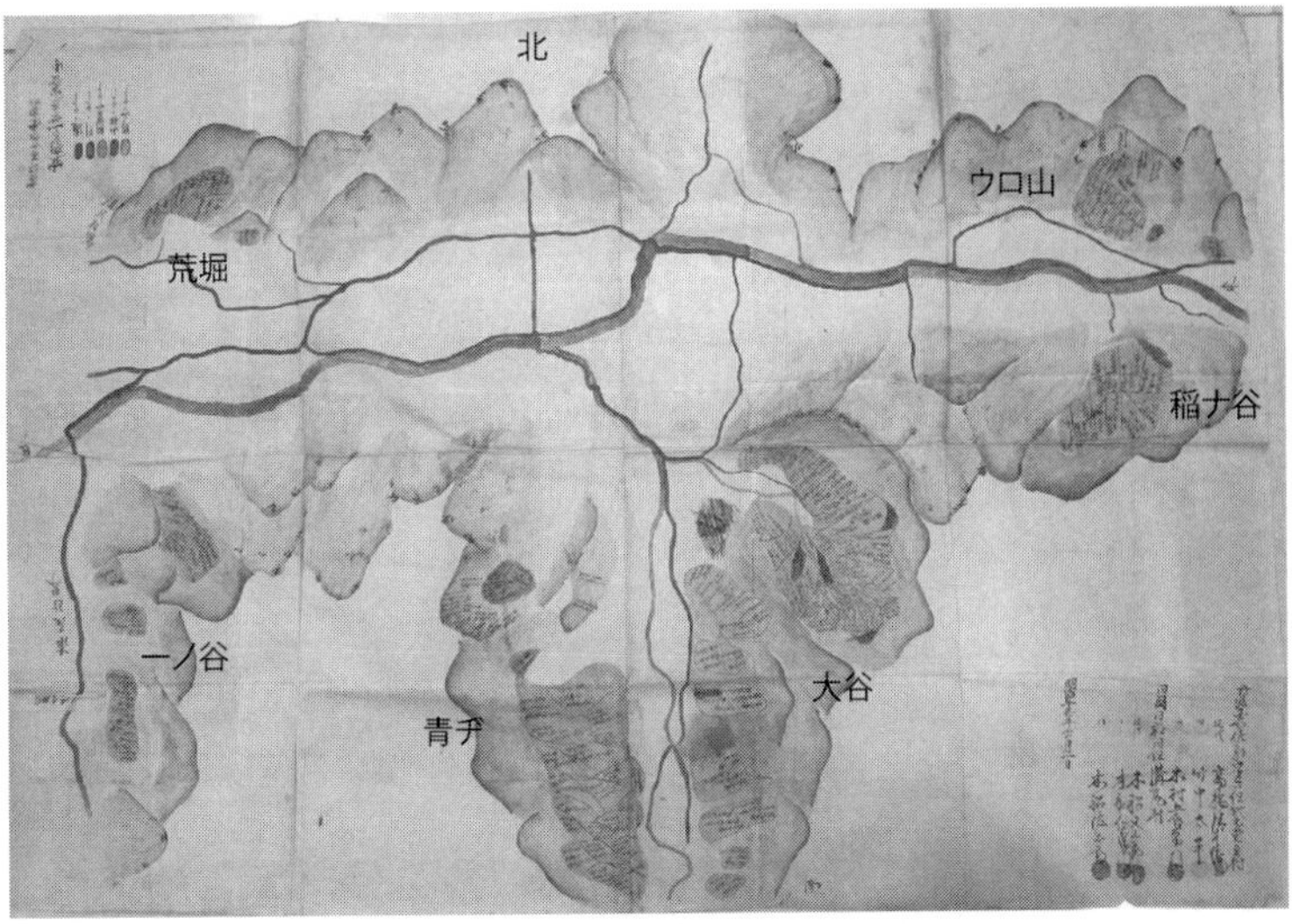

図9　明治13年6月1日「加佐郡第六区堂奥村山林桐実山柴草山見取図」（堂奥区有文書）

でした。

同時期に作られたのが明治一三年六月一日「加佐郡第六区堂奥村山林桐実山柴草山見取図」です。この絵図には、桐実山を黄、山林を緑、野山を赤に色分けし、桐実山は番地、反畝、所有者名が記されています（図9）。両村の惣代の名前も一致することから、「桐実山反別書上帳」の場所を確認するために作られたことがわかります。この絵図をみますと、桐実山は村の南、青路（青ヂ）・大谷が最も多く、ついで東のウロ山・稲谷、そして西北の荒堀、西南の一ノ谷となります。一方溝尻村の入作は一三筆の内、「桐実畑畝歩改帳」の番地との照合から、溝尻村境の一ノ谷に一二筆と集中し、その他荒堀に一筆のみです。絵図の一ノ谷付近には、「入作山畑地」と記された付箋が貼付されており、山論の場所を示しています。

統計にみる桐実生産の減少

つぎに、堂奥村戸長役場編纂の明治一四～三一年「統計表綴込」から、その後の桐実生産の推移をみていきます。明治一五年四月には、「民有林園」の種別が松・杉・檜・桐実・栗・雑の六種あり、桐実一五町六反七畝一三歩、六二六八本です。明治一三年六月一日「桐実山反別書上帳」と同じ面積です。明治一六年一〇月一七日「統計表調書」では、同じく六種あり、桐実一五町六反七畝一三歩、六二五〇本です。ただ、明治一七年二月二一日「統計表取調書」では、「民有林園」の種別が松・杉・檜・雑四種となり、桐実・栗が削除されています。雑は三二町四反二畝一三歩、六六三二〇本とあり、前年の雑が一六町六反二〇歩、六〇〇〇〇本ですので、桐実・栗を合計した数値と考えられます。明治一六年を境に桐実の記載が消えており、産物としての地位が低下したといえます。

しかし、その後も生産は継続されており、明治三一年「統計表」の「農産ノ部」に記載されます。農産品は、米・大麦の穀類、大根・茄子の野菜、梨・栗などの果物、茶・桑などの工芸作物、これら三八種の内に桐実が含まれています（表5）。桐実は、作付反別一町二反四畝、収穫高八石六斗八升、一反あたり収穫量七斗、単価一石あたり三円、販売価格二六円四銭です。作付反別は、明治一六年から一五年の間に九二％も減少しています。また、一反あたりの収穫量から逆算しますと、明治一六年には一一〇石ほどの収穫があったことがうかがえます。ただ、三八種の産物のなかでは、米・大麦についで、蚕豆・桑・桐実はほぼ同数の作付反別であり、盛時の一〇分一以下でしたが、いまだ主要産物といえます。

同年の「生産輸出入表」によると、村外販売物の内、村内消費がなくすべて村外販売の産物は、蕓《うん》

表5　明治31年堂奥「統計表」の農産品

	種目	土地	面積		数量				価格(円)		
			畝	歩	石	貫	個・本	荷	単価	総価格	1反利益
1	米	田	3513	1	597.295				9.41	5625.304	5.641
2	大麦	田	767	2	122.79				4	991.44	0.212
3	大麦	畑	303	3	29.07				4		
4	大豆	田	65	8	9.75				8.6	104.92	2.12
5	大豆	畑	35	11	2.45						
6	小豆	畑	33	12	2.5				10	25	2.182
7	蚕豆	田	125	5	20				6	120	3.982
8	小麦	畑	40	10	2				7	14	0.15
9	粟	畑	30	13	1.5				4	6	0.074
10	黍	畑	41	9	2.5				3	7.5	0.08
11	蕎麦	畑	25	17	0.75				4.5	3.375	0.05
12	大根	畑	68	7		3000			0.1	30	0.2
13	蕪菁	畑	25	16		1000			0.1	10	0.16
14	芋	田	25	14		750			0.8	60	11.147
15	牛蒡	畑	1	34		35			0.08	2.8	4.5
16	胡蘿蔔	畑	1	33			1100		0.03	3.3	4.85
17	葱	畑	1	38		15			0.08	1.2	2.5
18	茄子	畑	3	25			4000		0.001	4	3.4
19	甘薯	畑	25	15		400			0.04	16	1.5
20	馬鈴薯	畑	1	32		50			0.08	4	13
21	生薑	畑	1	31		10			0.05	5	16.6
22	慈姑	田	1	36		6			0.3	1.8	5
23	瓜類	畑	5	22		150			0.05	7.5	4
24	梅	畑	3	24	1.5				0.05	7.5	12.48
25	梨子	畑	4	23				20	0.4	8	4.55
26	栗	空地	16	19	1				0.05	5	0.5
27	柿	畑	2	27				100	0.3	30	1.05
28	枇杷	畑	1	35		12			0.2	2.4	13
29	棗	畑	2	29	1.5				0.2	3	4.8
30	蕓苔	田	20	18	2				8	16	0.2
31	胡麻	畑	1	37	1.5				0.1	1.5	4
32	麻苧	畑	11	20		17			0.35	9.95	15
33	楮	畑	2	28		100			0.3	3	6.6
34	茶	畑	2	26		25			0.03	75	0.05
35	櫨実	畑	1	30		150			0.06	9	0.7
36	桐実	畑	124	6	8.68				3	26.04	0.5
37	実綿	畑	8	21		15			0.6	9	0.85
38	桑	畑	125	4		2500			0.08	200	3.4

出典：明治31年「統計表」(堂奥区有文書)

苔《たい》・楮・櫨実・桐実の四種のみです。この点から桐実は、村の貴重な換金作物でしたが、同じ作付面積の桑の販売価格二〇〇円、蚕豆が一二〇円なので、反別は多いが収入は少ない作物といえます。しかし、近世から近代の苅草場と共存していたと考えますと、樹上に桐実、地上に草と二段構成となり、土地利用効率のよい産物ともいえます。その後、明治三六年旧二月「油桐畑地類変換丈量地図」が作られており、多くの桐畑が他の地目へと変えられ、堂奥の桐実生産も終焉を迎えました。

多門院の桐実生産の実態

一方、多門院では、明治一二年一二月五日「山反別書上」によると、柴草山一二町一畝一五歩、桐実山二二町一畝一二歩、立木山一〇町二反一三歩とあり、桐実山は山林全体のほぼ半数の四九%を占めました（多門院区有文書、以下同）。同時期の明治一二〜一四年頃作成の「多門院村全図」にも凡例に「桐実山」があり、野山と山林の間に数多く描かれています（図10）。明治一七年「加佐郡村誌」の物産として桐実五〇石でしたが、他の物産の大豆三石、小豆七斗五升、菜種二石五斗と比較しても生産量が多いといえます。

また明治一〇年八月「山論ニ付進達留」には、当時の桐実生産の実態が判明する「桐実手数仕出し」という記録があります。山論に関して多門院から宮津支庁へ提出された文書で、桐実を栽培して出荷するまでにかかる手数を数量化して示したものです。まず、村の共有の野山内には桐実山はないが、個人が持つ桐実山があると説明し、つぎに、桐実の収穫方法を述べています。①土地一反に桐実苗木は六〇本程で、一本の代金五厘位、内二〇本程は実がなりません。②作業の手数は、植えるのに

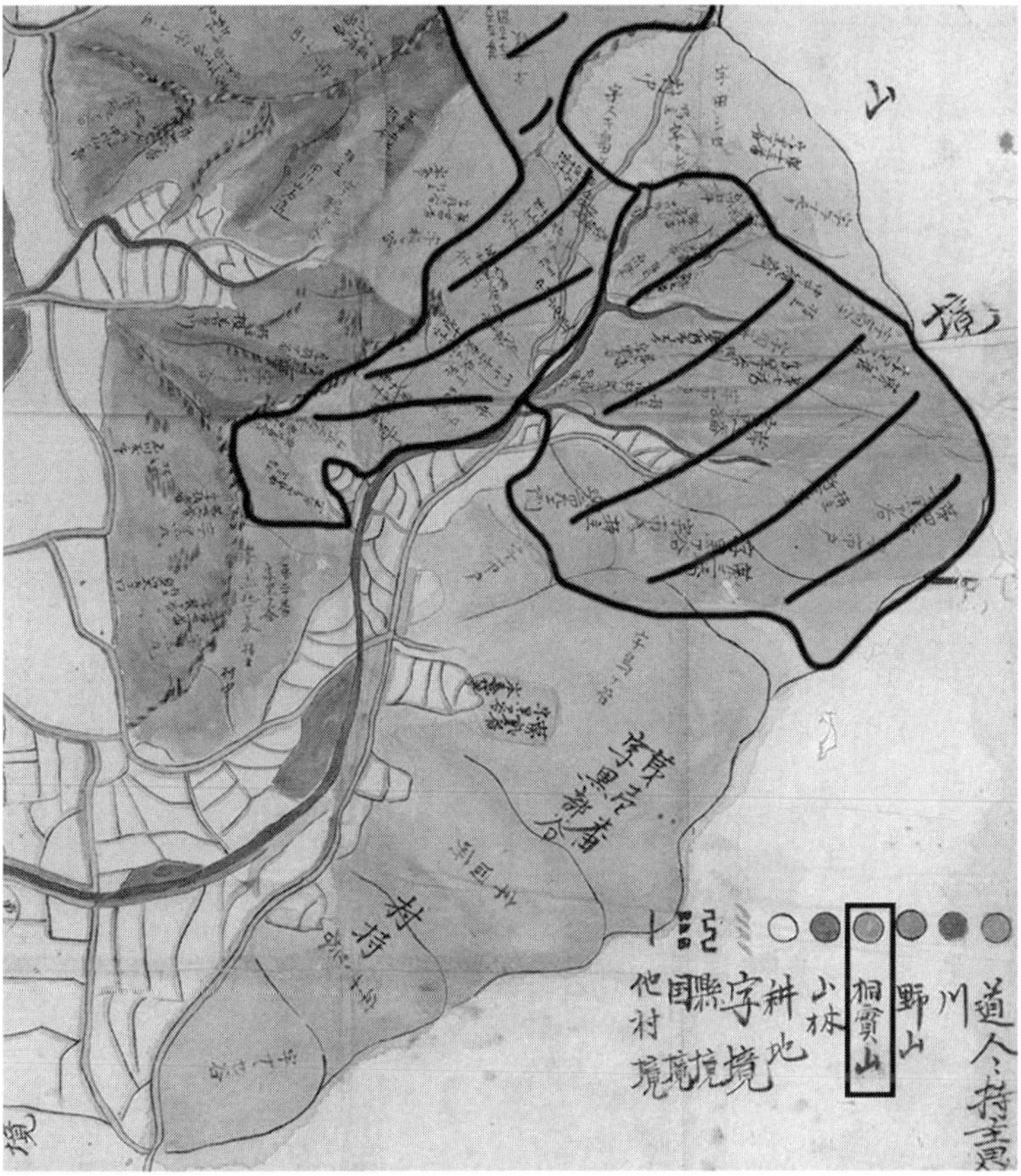

図 10　多門院の桐実山（斜線部、「多門院村全図」多門院区有文書）

三人程、中返し一五年平均で三人、下草刈一五年平均二人半かかります。③植えてから一六年目より実がつき、勢木期間は二〇年程。④一年間に春の中返し平均四人、秋の下草刈平均三人半。⑤実収穫は平均三斗、代金二〇銭、慶応三~明治九年一〇カ年平均で一石あたり二円。⑥落実拾手数一石あたり五人、仕上同三人半、市場・濱村までの出荷に同一人、これらの手数料一人あたり平均三銭九厘とあります。桐実は収穫までに一六年かかる長期的な栽培が必要で、苗は三分一が成長しないなど、手数のかかる作物でした。しかし、収穫年には一石あたり一円六〇銭の利益のある、貴重な換金作物であったといえます。

おわりに

ここでは、まず、近世から近代の全国と加佐郡の桐実生産の変遷、つぎに、明治期の「郡村誌」から加佐郡内の生産の概要、そして、幕末から明治期における堂奥・多門院村の桐実生産の実態を分析しました。桐実は、加佐郡において近世後期から明治前期にかけて各地で生産されていました。桐実は米と同価格とまでいわれ、農村の貴重な現金収入でした。しかし、桐畑は、それまで田の肥料とした草を刈る野山で栽培されており、嘉永五年の堂奥・溝尻村のように入会していた他村との山論に発展します。堂奥村は、明治前期「郡村誌」の「物産」としては未記載でしたが、幕末から明治一七年まではほぼ一五町、約一一〇石を生産する桐畑が存在しています。その後、明治三一年には一〇分一に減少しましたが、加佐郡全体では、明治一五年三二四七石から明治三四年九〇〇石と三分二の減少であり、堂奥ほど急減してはいません。そのため、明治四三年まで、ほぼ全国三位の生産量を維持していきます。ただ、全国的にも桐油から石油へと転換していくなかで、堂奥は明治三六年に桐畑の地目変換を実施しており、より換金性の高い養蚕に用いる桑に変更したと考えられます。その後、加佐郡の特産物であった桐実生産も縮小し、現在は忘れられた産物となっています。

参考文献

・『油桐ノ造林並桐油ノ調査』農商務省山林局、一九一三、国立国会図書館、344-146
・大槻伸「ころび（油桐）について」『史談福知山』七四八、二〇一四
・岡山親年『山里の暮らし　大山の農作業と農民具の今昔物語』二〇〇一
・京都府教育会加佐郡部会編『加佐郡誌』一九二五
・『京都府立総合資料館所蔵文書解題』改訂増補、一九九三
・坂本蜜之助『倉梯村史』一九三三
・新谷一幸「多門院歴史探訪」『舞鶴・京丹後地域の文化遺産』二〇一八
・菅原憲二編『丹後国田辺城下竹屋町文書史料集、丹後国田辺城下竹屋町文書目録・追加』、千葉大学文学部史学科菅原研究室、二〇一三
・多門院区有文書、多門院区所蔵
・『丹後国与謝郡宮津元結屋三上家古文書目録』、京都府教育委員会、一九八八
・「地誌雑記」（明一七—三二）、「綴喜郡村誌」京都府地誌二七、「加佐郡村誌」同三二～三五、「丹後国加佐郡誌」同一四、京都府庁文書、京都府立京都学・歴彩館
・堂奥区有文書、堂奥区所蔵

・成生漁業共同組合文書、有限会社成生水産
・深津正『燈用植物』ものと人間の文化史五〇、法政大学出版局、一九八三
・『福井県史』通史編四、一九九六
・『舞鶴市史』通史編上・中・現代編、一九七八・八八・九三
・舞鶴山城研究会編『舞鶴の山城』二〇〇九
・『夜久野町史』三、二〇〇八

8章 染料から梅酒へ、青谷梅林の歴史変遷

はじめに

現在も城陽市の主要産物・観光地である青谷地区の梅と梅林の歴史は時代によって変化していきました（図1）。そこでまず、明治前期の「村誌」の編纂過程、「村誌」に記される各村の人口や田畑、特に物産についてどのような特徴があるか概観します。つぎに、現存文書では近世後期に確認される青谷の梅栽培が、近代の青谷梅林の開設、展開によって、その歴史が変化したことを、梅栽培、梅林と二つの視点の史料からあきらかにしていきます。

図1　現在の青谷梅林（中井正寛氏撮影）

近代京都の梅林の名所は、北野天神社と伏見の梅渓でした。特に梅渓は、明治二八年（一八九五）第四回内国勧業博覧会に際して作られた『京華要誌』によると、自から渓山の趣をなし、数千の梅樹がその間に充ちています。東風は凍を解いて、春気初めて融するにあたり、洛南観梅の勝地です。また、桃花もすこぶる多く観るに堪えうる、とあります。『京華要誌』の段階では、梅渓が観梅・桃花の名所でしたが、いまだ青谷梅林は登場していません。青谷の梅や

梅林の歴史については、すでに、『城陽市史』や『青谷梅林と奈良鉄道　近代城陽の産業と交通』にまとめられています。しかし、青谷梅林は、地域の梅栽培とともに展開しており、特産物と梅林が密接に関係している点が特徴です。ここでは、自治体史、観光案内記、京都府庁文書など、市内外の史料によって、青谷の梅栽培と梅林の歴史が変化する過程を考えてみます。

1 「久世郡村誌」の編纂と城陽地域の物産

「久世郡村誌」と地誌編纂の終了

城陽地域の「村誌」の大部分が含まれる「久世郡村誌」が、最終的に完成したのは明治一七年（一八八四）と考えられます。「京都府地誌」の編纂を担当した京都府土木課調査係編輯部には、同年の「地誌雑記」（京都府庁文書）が現存します。ここには六月五日付の「久世郡々村誌今般校正相整候ニ付、往年御進達相成候分ト引替御進達可相成ニ付、左案相伺」が綴じられています。これは編輯部の近藤主任が作成しており、内容はつぎの通りです。

過般管下山城国久世郡々村誌ヲ相返附相成、正ニ領収致候、因テハ今回更ニ校正致シ、別紙目録之通り差出候間、御査収相成度候也

明治十七年六月日

京都府知事北垣国道代理、大書記官尾越蕃輔

地理局長桜井勉殿

進達目録

一山城国久世郡誌一冊凡例附

全村誌一冊

これは京都府知事代理から、全国の村誌編纂を管轄していた内務省地理局長宛に送られた文書です。内容は、先年送った久世郡誌と村誌は、修正のため返却され、それを再度校正して差し出す、とあります。これに対して六月二一日地理局長から受領の文書を受け取っています。この他に郡村誌の編纂完了に関して、一月一二日地誌編纂部から調査部に出された「明治十六年中編製簿冊目録」によると、前年に乙訓・愛宕・宇治郡の郡誌、村誌の編製が完了していました。また四月二四日には、編輯部の「報告」として、相楽郡村誌四冊を内務省地理局へ進達しています。明治一六年から一七年の間に、乙訓・愛宕・宇治・久世・相楽の旧山城国五郡の郡誌・村誌が完了したと思われます。

しかし、七月九日内務書記官局令七五号により、明治一八年度以降、府県の地誌編纂業務を内務省へ移管する達が、太政大臣三条実美から京都府へ出されました。続いて八月七日乾地第三一二号により内務卿山県有朋からも、府県の地誌編纂資料の引き継ぎに関する指示が送られました。「久世郡村誌」を内務省へ送付直後、京都府における地誌編纂事業は終了していくことになります。

明治前期の人口と田畑

つぎに、「村誌」をもとに明治前期の城陽地域の状況について、人口と田畑、特に物産についてみていきます（表1、2）。人口は二一五五人の寺田から三一〇人の観音堂まで、その差は大きいですが、三〇〇〜七〇〇人が八村と大半を占めます。男女比は、中以外は男の割合が少し多いですが、最大は枇杷庄の五三％であり大差はありません。一戸あたりの人数は、寺田四・八から中三・八人と一人の差があり、平均四・五人です。中は、宝暦四年（一七五四）「明細帳」（中区有文書）で五二軒、二一三人、四・一人、明治四年（一八七一）「村内細調書上ケ帳」（中村関係文書）で一一七軒、四八九人、四・二人となり約一二〇年で二倍以上増加しています。いずれも「村誌」作成期の平均より低いため、家数や人口を規定する要因（分家制限や出稼ぎなど）があると考えられますが、母数が少ないため、少しの変化でも影響するともいえます。

田の面積は、寺田一二八町から中一〇町、畑は寺田一六六町から奈島一二町と差が大きいです。田畑の割合では、田が多いのは富野・市辺・奈島の三村、畑が多いのはその他七村と、畑の多い地域といえます。

茶・甘藷・綿・梨・柿

畑には各種物産が栽培されていたと考えられ、特に茶、甘藷は全村で生産高の記載があります。茶は、「久世郡誌」によると、品質別の区分があり、最上は宇治・小倉・伊勢田・広野・大久保・佐古、続いて富野・寺田・久世・平川・枇杷庄・下津屋、そして上津屋・中・田井・観音堂・白川に三分類

表1　村誌統計表　人口と田畑

	大項目	田畑　町						人数　口								
	小項目	田合計	田比	畑合計	畑比	合計	歩	男	士族	平民	女	士族	平民	合計	1戸人数	男比
1	平川村	3,190.233	43%	4,248.633	57%	7,438	26	287		287	266		266	553	4.32	52%
2	久世村	1,924.233	35%	3,498.200	65%	5,422	13	208	1	207	208	3	205	416	4.43	50%
3	寺田村	12,829.633	44%	16,628.500	56%	29,458	4	1,107	1	1,106	1,048	1	1,047	2,155	4.82	51%
4	水主村	1,267.600	43%	1,650.367	57%	2,917	29	195	1	194	196		196	391	4.39	50%
5	富野村	10,129.800	58%	7,350.333	42%	17,480	5	882		882	885		885	1,767	4.70	50%
6	枇杷庄村	2,364.933	45%	2,890.033	55%	5,254	29	246		246	216		216	462	4.53	53%
7	観音堂村	1,180.933	45%	1,435.500	55%	2,616	23	158		158	152		152	310	4.56	51%
8	中村	1,060.067	31%	2,318.133	69%	3,378	6	266		266	276		276	542	3.84	49%
9	市邊村	2,077.933	56%	1,620.033	44%	3,715		200		200	198		198	398	4.42	50%
10	奈島村	4,170.367	77%	1,258.567	23%	5,429	4	338		338	328		328	666	4.16	51%
	合計	40,195.733	48%	42,898.300	52%	83,107	139	3,887	3	3,884	3,773	4	3,769	7,660	4.52	51%

注:小項目の単位は注記のない場合、大項目右の単位である。出典:「久世郡村誌」「綴喜郡村誌」(京都府立京都学・歴彩館所蔵)

表2　村誌統計表　物産

	大項目	物産　貫(表示のないもの)										
	小項目	茶　斤	甘藷	綿　斤	梨子	柿実　荷	桃	梅子	蜜柑	長芋	菜種　石	その他(1村のみ)
1	平川村	23,150	8,280	1,500		47						
2	久世村	12,050	265荷	3,374	2,400		100					
3	寺田村	44,700	1600荷	6,560		400	140荷			160荷	25.8	西瓜2,600顆・杏子965荷
4	水主村	6,500	9,500		560荷					40		
5	富野村	28,000	47,000	5,100								
6	枇杷庄村	550	1,550	4,160	240,700顆					1,400		
7	観音堂村	7,600	3,400			11		51荷				紫蘇子156斤・菊花8荷・当帰27貫
8	中村	13,200	3,500			3,600貫		6,000	720			蒟蒻玉1,200貫・松茸160貫
9	市邊村	3,750	6,000		713	500貫		3,000	805			
10	奈島村	3,120	4,000		1,500						23	
	合計	142,620	83,230	20,694	4,613	458	100	9,000	1,525	1,440	49	

注:小項目の単位は注記のない場合、大項目右の単位である。出典:「久世郡村誌」「綴喜郡村誌」(京都府立京都学・歴彩館所蔵)

します。このなかに城陽地域は七村も含まれ、久世の「村誌」には「品位上等」と記されます。郡内で計四五万斤の生産となり、城陽地域は計一三万斤（綴喜郡の水主・市辺・奈島を除く）であり全体の三分の一にあたります。

そして、甘藷は「久世郡誌」には「蕃薯」とあり、寺田・富野・久世の三村から出るものは特に甘く旨い、観音堂・大久保・枇杷庄・上津屋・下津屋・田井・中村の村々はこれにつぐとあり、最高品質の三村すべて、これに準じる七村の内三村が城陽地域です。寺田は「其味尤モ甘シ」と記され、千六百荷を生産しています。「久世郡誌」に、一荷は通常一五、六貫目～二〇貫目とあることから、二万四千～三万二千貫となり、富野についで多いです。郡内では計一五万貫となり、城陽地域は計九万貫、全体の三分の二にあたります。近隣の八幡地域も綴喜郡の三分の二を占めており、木津川下流域沿岸の砂畑地で数多く栽培されていました（『寺田いも』）。地味の項目にも、平川「砂地ハ甘藷ニ利アリ」、久世「砂地ハ蕃薯ニ宜シ」、寺田「砂地純ラ甘薯ヲ植ウルニ宜シ」と城陽地域北部三村の砂地が甘藷に適していると記します。

つぎに、多くの村、五村で栽培されているのは、綿・梨子・柿です。綿は、「久世郡誌」に上津屋を最上とし、下津屋・市田・田井・久世・富野・寺田・佐古・佐山・大久保が続きます。城陽地域は三村、寺田「品質稍佳量」、平川「其質良」とあります。郡内では計一〇万貫、その内城陽地域は計二万貫となり、全体の五分の一を生産していました。

梨子は、「久世郡誌」によると生産量は九万貫、寺田・久世・上津屋が最上、大久保・枇杷庄・佐古・林・下津屋・田井・御牧が続きます。城陽地域が最上を占め、計四村であり、久世には「其味佳」とありますが、寺田の物産には記されていません。「久世郡誌」の主な物産は、この四品と「交雑魚」の五品です。

柿は「綴喜郡誌」の主要物産にあり、最上につぐ品質として市辺が登場します。この他、後述する梅の他、桃や蜜柑・西瓜・杏子などの果物、長芋・紫蘇・蒟蒻玉の野菜、菜種・菊花・当帰・松茸の計一七品です。

当帰の生産

観音堂の当帰は、セリ科の漢方薬であり、近世前期から栽培されています。元禄一一年（一六九八）「上田氏旧記」（上田シヅエ家文書）によると、寺田・水主・枇杷庄・富野・観音堂で、当帰が生産されていました。その前年元禄一〇年刊の宮崎安貞『農業全書』一〇の当帰の項には、「山城の富野、寺田などという里、専ら当帰を作る所なり、其所の土は細砂に、土と河ごみの交りて赤土も少々まじれる、牛蒡の出来る土の性と見えたり」とあります。ちょうどこの時期、全国的にも富野や寺田の当帰は評価され、洪水による土壌がその要因と考えられていました。同じ『農業全書』の大黄の項には、「是山城の長池などにて作る唐の大黄たねなり」「長池の土は黒土の細沙雑る深き肥地なり」とあり、大黄の代表として中国系の種である長池産が紹介され、その土壌を説明しています。

また近隣の枇杷庄では、慶安元年（一六四八）に領主の近衛家に対して、生地黄と当帰を納めています（陽明文庫）。すでに一七世紀中期には、城陽地域の当帰の栽培が始まっていました。そして、正徳二年（一七一二）序の寺島良安『和漢三才図会』には、久世郡の当帰が最良であるとの評価に至っています。

2 青谷の梅栽培の歴史形成と梅林

近世の中・市辺村の産物と梅

現在、城陽市の市の木である梅は、「村誌」によると観音堂五一荷、中六千貫、市辺三千貫の三村に記されます。近世における梅の記録としては、嘉永二年（一八四九）六月中村の「干梅勘定覚帳」（中区有文書）があり、伏見や近隣の村に干梅二七七石を共同出荷した文書があります。また、同二年七月干梅が安値のため、中村の百姓が村から借金をした文書（中区有文書）、慶応三年（一八六七）七月、中村の商人渋屋権右衛門が市辺村から烏梅を購入した文書（崎川宗伯家文書）、年代未詳の中村三株役人による黒梅値段定書の控が知られます（『史料が語る城陽近世史』）。

近世の村の概要を記す明細帳には、郡村誌のように多くの産物は登場しません。宝暦四年（一七五四）二月京都代官小堀十左衛門支配の中村「明細帳」（中区有文書）には、畑は旱損の年には蕎麦・菜大根を作っている、宝暦六年京都代官小堀数馬支配の中村「明細帳」（中区有文書）には、畑方の旱損場では茶園・雑穀を作っている、とあります。もう一つの産地市辺村の文化九年（一八一二）五月宇治代官上林六郎支配「御高人別帳」（市辺区有文書）、天保一四年（一八四三）京都代官小堀太二郎支配「明細帳」（市辺区有文書）には、青谷山内の松茸運上と木綿、村の産物として畑の芋が記されているだけです。これらの文書から、梅は領主である幕府代官所の調査では記録に登場せず、当事者である村や個人の記録として確認できます。そして、嘉永期頃に栽培が行われ村外へ販売できる状況になっていたことがわかります。

明治前期の京都府の調査と物産

明治に入ると京都府の行政側の調査記録に梅が登場します。明治四年（一八七一）中村の勧農掛、庄屋、年寄から京都府に対して出された「村内細調書上ケ帳」（中庄屋文書）には、産物として米麦・茶・サツマ芋・梅・蒟蒻玉・柿・菜種の七種があります。明治五年市辺村「物産取調書」（『城陽市史』二）には、自家用消費として米・麦・小豆・大角豆・粟・ソバ・大根・実綿・竹ノ子・芋・薪木の一一種、村外への出荷である輸出として、煎茶・晩茶・柿・生梅・蒟蒻玉・橙柑・梨・菜種の八種があります。中、市辺ともに、ほぼ内容が重なっています。

そして「村誌」には物産として、中は製茶・梅子・柿子・蜜柑・甘藷・蒟蒻玉・松茸の七種、市辺は茶・薩摩芋・蒟蒻玉・蜜柑・梅・柿子・梨子の七種が記されます。先の明治四、五年と比べて、中は蜜柑・松茸が増え、市辺は芋以外がすべて輸出と分類された物産です。「村誌」の物産は「郡村誌編輯例言」（「綴喜郡村誌上」）によると、明治八年の出来高とあり、明治一七年提出なので、この時期の状況を反映していると考えられます。

しかし、明治二〇年「町村沿革取調書」には、市辺の生業として「特有物産ハ茶薪有ル而巳」とあり、特産としては茶と薪で梅は消えています。「町村沿革取調書」とは、京都府が町村制実施のため新町村編成案の作成にあたり、明治一九～二〇年に実施した旧町村の調査です（『京都府立総合資料館所蔵文書解題』）。久世郡であった中の分は存在しません。調査後、明治二二年に中、市辺、奈島が合併し青谷村となり、それぞれ村の字となりました。

青谷梅林の展開と梅林の名所化

明治三〇年代、青谷村は梅林を展開し、梅栽培の歴史化を行っていきます。まず、明治二九年奈良鉄道が開通し、青谷北隣に長池駅が開業しました。この鉄道による梅林への観光客増加にあわせて、明治三三年青谷村長大西常右衛門は、梅林の保全と観光客誘致のため、青谷保勝会を設立し、観梅道や橋梁を整備していきます（『青谷村誌』）。

そして、同年三月青谷保勝会によって青谷梅林の観光案内である『青谿絶賞』が刊行されます（図2）。著者山中青谿は、号を「青谿」とするほどの青谷梅林に入れ込んだといわれる人物で、相楽郡稲田村出身の文人山中左一郎と推定されます（『青谷梅林と奈良鉄道』）。内容は山中の紀行文、奈良の画家対竹の青谷八勝図、それに寄せた山中の漢詩から構成されます。山中は最初、当時の梅の名所として有名であった奈良の月ヶ瀬梅林と青谷を比較します。月ヶ瀬が天下の名勝であり、山水の奇勝は月ヶ瀬に譲るところもあると評価しています。しかし、丘陵にある青谷梅林を「遼廓眇忽規模雄大、而シテ梅花ノ饒多ハ迥カニ之ニ過グ」と、月ヶ瀬より規模が雄大で、梅花が多いと評価します。さらに、日本の羅浮（中国の梅の名所）といっても過言ではないとします。

実際に山中は、梅が咲く二月一七日に青谷梅林を訪れ、市辺の富豪であり梅林を多く所有する大西常右衛門から、青谷の梅の歴史を聞書しています。大西によると、梅林は「百六七十年前盛ニ列植シ、烏梅ヲ産出スルノ多キ他ニ其比ヲ見ズ」と、梅林、梅栽培の起源は、明治三三年から一六〇〜一七〇年前とすると、一七三〇〜一七四〇年代の元文・寛保・延享期となります。染料の原料となる烏梅を生産していました。それは「盛花ノ候、其偉観ヲ呈スル今日ニ幾倍スルヲ知ラズ」と、現在より数倍の規模であり「偉観」であった、と記します。そして「氏ガ幼時淀藩主稲葉侯ノ来テ花ヲ此ニ観ルヤ、其行粧ノ美ニシテ壮ナル、花ト相競フ、今尚恍トシテ眼底ニ存ス」と、大西氏の幕末の回想が登場します。淀藩主の観梅に際して、藩主の装束と花が競演する美談です。しかし三〇年前の明治初年には烏梅は衰退し、かわって茶の需要が高まり梅は茶に転換しました。ところが近年、大西、嶋本徳次郎、堀井権次郎氏が梅実を利用した経営に尽力し、農産会社で梅肉熨斗梅を生産するようになり挽回しました。最後は、三氏が青谷保勝会を設立し、青谷梅林を展開、旧時の「偉観」=幕末の状況に復活した、とします。

ここで、山中は再度月ヶ瀬梅林と比較し、月ヶ瀬にも保勝会があるが年々花が減少している。里人は収益が少ないためというが、花を保つことばかり考え、「其樹ヲ培フノ道ヲ講ズル」と大西氏のように生梅販売などを行っていないのが原因と断定しています。

この『青谿絶賞』は、青谷梅林を維持する青谷保勝会の刊行であり、山中青谿も青谷びいき、聞き取りをした大西常右衛門は初代青谷村長であり、青谷保勝会の設立者です。すべて、青谷側にたっての記述です。しかし、ここに青谷

図2　『青谿絶賞』著者の山中青谿キャラクター（城陽市教育委員会）

の梅林、梅栽培が歴史化され、①起源は元文・寛保・延享期、②烏梅によって発展しますが、明治初期に衰退、③その後、生梅へ転換し盛り返して現在に至るという流れがうかがえます。この流れに、大西氏の回想として淀藩主の観梅という物語が付加され、現在の青谷梅林の価値をあげています。

この淀藩主の観梅については、青谷三村は淀藩領ではありませんが、隣村富野など近隣に淀藩領が散在しているので可能性はあります。また土砂留の記憶の可能性も指摘できます。土砂留制度は、貞享元年（一六八四）に土砂流出防止のため開始、京都町奉行所の管轄のもと、畿内近国の大名が郡単位で工事を監督する制度でした（『城陽市史』一）。城陽地域の久世、綴喜郡は淀藩の担当であり、藩の土砂留役人が関係地を巡回した史料もあります。この土砂留の記憶が、淀藩主の観梅、後述する土砂留の植付指示、梅木栽培奨励につながったのではないかと考えます。しかし実際には、山中が何度も比較する近世からの名所月ヶ瀬梅林に対抗するため、新しい歴史、由緒形成を行った可能性も否定できません（「月瀬記勝」）。

これらの活動の結果、青谷梅林の知名度は上がり、明治三六年藤井孫六編『京都名勝帖』には、梅樹極めて多い、と写真で紹介されます。この『京都名勝帖』は、ほとんど京都市内の寺社の紹介が占め、久世郡では宇治の寺社と巨椋池、青谷のみで、久世郡の名所の一つとなりました。

3 梅栽培と梅林の歴史の変遷

明治四二年『京都府園芸要鑑』と梅栽培の歴史

明治四〇年代になりますと、二〇年代までの京都府の調査と違い、物産名・生産量のみの記述から、沿革や歴史を記述する史料が登場します。それは青谷梅林の観光化の進展、『青谿絶賞』などの刊行も影響していると思われます。

京都府農会が刊行した明治四二年（一九〇九）『京都府園芸要鑑』は、第三回全国園芸大会の開催に合わせて編纂され、農会職員や嘱託員が現場に行き調査しています。農会職員の他、府立農林学校、府立農林試験場が中心となりました。農会長・京都府知事大森鐘一の序には、「府内各郡に於て果樹蔬菜花卉の栽培樹芸に係わる古来の事実を調査し之を部類編纂し園芸要鑑と号け」とあります。古来の事実とは、第一には栽培方法ですが、歴史、沿革も含まれます。凡例にあるように、「各郡に於て多少の名のあるもの」を選別しており、当時の府下の特産といえます。

青谷に関する「綴喜郡青谷村の梅」では、当地の梅栽培の沿革として、一八世紀後半から一九世紀後半まで一世紀の歴史を三時期に分けて記します。まず①安永から安政期、安永年間（一七七二～一七八二）「山間の痩地に僅々数十本の梅樹を裁植せるを始め」とあり、青谷の梅の最初とします。『青谿絶賞』に比べると三〇年程遅くなります。そして、天保年間（一八三〇～一八四四）から安政年間（一八五四～一八六〇）に増加しました。この時期は、竹簀にて日乾しした「焼梅」として京都大坂の紅粉屋に供給して利益を出しました。これは、先述した近世文書の烏梅や黒梅と一致します。

つぎに、②文久から明治初年ですが、文久年間（一八六一～一八六四）に数回害虫による被害と、当時染物屋の梅酢使用が輸入染料に変わり、焼梅の販路が閉ざされました。ちょうどその時期、茶が好況で梅は次第に茶に替わり、一時はほとんど消滅状態でした。『青谿絶賞』にはなかった烏梅の染物への利用目的、虫害が記されます。

しかし、③明治七年頃に生梅としての販路開拓により梅栽培は回復しはじめ、同一二・三年頃より増加しました。ところが、同一八年頃再び価格下落のため頓挫し、その後、再度回復し青谷梅として有名になったとあります。このあたりは年代が確定されていますが、『青谿絶賞』とほぼ同じです。

青谷の梅の沿革は、①一八世紀後期に栽培開始、②染料としての烏梅生産で順調に増加していきましたが、染料の変化に対応できず、また茶の好調もあり減少しました。③しかし生梅として別の販路を開拓し増加、現在では特産として有名になった、という流れです。この『京都府園芸要鑑』は目的が府内各地の園芸栽培比較のため、梅栽培の浮沈する様子が詳細に描かれています。そのため青谷梅林の『青谿絶賞』でみられたような、「偉観」の様子や淀藩主の話などはなく、あくまで梅栽培の視点で記されます。

明治四四年「維新以前地方民政制度調査」と歴史

つぎに、二年後の明治四四年一一月、京都府の指示により各村は「維新以前地方民政制度調査」を実施しており、青谷村各字分が現存しています。この調査は、京都府が明治四四～四五年にかけて実施した、維新以前（近世）の民政自治制度に関する事業で、日露戦争後の地方改良運動の一環として行われました(『京都府立総合資料館所蔵文書解題』)。物産に関する記述は、中、奈島は詳細で、市辺は「我村ノ物産ハ米麦製茶梅甘藷等ナレトモ、其起源及ヒ制度等ハ更ニ詳ナラズ」と簡略です。市辺の主要物産は「村誌」と同じく、茶・梅・甘藷があり、特に茶は明治五年「物産取調書」、明治二〇年「町村沿革取調書」にも記される長期的な物産といえます。

梅については、中に詳細な記述があり、調査目的が「維新以前」のため、近世の内容に限定されます。最初に「梅ノ栽培起原又詳ナラズ」と前置きし、「口碑ニ依レバ凡百七八十年前、即万治寛文ノ頃ヨリ初メテ栽培シタルガ如シ」と記します。伝承では一七〇～一八〇年前、万治・寛文期(一六五八～一六七三)にはじめて栽培したとあります。何年前という記述は『青谿絶賞』の大西常右衛門の談であり、口碑の出所です。「維新以前地方民政制度調査」は、同じ青谷村が関与した記録であり、これが採用されています。府農会で編纂された『京都府園芸要鑑』の起源は、採用されませんでした。

そして栽培起源は計算すると、元文・寛保・延享期が万治・寛文期に変化し、約八〇年も起源がさかのぼっています。この起源の変化については、ただの間違いか意識的に記したのか不明です。しかし『青谿絶賞』では、何年前のみで元号は記されておらず、この段階で古いものに転換された可能性があります。

その後の展開は「弘化嘉永ノ頃ニハ最盛ニシテ」と、『京都府園芸要鑑』の天保・安政年間と同様です。そして当時の生産量は黒梅三百石以上、現在の生梅にして約四万貫と具体的です。この黒梅生産の数字は「記録ニヨリテ調査スル」とあり、口碑とは違い文書を利用しています。先述した黒梅値段定書の控には、黒梅二八〇石とあることから文書にもとづいて記述したと考えられます。

後半部では『京都府園芸要鑑』で概要が記された焼梅＝黒梅について、「生梅ヲ鍋墨又ハ消炭ノ粉末ヲ之レニ塗リ、籾糠ヲ薫燃シテ、其上ニ竹簀ニ並列シテ薫蒸シ、之レヲ日ニ晒シテ乾燥シ、干梅トナシタルモノ」と製造方法が詳しく記されます。その用途は緋縮緬の染物の原料として使用したと続きます。

この「維新以前地方民政制度調査」は、あくまで「維新以前」＝近世の状況の調査であり、現状の梅栽培を記す『京都府園芸要鑑』より詳しい内容となっています。しかし、起源については、青谷梅林を賛美した『青谿絶賞』の口碑＝村長大西常右衛門談を採用し、さらに、約八〇年もさかのぼっています。一方で『青谿絶賞』の「偉観」の様子や淀藩主の話などはなく、当時の梅栽培と青谷梅林観光の二つの視点を融合した歴史化と考えることができます。

昭和一六年『青谷村誌』による梅栽培・梅林の歴史の完成

大正期に入り、青谷梅林の評価が上昇していきます。大正四年（一九一五）綴喜郡編『綴喜郡要覧』には、「史蹟勝地」のひとつとして「青谷の梅林」が登場します。この『綴喜郡要覧』は、例言によると、同年京都で行われた大正天皇の御大典記念として編纂され、綴喜郡を紹介する目的でした。満開の梅の写真と解説があり、「梅花の勝は蓋し月ヶ瀬を以て天下の最とすと雖も青谷の梅林亦情趣捨て難きものあり」と、『青谿絶賞』と同様に月ヶ瀬梅林と比較しています。そして、青谷の集落から近いにもかかわらず幽境であり、交通の便がよく、（丘陵のためでしょうか）杖を引いて歩くにもよいと、ここでも月ヶ瀬梅林より訪れやすいことを強調します。最後には『青谿絶賞』の一六〇年前の起源、淀藩主の観梅について引用しています。『綴喜郡要覧』は京都の御大典に訪れる見物客を、寺社や史蹟が多く交通の便がよい綴喜郡へ招くための、いわば観光案内書です。そのため青谷梅林の記述は、観光客が増加することを目的として、著名な月ヶ瀬との比較、利便性を強調、淀藩主の由緒を採用しています。

この後、青谷梅林への観光客が増加し、鉄道の利便性をさらに活かすため、青谷村の運動により、大正一五年臨時駅青谷梅林駅の開設、昭和八年（一九三三）には常設の山城青谷駅となりました（『城陽市史』二）。

昭和一六年青谷村役場は『青谷村誌』を編纂し、青谷梅林、梅栽培と二つの項目で、これまでの歴史記述に新たな展開を加えます。「名所旧蹟」の「名所」の最初に位置づけられる青谷梅林については、最初に、村内の地名を示しながら場所を説明し、「老樹古木を交へ其数幾万なるを知らず」と規模の大きさを紹介しています（『青谷村誌』）。つぎに、梅林の起源を、後醍醐天皇の皇子宗良親王に求め、「維新以前地方民政制度調査」に比べて三〇〇年ほどさかのぼっています。これは宗良親王の和歌「風かよふつゝきの里の梅か香を空にへたつる中垣そなき」を根拠としていますが、「つゝきの里」とあるだけで、綴喜郡、青谷梅林の確証はありません。この和歌は天授三年（一三七七）成立の「宗良親王千首」春部に収められています。宗良親王に対しては「元弘、建武の交、東奔西走具さに艱難を嘗め給へるは人」と、当時の南朝史観に沿った記述です。『青谷村誌』には、後醍醐天皇が通過したと「太平記」に記される梨間（奈島）の宿、楠木正成の子孫が住職との伝承がある椎尾山観音寺などが紹介されます。また昭和三年には京都の三宅安兵衛による史蹟碑の建立が行われますが、青谷村

図3　奈島「梨間宿」石碑（中井正寛氏撮影）

には、奈島「梨間宿」、中「建武役城氏之館旧祉」、市辺「松井蔵人」（後醍醐天皇の道案内をした人物）と、各字に後醍醐、建武関係の碑が建てられます（図3）。このような当時の状況に応じて、青谷梅林の起源も変更されたと考えます。

つぎに、『青谿絶賞』でも登場した、淀藩主の観梅について古老の話があり観梅が大谷で行われたこと、淀藩より梅樹栽培が奨励されたことが付加されています。そして、近代の事例として、明治二三年伏見宮文秀女王の来訪と「青谷の梅咲きたりとこゝかしこ人待ちかほに鶯の鳴く」という和歌、同じく当時の国学者で歌人の加藤里路の和歌が紹介されます。文秀女王は、大和円照寺の最後の尼門跡で和歌に秀でていました。これら皇族、文人の来訪と和歌の記述によって、青谷梅林の価値を高めていきました。最後は、青谷保勝会の設置と活動で締めくくられています。

一方で、「産業」の「主要産物」で紹介される梅は、前半はほぼ「維新以前地方民政制度調査」の記述をまとめています。梅の栽培起源を万治・寛文とし、弘化・嘉永に烏梅を三百石生産、烏梅は緋縮緬の染物の原料であった、と記します。後半は新たな歴史が追加され、市辺の六兵衛が梅の栽培に熱心であり淀藩主より梅本姓を拝領した、とあります。青谷梅林の項にあった藩主の観梅場所の確定、梅の栽培奨励に続き、ここでも新たな淀藩の由緒が加わります。最後に、産物としての視点から、白加賀・城州白・小梅などの品種、一万八千五百本の本数、梅干として出荷することが多いとあります。大正四～昭和一五年の数量、価格も表化され、主要産物としての梅を強調しています。このように、『青谷村誌』では、『青谿絶賞』「維新以前地方民政制度調査」の歴史を引き継ぎながら、起源を南北朝期に引き上げ、淀藩主、近代の皇族の由緒を加えました。この段階で近代における青谷の梅栽培、梅林の歴史が完成したといえます。

図4　現在の青谷梅まつり（筆者撮影）

おわりに

戦後になり、『青谷村誌』は昭和五四年（一九七九）『城陽市史』の近代通史編、昭和五九年『史料が語る城陽近世史』で引用され、梅栽培の起源の根拠となりました。『史料が語る城陽近世史』では、近世の史料調査の進展にともない、近世の梅栽培の実態もあきらかにしています。地元では平成元年（一九八九）『青谷小学校百年誌』で、『青谷村誌』の現代語訳を掲載し、村の歴史を紹介しています。なお同じ青谷小学校の沿革誌、記念誌である大正四年（一九一五）『青谷尋常高等小学校沿革史』、昭和三四年『創立七十周年記念誌』には、青谷の歴史は記されていません。『青谷村誌』の梅栽培、梅林の歴史は、戦後の自治体史などでも再生産され、それが、現在の城陽市観光協会の「城陽市観光だより」に引用され、青谷地域のまちづくりに活かされています（図6）。また、城陽特産である「城州白」を使った、城陽市内の酒造会社製造の梅酒は特産品となっています。

参考文献

・青谷小学校創立百周年記念事業実行委員会編『青谷小学校百年誌』、一九八九
・青谷尋常小学校編『青谷尋常高等小学校沿革史』、一九一五
・『青谷梅林と奈良鉄道　近代城陽の産業と交通』、城陽市歴史民俗資料館、一九九七
・市辺区有文書、上田シヅエ家文書、崎川宗伯家文書、中区有文書、中庄屋文書、中村関係文書、陽明文庫（『城陽市史』四、一九九六）
・小田定成編『青谷村誌』、青谷村誌編輯部、一九四一
・『京華要誌』『新撰京都叢書』三、臨川書店、一九八七
・京都府農会編『京都府園芸要鑑』、一九〇九
・京都府綴喜郡編『綴喜郡要覧』、一九一五
・京都府立総合資料館編『京都府立総合資料館所蔵文書解題』、一九九三
・斎藤正謙「月瀬記勝」、一八五一、国立国会図書館、862-137
・「城陽市観光だより」城陽市観光協会、「青谷梅林」http://www.joyo-kankou.jp/kankou/bairin.html
・『城陽市史』二、一九七九
・『史料が語る城陽近世史』一、青谷地域編、城陽市教育委員会、一九八四
・『創立七十周年記念誌』、青谷小学校、一九五九

・「地誌雑記」（明一七―三二）、京都府立京都学・歴彩館
・「町村沿革調」六―二、京都府立京都学・歴彩館
・土屋喬雄校訂『農業全書』、岩波書店、一九三六
・「綴喜郡村誌上」（京都府地誌二七）、京都府立京都学・歴彩館（翻刻『八幡地域の古文書と石清水八幡宮の絵図』京都府立大学歴史学科、二〇一〇）
・『寺田いも』京都府立山城郷土資料館、二〇〇六
・藤井孫六編『京都名勝帖』、五車楼、一九〇三
・山中青谿『青谿絶賞』、青谷保勝会、一九〇〇
・『和漢三才図会』巻九三、（島田勇雄・竹島淳夫・樋口元巳訳注『和漢三才図会』一六、東洋文庫、平凡社、一九九〇）

9章 土産物屋清水屋と喜撰糖、御菓子司能登椽稲房安兼

はじめに

現在、京都には土産物となる名物や、それらを販売する土産物屋が数多く存在します。京都は近世から、観光が産業の一つといえますが、当時の名物や土産物屋はどのようなものであったのでしょうか。まず、宇治で発見した常夜灯の銘文を出発点として、宇治出身の清水屋という四条で土産物・書物・人形を販売した店を紹介します。地元宇治の茶喜撰、宇治名物の喜撰糖も販売していました。そして、この喜撰糖のつながりで、宇治の菓子屋「御菓子司能登椽稲房安兼」の所蔵資料や聞き取り調査を行い、その歴史をあきらかにしていきます。また、昭和末期に消滅し現存しない、幻の喜撰糖を再現していただき、その製法を記録しました。

1 清水屋次兵衛と土産物

宇治神社の常夜灯と『商人買物独案内』

宇治神社にはたくさんの常夜灯がありますが、同一人物が奉納したものが三基あります。銘文によると、神社の参道に①明和七年（一七七〇）六月吉祥日「離宮御宝前」「清水屋太兵衛、清水屋次兵

衛」、②寛政一〇年（一七九八）五月「蒐道宮」「施主、京、清水屋太兵衛、清水屋治兵衛」、御旅所に③年代不明「清水屋太兵衛、清水屋治兵衛」とあります。銘文の情報をまとめると、京の清水屋太兵衛、清水屋次（治）兵衛が寄進したものとわかります。

当時、常夜灯を個人で寄進するというのはある程度の財力があり、清水屋という屋号から、この人物は京都の商人と推定できます。そこで、近世後期の京都商人のデータベースともいえる天保二年（一八三一）版『商人買物独案内』で調べました。約一五〇〇件の店が収録されており、宇治ということで茶関係の商人をまとめた箇所をみると、「冨小路四条下ル町清水次兵衛」をみつけました（図1）。常夜灯を寄進した年代より三〇年ほど後になりますが、同じ名前で宇治茶関係ですので、同一の家であると判断しました。この清水次兵衛は、「御用喜撰御茶製所」とあり、幕府・朝廷などの御用をつとめる、喜撰という茶の製造販売所でした。そして、宇治で茶生産を行っていた思われる人物名が「宇治喜撰嶽麓志津川村、林七兵衛、梅林新五郎、林善祐」とあり、喜撰と喜撰嶽もつながってきました。

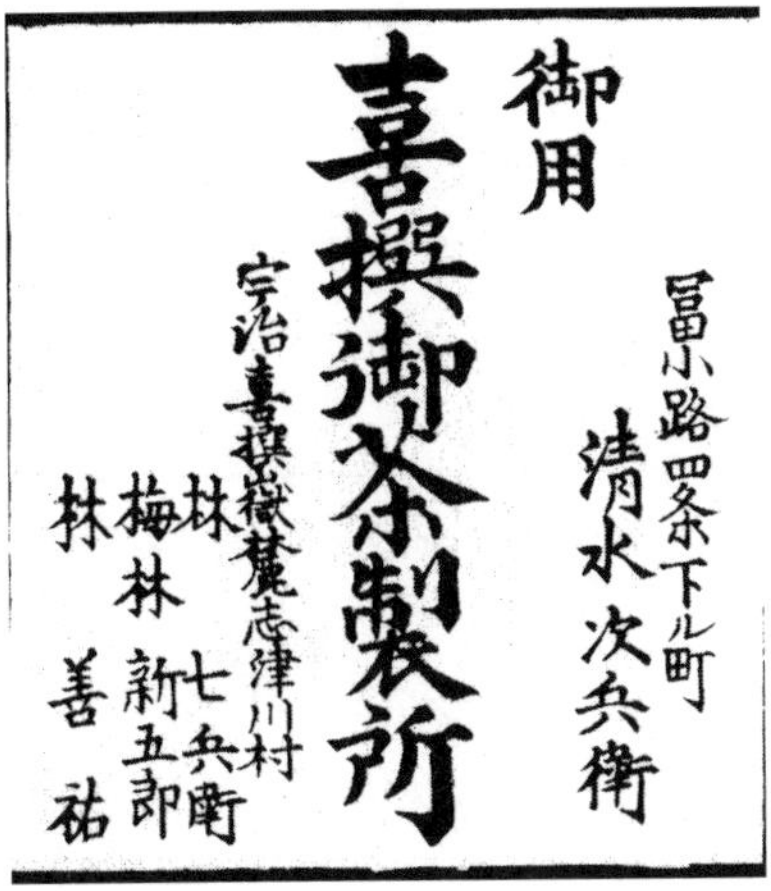

図1　「喜撰御茶製所」（『商人買物独案内』）

この『商人買物独案内』をみていくと、最初の序には「清水九文堂」、巻末には刊行者の三都書林のなかに「京都冨小路四条下ル町、清水屋次兵衛」とあります（図2）。実は清水屋次兵衛は、『商人買物独案内』

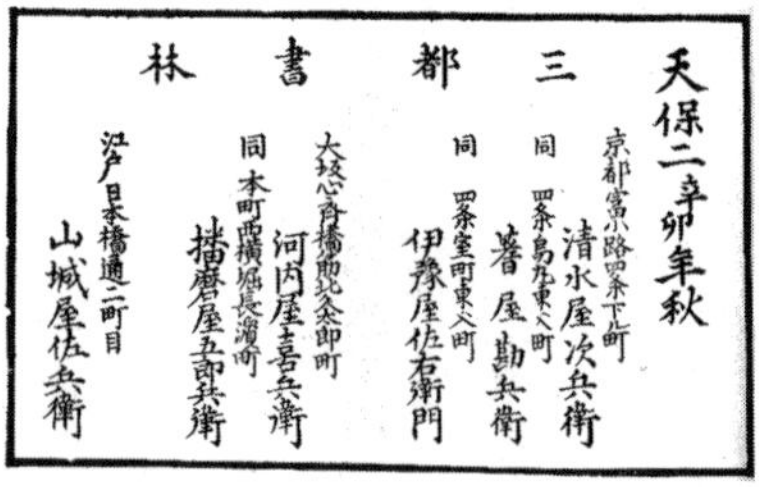

天保二辛卯年秋
三都書林
京都富小路四条下ル町 清水屋次兵衛
同 四条烏丸東ヘ入町 著屋勘兵衛
同 四条室町東ヘ入町 伊豫屋佐右衛門
大坂心斎橋北久太郎町 河内屋喜兵衛
同 本町西横堀長濵町 播磨屋五郎兵衛
江戸日本橋通二町目 山城屋佐兵衛

図２ 『商人買物独案内』の巻末（『商人買物独案内』、以下同）

自体を編集、刊行した人物と考えられます。そこで再度『商人買物独案内』を詳細に調べると、清水屋は続々と登場し、同じ住所で「清水」とあるものをまとめたものが次の表になります（表1、図3、図4）。

重複が多いのですが、序や巻末を除いても二六件登場し、様々な商売を行っており、収録された約一五〇〇件の店の中で最大の掲載数といえます。店の名前も「清水屋次兵衛」「清水屋九文堂」「清水人形店」「清水至徳堂」「しみつや店」など様々です。商品をみていくと茶・箸・印判・小間物・鈴・表具・雛人形・蚊帳など、多様な商品を販売しているようにみえます。これらの商品の共通点はどこにあるのでしょうか。

実は、巻末の奥付直前に清水屋次兵衛の店先の図が掲載されています（図5）。店の中の看板には、「本朝根元九文十九文手遊人形売買所」「御用小間物所」「御雛人形并御道具所」などの人形や小間物、「雛百人一首」「三学往来」などの書物とあります。また「御問屋」「東国註文刺」「西国註文刺」と国内の注文を受ける問屋であったようです。そして、店の中は繁盛しており、「天神講」「みかげ講」の幟を持った旅人の姿がみえます。以上のことから清水屋は、伊勢参り、天神参りなどの神社などの参詣客、京都見物など旅人相手の土産を販売し、『商人買物独案内』を刊行することで土産物情報を提供する総合土産物店であったことがわかります。

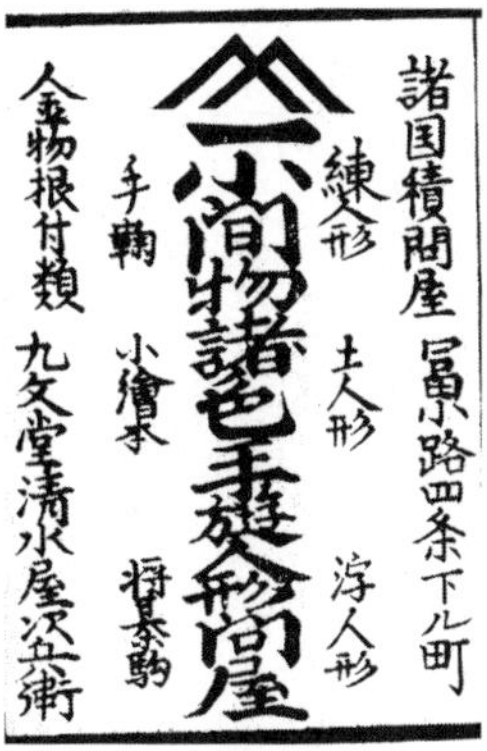

図3　「小間物諸色手遊人形問屋」

図4　「雛人形并御道具調進所」

このように清水屋の扱っていた人形・将棋駒・花かんざし・歌かるたなどの商品は、旅人や子供を対象とした土産物と考えられます。ちなみに「十九文」というのは十九文屋のことで、近世において、玩具、櫛、小刀など小間物や雑貨を十九文均一で売った現在の百円ショップのような店のことであり、旅人向けの土産物として安く販売していたと考えられます。

京の小間物屋の繁盛

清水屋の書いた序には、この『商人買物独案内』の使い方が紹介されています。まず、買い物をする際には、小間物ならば「こ」の字の部、人形ならば「に」の字の部を頭文字から引きます。「こ」の箇所では、小間物所、何町何屋誰と詳しく出ているので、そこへ訪ねていくと、代呂物（商品）の値段が安いことは間違いありません、とあります。きちんと名前を出しているので、店に行って安心して買い物でき、買った後の問題もない、と断言します。特に遠国、また近在でも京都が不案内な人が物を買うのに、案ずること

表1　清水屋の商売一覧

番号	頁	商売名等	名前	住所	品目、画像
1	2	序文	清水九文堂		
2	20	塗御箸諸色問屋	清水屋次兵衛	冨小路四条下ル	
3	23	御印判問屋	清水次兵衛	冨小路四条下ル町	
4	24	春ごま羽根はこ板手まり卸所	清水屋人形店	冨小路四条下ル	御年玉物品々、左近桜右近橘
5	26	小間物諸色手遊人形問屋、諸国積問屋	九文堂清水屋次兵衛	冨小路四条下ル町	練人形、土人形、浮人形、手鞠、小絵本、将棋駒、金物根付
6	36	御用喜撰御茶製所	清水次兵衛	冨小路四条下ル町	宇治喜撰嶽麓志津川村、林七兵衛、梅林新五郎、林善祐
7	65	表具諸色問屋	清水屋九文堂	冨小路四条下ル町	本朝根元天満宮、阿弥陀、観音、十三仏、庚申、大師
8	70	加州引物所、蚊帳貸物所、諸前金物所	清水屋店	冨小路四条下ル町	
9	74	田舎用苍かんざし問屋	清水屋九文堂	冨小路四条下ル町	
10	74	御初着刀脇差卸問屋	清水屋人形店	冨小路四条下ル町	
11	87	御団扇	清水屋次兵衛	冨小路四条下ル町	団扇の画像
12	90	歌かるた問屋	清水屋次兵衛	冨小路四条下ル	御雛形、いろはたとへ、実語教、百人一首、三十六歌仙、絵口合
13	108	宇治名物茶功丸、小児薬王金剛丸	清水屋次兵衛	冨小路四条下ル町	龍の画像
14	144	宇治名物喜撰糖、御薬菓子	清水至徳堂製		巻子の画像、小間物本家清水屋次兵衛とあり

15	146	御用御具足製所岩井	御具足師清水次兵衛	冨小路四条下ル町	
16	174	禁裏御用所、御城中御用所御小間物諸色手遊人形調進所	清水屋次兵衛	冨小路四条下ル町	
17	182	京都小間物諸色并手遊人形屋中	清水屋次兵衛	冨小路四条下ル	仲間の1人
18	190	御手遊箱入小本類品々、御手鞠、諸国積問屋	書房清水屋九文堂	冨小路四条下ル町	入学、御年玉、雛遊び、ほうそう見舞、手土産用
19	191	御雛琴三味線	清水屋人形店	冨小路四条下ル町	
20	214	宇治名物喜撰糖	清水屋次兵衛	冨小路四条下ル町	宣伝、輪つなぎの画像
21	216	伊勢参宮御みやげ物卸	清水屋九文堂	冨小路四条下ル町	皇太神宮の御札の画像
22	224	雛人形并御道具調進所	清水次兵衛	冨小路四条下ル町	天児、這子、犬張子、随身、官女、市松、菊紋の画像
23	225	ひいとろ鏡問屋	清水屋九文堂	冨小路四条下ル町	本朝最初
24	232	清水香岩井香ひんつけ油卸所	しみつや店	冨小路四条下ル	御香具匂入、有川練
25	245	真鍮鈴問屋	清水舎鳩文堂	冨小路四条下ル町	鈴の画像
26	253	書肆清水九文堂蔵版目録	清水屋九文堂		
27	254	清水屋	清水次兵衛	冨小路四条下ル丁	
28	255	三都書林	清水屋次兵衛	京都富小路四条下ル町	

出典：天保2年（1831）『商人買物独案内』（『新撰京都叢書』7、臨川書店、1984）

図5　清水屋の店先（『商人買物独案内』）

も人に尋ねることもなく、思ったところに自由に訪問できる、と記され、その目的が京都に不案内な旅人・訪問者向けだったことがわかります。ここでも、清水屋の主力商品といえる小間物・人形が例に出されており、細かなところまで企画・編集していたことがうかがえます。

実際に「小間物」の丁を開けると、数多くの小間物屋があり、扱っていた商品も多岐にわたります。まずは主力の化粧道具、櫛・笄・簪・髪飾り・水引・元結・剃刀、髪の油・練り香・お歯黒など、つぎに持ち歩く懐中道具、根付・提げもの・花物・有職古裂・袋物・柳行李・網代笠、磁石根付まであります。その他、これも懐中ともいえる薬、旅の途中でもしもの時に利用したのでしょう。また、酒宴道具、手遊人形など土産用の商品もみえます。材質なども真鍮・白銅・焼付・象牙・鼈甲・金糸など様々で、輸入物、またはそれを模倣した唐物・朝鮮物もありました。

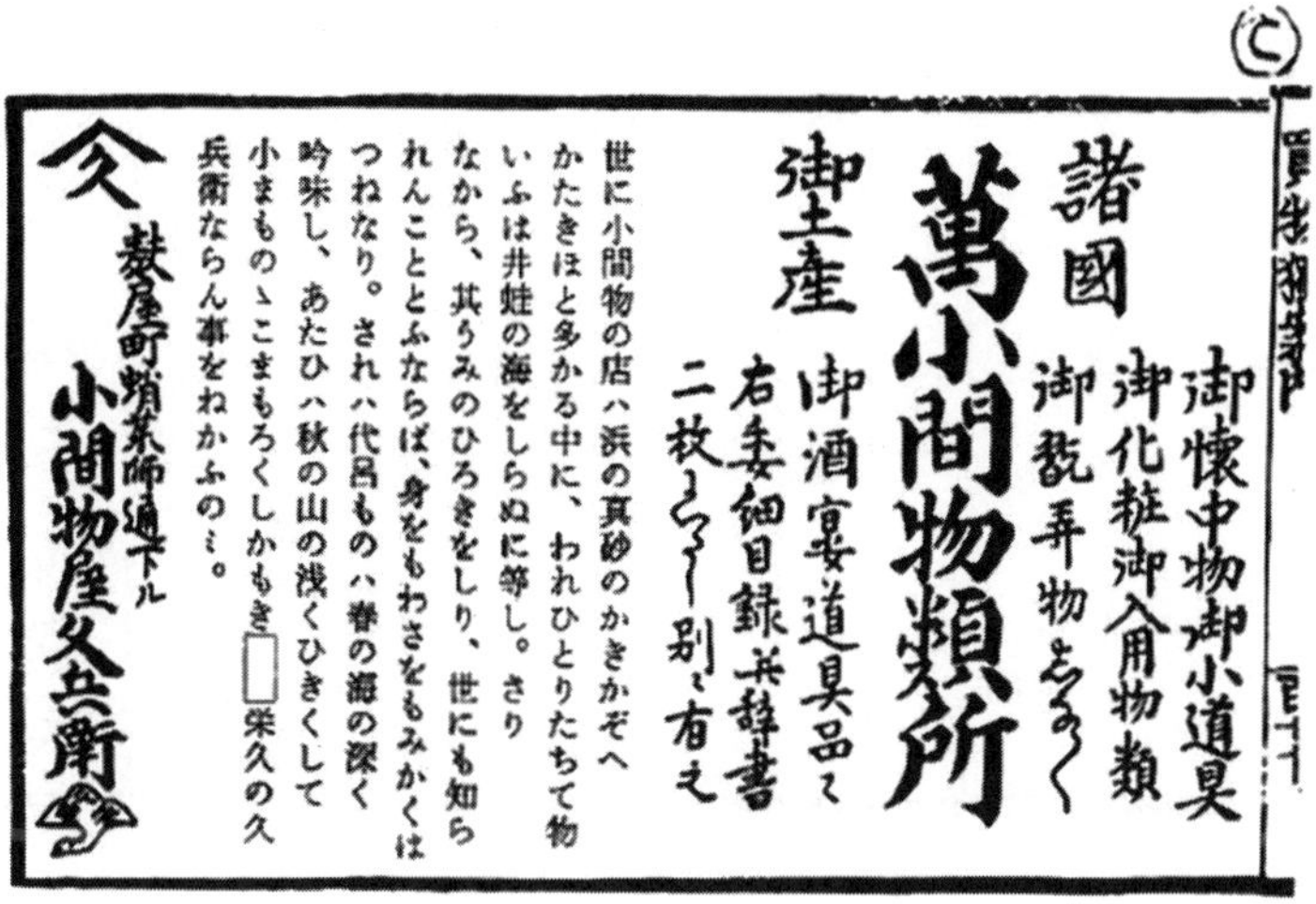

図6　小間物の店と商品（『商人買物独案内』）

これらの店は、平均一丁あたり三～五軒掲載されている場合が多いのですが、つぎの小間物屋久兵衛のように清水屋より大きな一丁全面に広告を出す場合もあります（図6）。大きい方が目立ちますので、おそらく、掲載料のようなものを支払っていたと思います。この麩屋町蛸薬師通下ルの小間物屋久兵衛のように、諸国への土産用に、懐中・化粧・酒宴道具を販売し、商品目録や売り立て口上を書いた広告もありました。そして、小間物店は浜の真砂のように多い、とあります。実は小間物屋の最後に一六丁にわたり合計一五九軒の「京都小間物諸色并手遊人形屋中」が列記されており、当時の京都における小間物屋・手遊人形屋の繁盛ぶりがうかがえます。

本の出版と『御手遊ひな人形の故實』

先ほどみた店先の図の前に、清水九文堂で出版されている書物の目録があります（図7）。目録

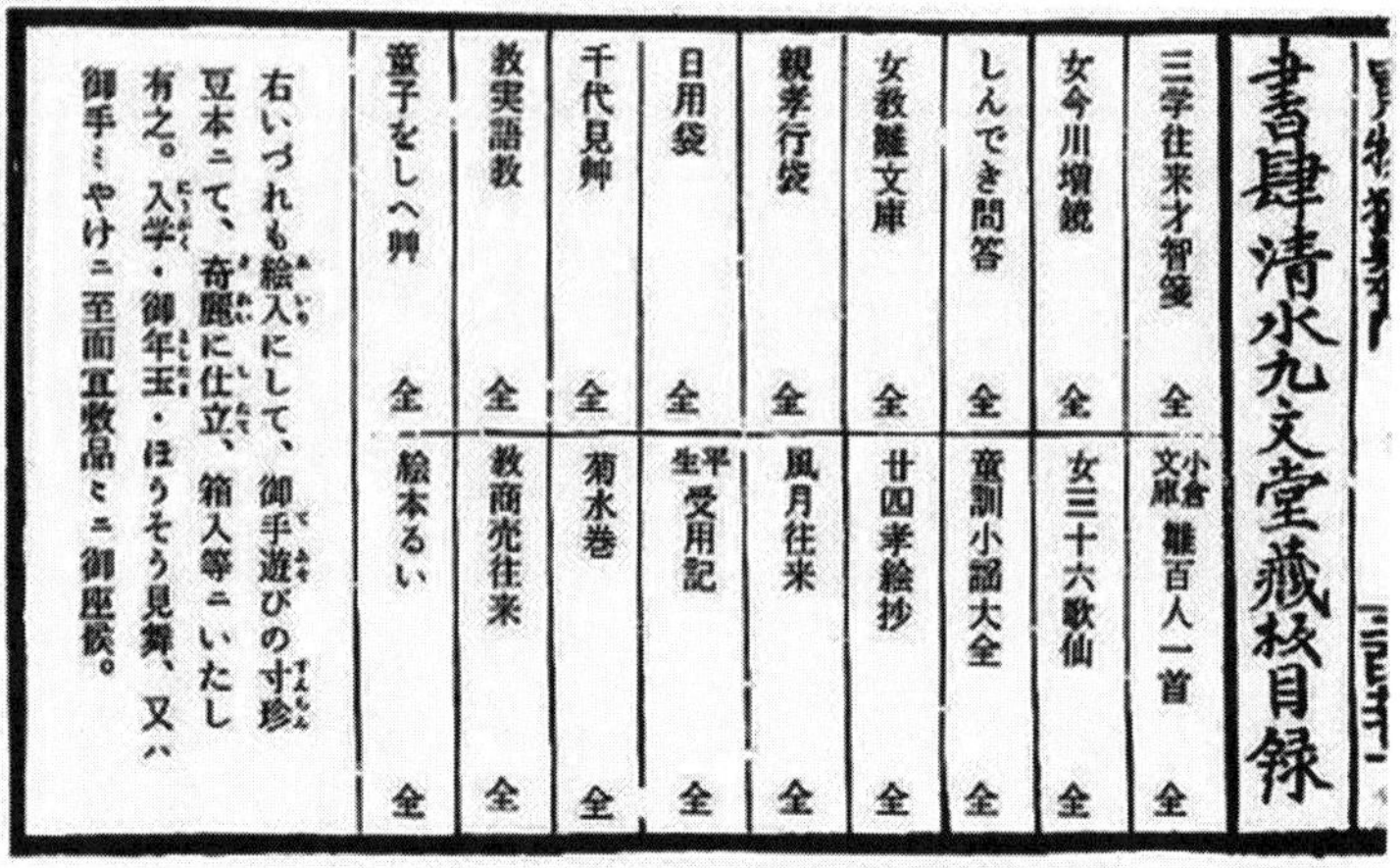

図７　「書肆清水九文堂蔵版目録」（『商人買物独案内』）

は三部にわかれており、まず「三学往来」「親孝行袋」「童子をしへ草」「絵本るい」など一八種あり、子供向けの本が多くを占めます。目録の後には「右いづれも絵入にして、御手遊びの寸珍豆本ニて、奇麗に仕立、箱入等ニいたし有之、入学、御年玉、ほうそう見舞、又ハ手ミやけニ至而宜敷品々」とあります。続けて「今川状」「腰越状」「商売往来」「ぢんこう記（塵劫記、算術書）」などの手習い学習用の書物が一四種、特に豆本は十九文からあり、子供のよい手遊びになる、とあります。このことから、小さな豆本で奇麗な箱入り、用途は寺子屋への入学祝や年玉・疱瘡見舞など、子供に買って帰る旅の土産商品であったといえます。最後に、「名所独案内」「京都細見の図」「都案内記」「将軍家御参内記」「御和さん（讃）類」「伊勢御遷宮の図」「実語教百人一首かるた」など、京都や伊勢への旅人向け書物が多く、その他様々なものがある、と記しています。

清水屋は、京都の本屋仲間の出版許可記録にも登場し、数多くの書物を出版したと思われます（『京都書林仲間記録』）。まず、文政七年には小謡の寸珍本（ポケット版）と「太宰府天満宮図」、天保三〜四年頃には「京都買物独案内」があります。京都や伊勢だけではなく九州の太宰府天満宮まで幅広いです。つぎに、天保九年「三学往来才智箋」の寸珍本の他、「京之図　京名所案内記　略京之絵図　東寺西寺古図　元文二年正吉板京之図、順覧京絵図」などたくさんの絵図がならびます。同年一二月には後述します「諸色手遊人形之古実」の折本、一枚摺版が出ます。そして、天保一四年四月には、絵本の「新撰古状揃」「寺子重宝記」「都名所杖（図会）」「女実語教」、一枚摺の「祇園会山鉾」や、京都の商人に人気の心学者石田梅岩の「都鄙問答」などを刊行しています。その後、嘉永六年（一八五三）の京都書物問屋や明治元年（一八六八）京都書林仲間「名前帳」に清水屋治兵衛とあり、明治初期まで活動が確認されます。

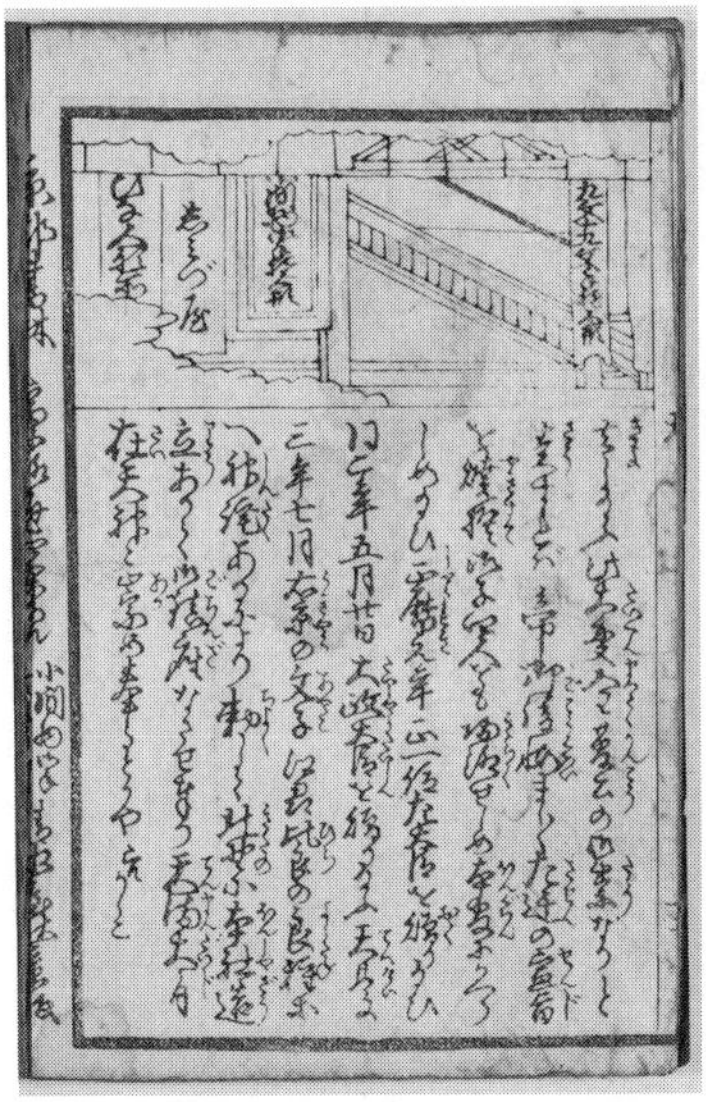
図８　『天神記』（京都府立京都学・歴彩館デジタルアーカイブ）

清水屋が刊行した書物の内、現存するものに『天神記』『御手遊ひな人形の故實』があります。『天神記』は、「御誕生之図」から「北野御本社」まで、菅原道真の一代記です。最終丁に、『商人買物独案内』と同じく店先の図があり、「九文十九文手遊人形」「小間物御手遊人形」「しミづ屋」「ひな人形所」などと宣伝文句が記されます（図８）。刊行者として

「京都書林、富小路通四条下ル、小間物御手遊人形（所）清水屋次兵衛板」とあり、小間物御手遊人形屋を強調しているかのようです。

嘉永六年再版とする『御手遊ひな人形の故實』は、正式には『御手遊ひな人形の故實并禁厭百箇条目録』といいます。清水屋以外に、版元として大坂・江戸の本屋が列挙されています。前半に、総括的な文章である「木偶故實」を清水鶴之助、「手遊物大意」を清水次右衛門、次吉、次兵衛、甚兵衛と五人もの清水一門で執筆しています。次兵衛以外の人物で鶴之助は不明ですが、その他の三人は『商人買物独案内』に登場します。まず、次右衛門は、清水屋・岩井次右衛門として、御鎧具足威糸所、紅ばこ卸、泥絵香、宇治人形根附茶の木彫、奈良人形根附・神代杉彫、京都祇園会山鉾絵図入御扇子所と細工、絵画などです。つぎの、次吉は、磁石類卸の清水屋次吉で、晴雨人形、同時計、三疋虫、年中吉方付旅中根付などを販売しています。最後の、甚兵衛は、素焼人形諸色卸、御団所の清水屋甚兵衛、御吉例有識、船積所、御ひな人形并道具類おろし、出版元である三都書林に次兵衛と共同で登場します。

後半は、挿絵付きの人形の解説で元三人形から幸立人形まで一四四種類あります。それぞれ人形の名前から御利益・対象・置き場所・祭礼日などが記され、「設財人形」の場合、士農工商すべてが対象となり、開運・財宝を得る・家内安全・無病息災・金銀が儲かるという御利益があり、神棚・仏壇に置き二日の朝に祭ります。御利益は病治しや家内繁盛が最も多く、災難除け・子孫繁栄・諸芸上達・酔い止めなど様々です。山田徳兵衛によると、図版や内容は、文化一一～一二年（一八一四～一五）山東京伝の随筆『骨董集』から借用したものが多いとのことですが、これだけ膨大な数の人形を集めて編集する力があった証拠といえます。

清水屋の歴史と人形屋

清水屋の歴史については、昭和一三年（一九三八）の京の人形店芦田屋の中山香橘氏による調査によって、つぎのように詳しく判明しています（『京洛人形づくし』）。初代次兵衛は、宇治地蔵堂町生、最初鶴吉といい、家は農家で物持ちであったのか、伏見の遊郭で遊ぶほどの放蕩息子でした。弟の亀吉が家業に励みましたが、鶴吉の遊蕩を気に病んで母が死去します。後悔した鶴吉は、大坂へ行き行商人となりますが長続きせず、京の叔父の世話になり、富小路四条南人の借家で暮らしはじめます。商売を考えているなかで、屑屋が渋仙華紙の紋型を長持一杯に持っているのを買い取り、法会や縁日で露店に出ました。莚の上で紋型を並べ、草の汁で染めて売ると子供に好評でした。これによって商売の手法と資金を手に入れ、借家の表家を買い取り、天明二年（一七八二）、九文・十九文の玩具屋を開店しました（図9）。

しかし、すでに安永六年（一七七七）刊三都の名物評判記『富貴地座位』には、「清水屋二平　富小路」と登場し、「十九文見せの親玉、何でも代ロ物ハ大宮」と紹介されています。二平は次兵衛と読め住所も同じなので、清水次兵衛と考えてよいと思います。これが、史料に登場する最初の清水屋の記事です。十九文店の代表的人物で、商品は多いと評されていますが、京都の大宮とも関係があるのかもしれません。

その後、行商・卸問屋・京人形なども扱うようになりました。そして、この成功によって清水屋太兵衛と連名で故郷の宇治神社へ石灯籠を奉納した、とあるので、先に記した常夜灯寄進の話は、戦前までは子孫に継承されていました。ただ、太兵衛のことを、京へ出て暖簾分けした家とあるのは間違いで、太兵衛家は現在も宇治にあり、製茶もおこなうなど次兵衛家の本家筋といえます。

二代目の次兵衛は、宇治志津川村の林七兵衛の息子が養子に入ります。『商人買物独案内』に掲載された宇治で茶生産を行っていた林七兵衛は、次兵衛の親戚でした。二代目は、人形売り出し時期に幟や提灯を建て、からくり人形に糸を引かせて宣伝を行ったり、病気が流行した際には、予防の人形として小型の紙雛を配布したり営業を工夫していきます。妙法院や京都所司代の御用達を勤めたともあり事業を拡大します。

図９　十九文屋の店先（山田徳兵衛『京洛人形づくし』）

その後、天保二年、嘉永四年『商人買物独案内』などの出版、販売業も展開します。文久四年（一八六四）『都商職街風聞』では、人形問屋、富小路四条下、清水や次兵衛と登場していますが、他の業種には触れられていません。元文四年（一七三九）序、嘉永六年再版『御手遊ひな人形の故実』の出版も、これまでの歴代をみていくと、嘉永六年にはじめて刊行されたのではないかと推測されています。

『商人買物独案内』でみたように、様々な業種を展開した清水屋は明治に入ると、治兵衛が南清水・分家の勝蔵が北清水・甚兵衛家の三家となります。明治初期の政府の五節句廃止などで伝統工業が打撃を受けるなか、治兵衛は明治七年（一八七四）上賀茂に輸出玩具工場を作り、士族に玩具製作を無料教授し、明治九年勧業場の勧めで祇園に市松人形の教場を設置しました。明治一〇年東京で開催された第一回内国勧業博覧会の報告書に、衣裳着け大原女人形が最良と評価されています。明治一一年『売買ひとり案内』に雛人形師、冨小路四条下清水治兵ヱ、明治一二年『西京人物誌』にも人形師、清水治兵衛として登場しますが、翌一三年次兵衛は五八歳で亡くなります。

治兵衛死後も、明治一四年『京都名所案内図会』の他、明治一六年『都の魁』には絵入で、人形仕入所、京都冨小路四条下ル北清水商店清水勝蔵と、ひな人形おろし所并手あそびもの所、冨小路綾小路上ル清水屋治兵衛の二家が紹介されます。また、大阪住吉神社に、三都の人形商が宝暦一二年（一七六二）に奉納し、明治一五年に修復した常夜灯があり調査しました。この内、明治期分には、清水勝蔵・清水甚兵衛・清水治兵衛の三家の名前をみつけました（図10）。

その後も三家は営業を続けますが、徐々に転業、廃業し、大正一五年（一九二六）『京の華』では、

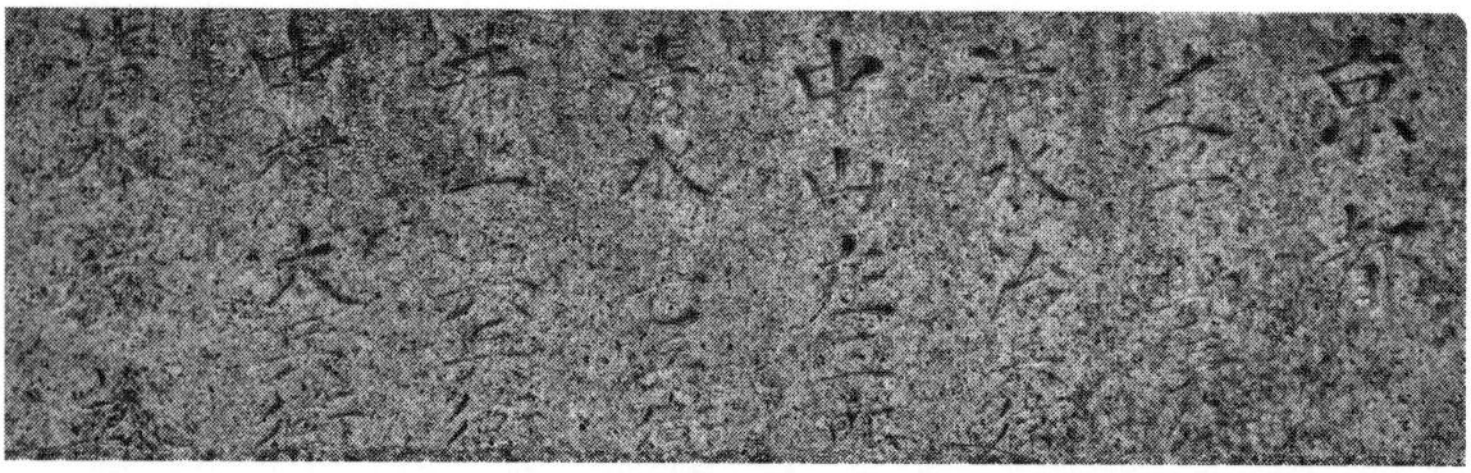

図 10　住吉神社の灯籠（筆者撮影）

図 11　舞鶴幼稚園の五月人形（舞鶴市所蔵）

京人形、北清水清水勝蔵のみとなります。同年、京都現存最古の舞鶴幼稚園（舞鶴市）で、五月人形が「京人形問屋北清水人形店、富小路四条下」から購入されています。武者人形や馬・弓矢・采配などがセットで、箱には「京都名産美術御人形」とラベルも貼られています（図11）。十九文屋から出発した清水屋は、喜撰糖・小間物屋・人形・書籍を販売する総合土産物屋となり、雛人形や京人形では業界を牽引するまで発展しました。しかし、昭和に入り、勝蔵も廃業し人形屋としての歴史に幕を閉じます。

宇治茶喜撰と喜撰糖

さて、宇治との関係に戻ると、清水次兵衛は「御用喜撰御茶製所」でした。喜撰は、喜撰山にちなんだ茶の銘柄で、当時よく知られていました。『三国志演義』をパロディ化した千代丘草庵主人作、葛飾北斎画の洒落本『讃極史』（寛政年間（一七八九〜一八〇一））にも、遊里にきた孫権が「これはよい茶た蘭茶てもねへ」というと、玄徳が「いやゝゝ日本の宇治さ」と答えます。続けて名は「喜撰といいやす、せんし（煎じ）茶の一さ」「折鷹・雁金もよいが喜撰にゃ及ばねへ」と引用されており、当時の茶の代名詞ともなっていました。

『商人買物独案内』の清水屋店図の左端には「宇治名物喜撰糖并茶功丸」とあります（図12）。また本文中に「宇治名物茶功丸、小児薬王金剛丸」「宇治名物喜撰糖、御薬菓子」「宇治名物喜撰糖」と登場し、効能は、つぎのように列挙されます（図13）。

○小児五疳ニよし○諸毒をけし○脾胃をやしなひ○せいきをまし○づつうをやめ○さけのえひニよし○水のかはりニよし○舟かごの酔ニよし○こゑをいだし○たんねつをさり○のぼせをさけ○ねふりをさまし○ゆをととのへ○かミをくろくし○くつをさんじ○下痢をとむる
右喜撰糖はすなハち喜撰法師の相伝にして、平生もちゆる時ハ五臓を補へ、精気をまして無病長寿ならしむ

茶功丸は薬で、効能は毒消し・二日酔い・船駕籠の酔いなど諸事に効くとあります。喜撰糖は薬菓子で、効能は小児の癇をはじめ、乗物酔い・頭痛・下痢など茶功丸とよく似ており、子供や旅の病気

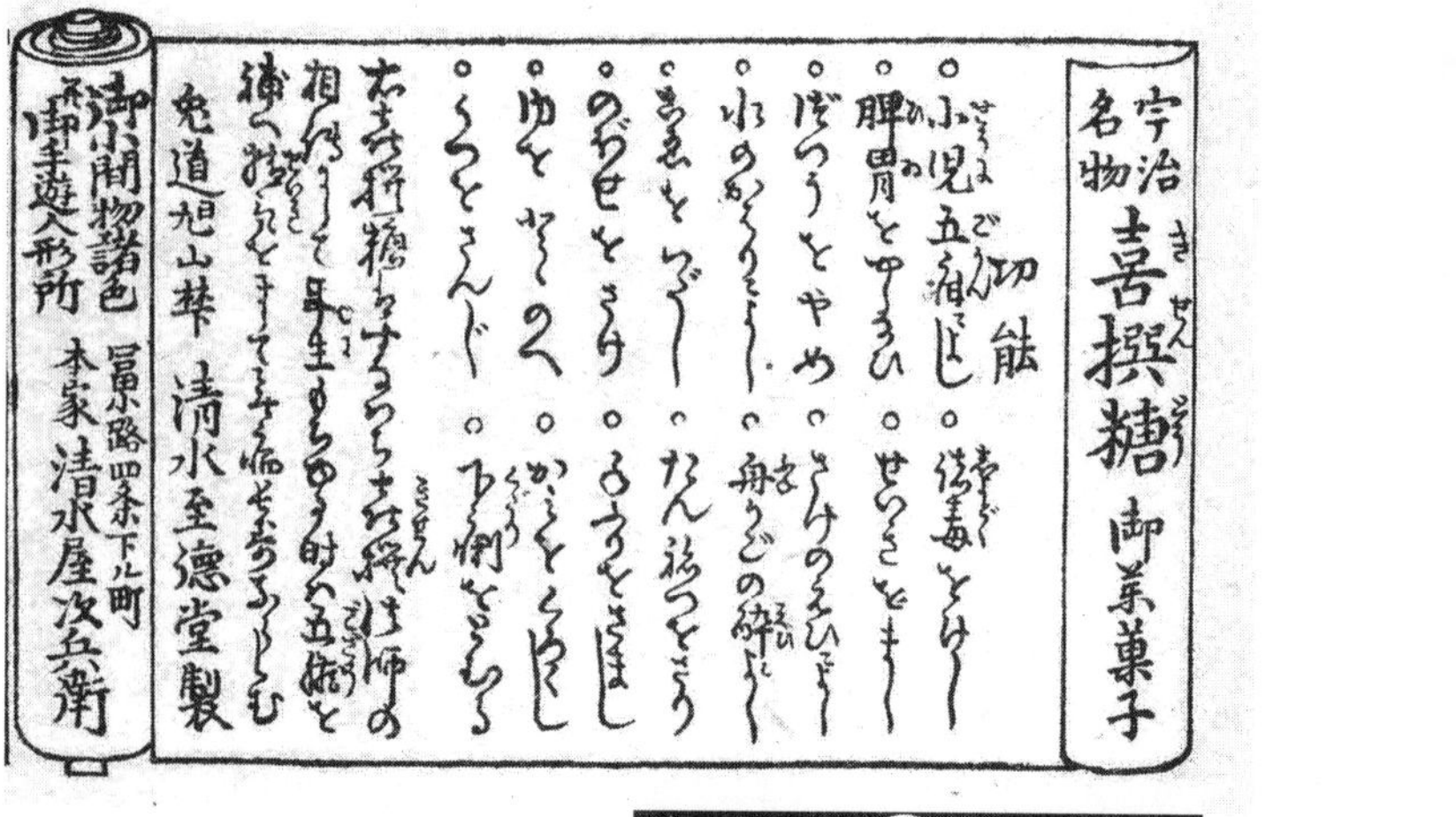

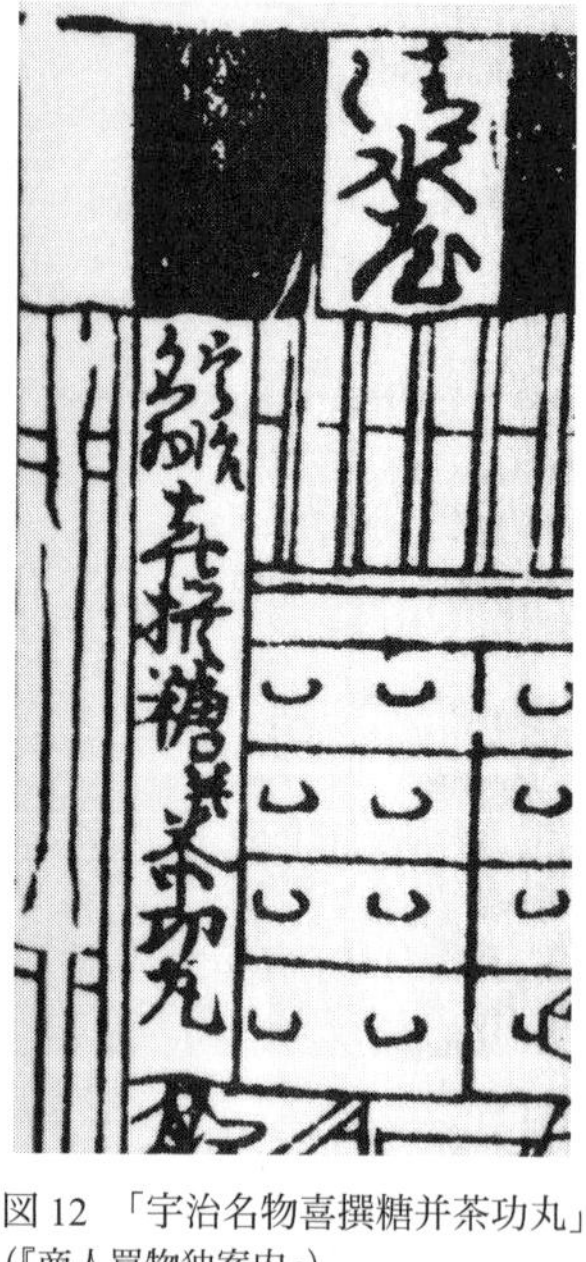

図 12 「宇治名物喜撰糖并茶功丸」看板（『商人買物独案内』）

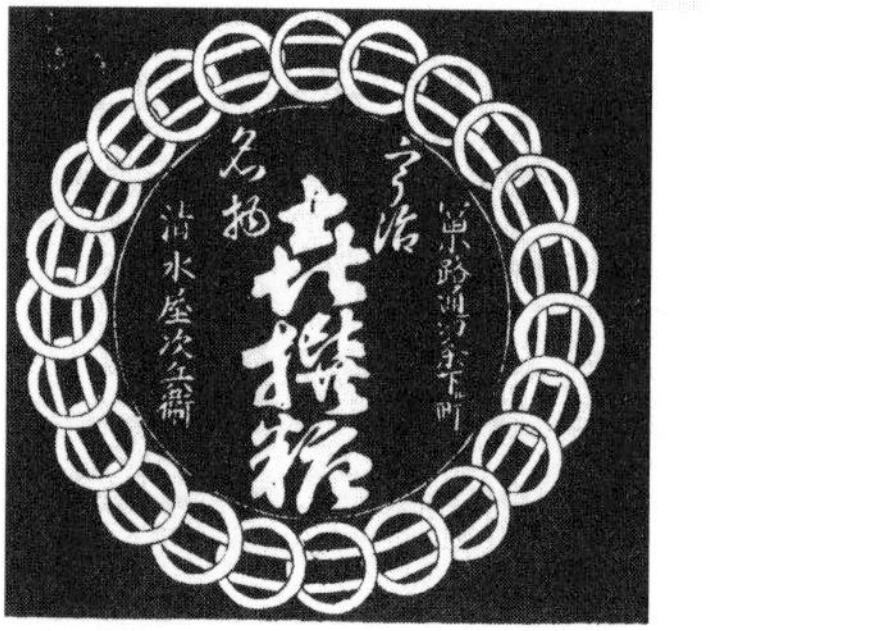

図 13 喜撰糖の広告（『商人買物独案内』）

など様々に効果がある、と書かれています。二種類の違った宣伝広告であり、清水屋が力を入れていた宇治名物であったと思われます。

宇治名物の喜撰糖は現在も宇治で営業する菓子屋「能登掾稲房安兼」の作った近世の抹茶入り落雁と同名です。この清水屋の扱ったものは稲房製の喜撰糖とは違う可能性がありますが、『商人買物独案内』では宇治名物として京都の清水屋で販売されていました。喜撰糖の名前の由来は、清水屋が扱っていた茶喜撰とともに、さきの喜撰糖の広告に「喜撰糖はすなハち喜撰法師の相伝にして」とあるように、喜撰法師に由来します。安永九年（一七八〇）刊行『都名所図会』に「喜撰嶽は三室戸より一里ばかり巽にして、樌川村の山上にあり、こゝに岩崛ありて、これを喜撰洞といふ、此絶頂より喜撰法師雲に乗じて登天し給ふとぞ」とあります。喜撰嶽の由来となった喜撰法師関係の岩穴は現在も存在し喜撰洞と呼ばれ、中に喜撰法師の石像があるといいます。喜撰糖は菓子なので糖という字を使っていますが、菓銘には土地の名所や古典に由来するものが多く、この宇治の名所喜撰洞にちなんだと考えられます。つぎに、宇治の喜撰糖についてみていきましょう。

2　能登椽稲房安兼と喜撰糖

喜撰糖の再現

1でみたように喜撰糖は、近世後期、京都の清水屋次兵衛が販売していた土産物の一つです。天保二年（一八三一）版『商人買物独案内』では、駕籠の酔い・頭痛・下痢など、子供や旅の病気など

図14　「能登掾稲房安兼」（筆者撮影）

様々な効果があると記されます。この喜撰糖は、宇治市の菓子屋「能登掾稲房安兼」（図14）が製作していた抹茶入り落雁と同名です。その後、稲房安兼へ聞き取り調査を行い、現存しない喜撰糖を再現していただきました。2では喜撰糖の再現過程の説明、稲房安兼の歴史と所蔵資料の分析、最後に宇治の名物菓子の位置づけについて考えてみます。

喜撰糖の再現に関する聞き取り調査は、二〇〇九年一二月一五日に実施しました。再現をお願いしたのは八代目稲房直氏（昭和三二年生）です。喜撰糖は二日前の一二月一三日に製作、二つの菓子型で、材料の違う二種類を再現しました。①昔作っていた職人さんから聞いた材料―砂糖・かたくり粉・挽茶、これでは硬くなるのでみじん粉（寒梅粉）を半分混ぜたもの。②稲房直氏が工夫した材料―寒梅粉・かたくり粉・挽茶は同じで砂糖を上白糖と和三盆糖を半分ずつ、一対一の割合にしたものです。①は硬くなり表面がばらつきますが、②は和三盆の粒子が細かいので模様がはっきりするとのことでした。いずれの製造方法もつぎの通りです。1材料を混ぜ合わせます。2菓子型に材料を入れます。3底にあたる部分を竹皮でならします。4菓子型に木を打ちつけて、空気を入れて型からはずし乾燥させます。基本的には落雁の材料、製法とほぼ同じです。

今回使用した菓子型は、絵柄が宇治橋の三の間で薄い長方形のもの（A）と、「うじ」と書かれた台形型（B）の二種類ですが、これは喜撰糖の型ではなく、以前他の菓子に使っていた型です。以前の喜撰糖は板状で浅く割って食べていましたが、その後小さな菓子型に入れて小型化しました。この型を使い再現した喜撰糖は、（A）①②共に四gでしたが、（B）①一二g、②一一gと重量が変化しました。また①②の間では、②に比べて①が微妙に色濃くみえますが、含まれる挽茶の量も違う、とのことでした（図15）。

喜撰糖は菓子屋なら誰でも作ることは可能ですが、なぜ廃れたのでしょうか。その理由として、1お茶菓子の落雁としては、抹茶が入っているので、抹茶と一緒には使えない。2落雁は長期間保存が可能、喜撰糖は長時間保存すると変色する。3落雁自体が売れなくなった、三点を指摘されました。清水屋の薬菓子としての喜撰糖については、茶や砂糖が珍しかった近世には、薬として利用された可能性があるのではないか、とのことでした。

図15　復元された喜撰糖
「うじ」の左が改良型、右が原型（筆者撮影）

近世から明治の稲房安兼と喜撰糖の興隆

その後、喜撰糖を含めた稲房安兼の歴史について、八代目の父である七代目稲房正治氏（大正一二年生）にお話をうかがいました。稲房安兼は享保二年（一七一七）創業、嘉永六年（一八五三）には御室御所の御用達として「能登掾」の官途名を拝領しました。その時のものと思われる嘉永六年正月二日の権僧正から稲房安兼に宛てた文書があり、「右能登掾御免之事、不可有相違者、依総法務宮令旨執達如件」

とあり、仁和寺宮門跡をあらわす「総法務宮」と記されています（図16）。この能登との由来は不明ですが、正治氏の曾祖父は能登七尾の松田家から養子にきており、七尾の長福寺に墓があり、家紋も丸に菱木瓜で、同じ石川県の金沢ではよくある紋とのことでした。

この能登掾の文書以外に、近世の資料と思われるものは、年代不明ですが以下五点です。①饅頭切手の版木（図17）は、商品券のような饅頭切手を摺るためのものです。鶴の絵の下に「饅頭、右封印以相渡申候」「御用御菓子所、宇治新町花屋安兼」とあります。御用菓子の花屋安兼とあり、能登掾や稲房は名乗っていません。枠外には「一此切手ニて外代ロ物御入用候て、品御好次第御引かへ差上可申候○銭差引之義ハ御断申上候」とあり、饅頭切手を持っていくと好みの菓子と引き替えてくれるが換金はしない、とあります。②螺鈿の菓子箱には「洛巽宇治新町、御菓子司、稲房能登掾藤原安兼」（図18）とあり、稲房・能登掾・藤原が追加されています。③看板は「（菊紋）御用、御茶製喜撰糖」（図19）と、喜撰糖が茶入りであること、元は金箔がおされていた十六菊紋から仁和寺宮門跡の御用であったことを象徴しています。

この他、④最中型（図20）も、絵柄が享保または天保大判であり、近世の可能性が高いです。⑤喜撰糖の掛紙に使われたという版木（図21）は、明治の初めくらいではないかといわれていました。表面には「御用御茶製、（菊紋）喜撰糖、御菓子司洛巽宇治」とあり、下部に宇治橋三の間が彫られています。これも菓子箱や看板と同様の言葉があることから近世にさかのぼる可能性があります。

近代以降の資料は、基本的に博覧会などの賞状・メダル類です。一番古いものは明治二四年（一八九一）のメダル（図22）、表に第二回宇治町物産会の二等賞、稲房喜兵衛とあり、裏には笏を持

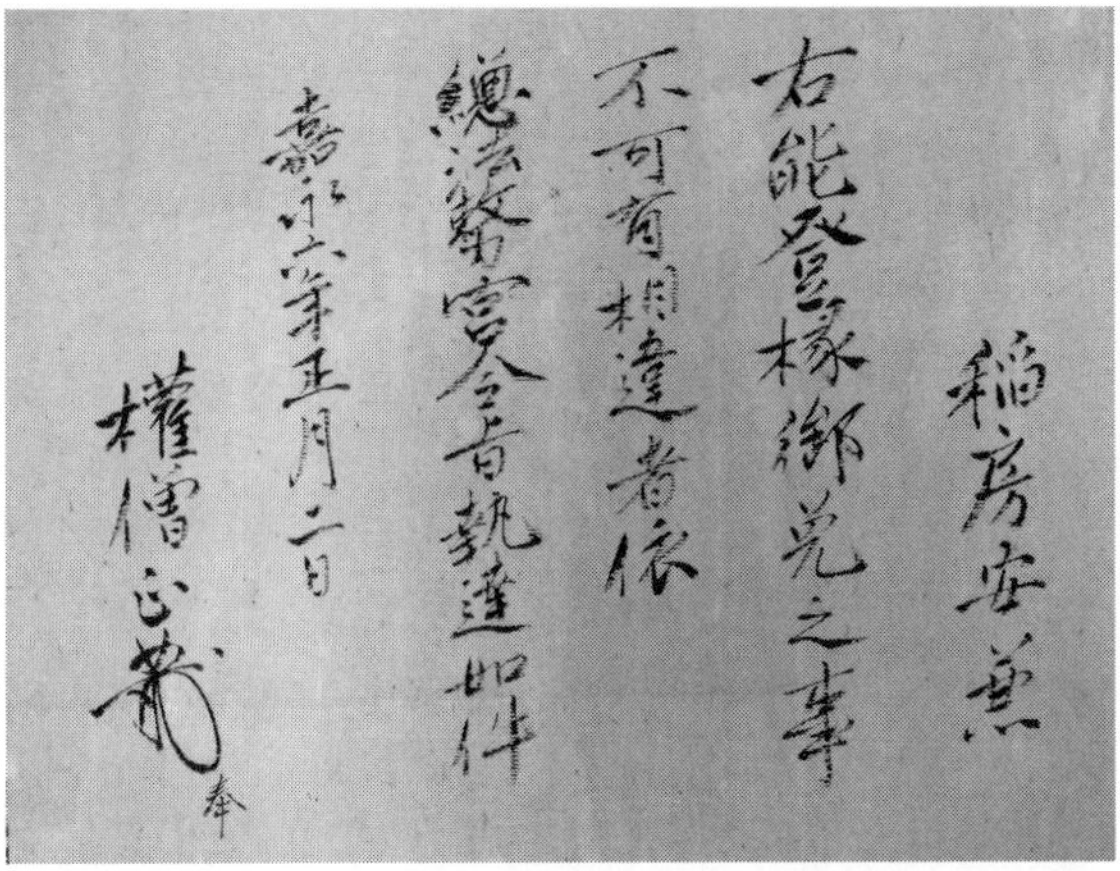
稲房安兼
右能登椽御免之事
不可有相違者依
總宮令旨執達如件
嘉永六年正月二日
權僧正（花押）
奉

図 16　能登椽の免許状（能登椽稲房安兼所蔵、以下同）

図 17　饅頭切手の版木

図 18　菓子箱

図 19　看板「御用御茶製喜撰糖」

図21　喜撰糖の掛紙の版木

図20　最中型（能登掾稲房安兼所蔵、以下同）

図22（左上）　明治24年第2回宇治町物産会メダル
図23（左下）　明治28年第1回全国菓子品評会褒状
図24（左中）　明治35年第2回全国菓子品評会メダル

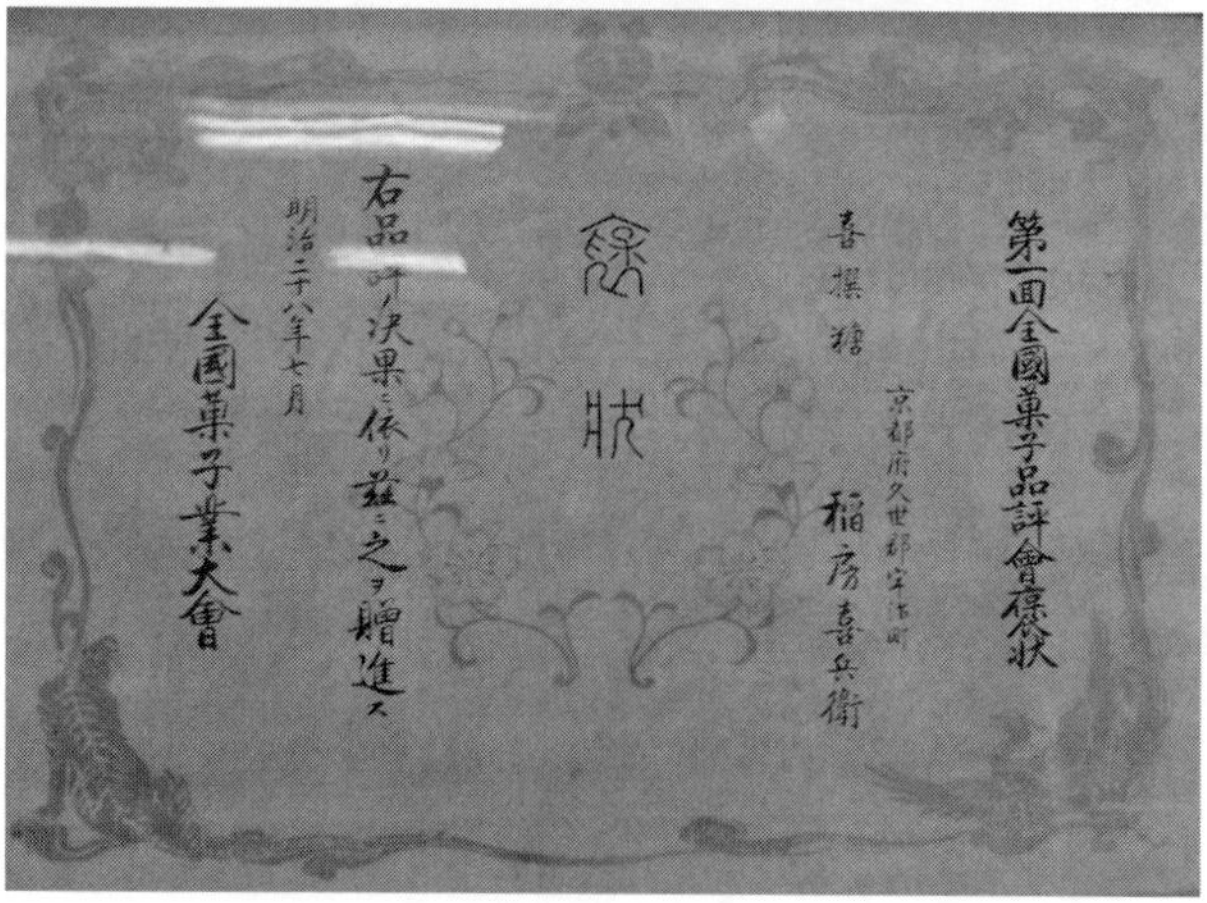

第一回全國菓子品評會褒状

喜撰糖

京都府久世郡宇治町
稲房喜兵衛

褒状

右品評ノ結果ニ依リ茲ニ之ヲ贈進ス

明治二十八年七月

全國菓子業大會

つ古代風の人物が描かれています。明治二八年七月の褒状（図23）は、第一回全国菓子品評会において稲房喜兵衛が喜撰糖で受けたものです。同じく明治三五年第二回全国菓子品評会のメダル（図24）には表に橘の実、裏には菓祖田道間守と思われる人物が描かれています。明治四〇年五月一一日の第四回全国五二品評会でも、稲房安兼が喜撰糖で有功銅牌を受賞しています。これらの資料から明治期の稲房安兼の代表的な菓子が、喜撰糖であったといえます。この明治期に全国規模で開催された内国勧業博覧会では、稲房喜兵衛は三度出品した記録があります。明治二三年東京で開かれた第三回では、出品は菓子ですが、練羊羹で褒状をもらっています。明治二八年京都の第四回では菓子とあります。明治三六年大阪の第五回では喜撰糖、稲総（房）喜兵衛の名で宇治の里薄茶製、練羊羹薄茶製と、茶製の菓子を三品出品しました。内国博の出品記録は、上記のメダルや賞状の時期、稲房喜兵衛の名前などが一致しており、稲房安兼は積極的に博覧会や品評会に出品し、喜撰糖の名前が全国に知られるようになりました。

大正一五年の宇治名物「喜撰糖・茶羊羹・茶団子」

稲房安兼で販売していた喜撰糖や茶羊羹は、近代から現代にかけてどのように位置づけることができるのでしょうか。大正一五年（一九二六）京都の特産物、名産品を京都府がまとめた『京の華』という史料から考えてみます。このなかで、稲房喜兵衛が生産販売していた菓子は、喜撰糖・茶羊羹・茶団子の三種類です。喜撰糖は「餅粉、砂糖、片栗粉、挽茶を混合し之れを型に入れて押し抜きたるものなり」とあり、再現した喜撰糖と全く同じ材料と工程です。沿革として、「享保年間に喜撰法師

図25　喜撰糖の菓子型（能登掾稲房安兼所蔵）

に由緒を執り、挽茶入りの菓子製造を創め御室御所に上納せし以来古の木版並に当時の書物を今に保存せり」と、享保年間の開始、喜撰法師の由緒、挽茶入り菓子のはじまり、御室御所との関係、先ほどみた喜撰糖の版木と思われる資料を保存している、と記されます。聞き取りや現存する資料とほぼ一致する内容です。また、年間の生産販売額は約五万箱で八千円、一箱あたり一六銭となります。これについて正治氏は、せいぜい年間五千箱が限界といわれており、一箱の価格が安いこともあり、実際の数字かどうかは不明とのことです。販路は「内地各方面」と国内各地へ販売したとあります。

茶羊羹は、享保年間から茶菓子として用いられましたが起源や沿革は不明とあり、販売額は二千五百箱で一万二千五百円、一箱あたり五円となります。羊羹は長期保存が可能なためか内地以外に台湾や支那に輸出したとあります。茶団子は須知喜一郎とともに記され、宇治川にある「宇治紫」という石に見立て、大正元年頃から販売し始め現在は宇治の土産品となった、とあります（図25）。材料は、米粉・砂糖・挽茶と喜撰糖と似ています。製造法は正治氏によると外郎と同じで、蒸して砂糖を混ぜてまた蒸して、昔は生地を細くのばして一口サイズに切って板で丸め、全工程を手で作り、現在は機械にあうように作る、と聞きましたが、ほぼ同じ内容が記されています。販売先は東京・名古屋・鹿児島と国内各地で、販売額は一万円と喜撰糖より少ないです。

また、喜撰糖と同じ種類の「宇治の里」という菓子があります。材料製法は「寒梅粉、砂糖、挽茶、片栗粉を混じて之を型に入れ押し抜きたるものなり」と喜撰糖と同じです。沿革にも「旧来喜撰法師に由緒を採り喜撰糖と称し販売せるも、其の後菓子の表向に宇治六景を現はし、宇治の里と名付け、宇治茶並に宇治名勝旧跡宣伝の為遊覧客の土産として明治四十年来引続き販売し居れり」とあります。喜撰糖の表面に宇治六景をかたどり、明治四〇年に遊覧客の土産品として開発しています。この宇治の里は、茶団子とともに、近代宇治観光の発展にともなって新しく作られた菓子でした。販売者は稲房と同じ宇治町小永井幾平ですが、じつは先述した明治三六年第五回内国博で稲総（房）喜兵衛が「宇治の里薄茶製」を出品しており、すでにこの時期から稲房でも生産販売していた可能性があります。販売額は約一万箱で一千五百円、一箱あたり一五銭となります。

大正から昭和の稲房安兼と喜撰糖の終焉

七代目正治氏の話によると、稲房の名前は、広島県庄原市総領町稲草がルーツである、とのことです。店は大正六～七年頃、本町通の京都銀行のある場所から現在の桜町通りに移転しました。三笠宮崇仁親王（澄宮、一九一五～二〇一六）が小学生の頃、宇治へ来た際に茶羊羹を献上しました。三笠宮は大正一五、昭和八年（一九三三）に宇治へ来ており、小学生の時と推定すると大正一五年になります（京都府庁文書）。その時の資料が、「澄宮殿下献上茶羊羹」の銘板です。昭和六〜七年から宇治への観光客が多くなり、喜撰糖と同じく茶製の茶団子を作る店が増えました。昭和一四〜一五年頃には大阪の三越に持って行き販売してもらったとのことです。

その後、正治氏の祖父が昭和七年六一歳で死去、父は菓子組合の理事長をしていましたが、戦時中、統制組合の世話をしており、菓子屋を統合して他の店と一緒に廃業しました。そして戦後、正治氏が菓子屋を復活しました。

喜撰糖は、以前は茶を販売する茶屋ではどこででも作っていました。現存する喜撰糖の菓子型（図26）は戦後のもので、当時は茶の花をかたどり花の部分を白くしました。形は正方形で、紙包みに入れて個包装にして販売していました。その後、昭和四三年六月一六日、札幌市で開催された第一七回全国菓子大博覧会では、喜撰糖で有功大賞を受賞しています。しかし、昭和の終わりには、落雁系の菓子が売れなくなったことなどから喜撰糖の生産をやめています。平成三年（一九九一）五月に開催された第四二回全国植樹祭で、宇治を訪れた天皇に茶団子を献上しました。これは宇治で唯一の菓子献上であり、異物がないか粉を漉すなど、普段はしない入念なチェックを行い製作には緊張したとのことです。このように喜撰糖から茶団子へ、宇治の代表的な菓子は変遷していきました。

図26　茶団子（能登掾稲房安兼製造）

おわりに

以上、近世京都・宇治の観光を支えた、当時の名物喜撰糖や土産物屋清水屋の実態をみてきました。宇治神社に常夜灯を奉納した清水屋次兵衛は、約一五〇〇件もの京都の商店を集めた『商人買物独案内』を刊行し、四条において旅人向けの土産物・書籍・人形などを売る店を経営していました。宇治関係では茶喜撰、宇治名物の喜撰糖・茶功丸を扱い、京都における宇治のアンテナショップのような存在であったといえます。現在の京都における観光産業の先駆けのような存在であり、宇治神社の常夜灯も広告塔としての役割を持っていた可能性があります。

図27　喜撰山（能登掾稲房安兼製造）

また、「御菓子司能登椽稲房安兼」のご協力により幻の喜撰糖を再現し記録に残し、同時に聞き取りや関連資料調査を実施することにより、貴重な宇治の食文化の歴史をあきらかにすることができました。そして、宇治の菓子屋は、近世から作られている喜撰糖・茶羊羹に加えて、宇治の里・茶団子など、種類や価格、保存期間など様々な菓子を土産物として新たに開発し、生産販売し、宇治を訪れる観光客への需要に応えようとしていたと考えられます。その後、昭和末期には、喜撰糖などの落雁系の菓子は廃れていきました。現在、喜撰糖の名前は喜撰山という菓子に引き継がれています（図27）。それらはすべて宇治の特産である宇治茶を利用した菓子であり、宇治＝茶というイメージの一端を担っているといえます。

参考文献

・『菓子ひなみ―三六五日の和の菓子暦』京都新聞出版センター、二〇〇七
・京都府庁文書大一五 - 二二、『天神記』、京都府立京都学・歴彩館、和 172 Te36
・『京の華』『新撰京都叢書』八、臨川書店、一九八七
・『讃極史』、早稲田大学図書館、ヘ 13 02132 0040
・『商人買物独案内』『新撰京都叢書』七、臨川書店、一九八四
・橋爪伸子『地域名菓の誕生』思文閣出版、二〇一七
・東昇「舞鶴市立舞鶴幼稚園の資料―紙芝居・アルバム・恩物・人形―」京都府立大学文化遺産叢書一一『舞鶴地域の文化遺産と活用』、京都府立大学歴史学科、二〇一六
・宗政五十雄他編『京都書林仲間記録』一、四、ゆまに書房、一九八〇
・宗政五十雄他編『近世京都出版資料』日本古書通信社、一九六五
・『都名所図会』『新修京都叢書』六、臨川書店、一九六七
・山田徳兵衛校『京洛人形づくし』芸艸堂、一九三八
・山本眞由美「近世後期の京都における庶民の願望と商業活動―人形屋清水屋を事例に―」（京都府立大学歴史学科二〇一四年度卒業論文）

あとがき

本書では、Ⅰ献上、朝廷への鮎、宮内省への猪・鹿、将軍への鰤、藩主への鯋、Ⅱ名物、天橋立の智恵の餅、京都の松茸、Ⅲ土産、加佐郡の桐実、青谷の梅、宇治の喜撰糖と、京都各地の産物をめぐってきました。日本で一番ながく都がおかれた京とその周辺には、すでに、近世前期から国内最大数の産物が記録されていました。

ここで取り上げた産物は、鮎・猪・鹿・鰤・鯋、松茸・梅、餅・喜撰糖など、現在の分類でいえば動物・植物・加工食品、そして食品以外の桐油・烏梅まで含まれます。また、産物と関わる人々は、大きく①生産・捕獲・栽培、②販売・贈答・献上、③消費に分かれます。①生産・捕獲・栽培には、鮎を捕らえ運ぶ、猪・鹿・鰤・鯋を捕獲する、松茸を採る、山を管理する、桐実や梅を栽培する、染料にする、喜撰糖を作るなどがあります。②販売・贈答・献上には、智恵の餅や喜撰糖、雛人形を売る茶店・菓子屋・十九文屋の他、朝廷・幕府・藩へ献上する仙洞御料や藩の領民・猟師、藩士が関わっていました。③消費も、天皇・将軍から各地の住人、旅人まで様々でした。

そして、産物をもとに人々の生業や生活を確保するための行動や争論もありました。鮎御用や運送路を獲得する雲ヶ畑、隣村と漁場を争う成生、堂奥・溝尻・多門院の桐実と草山の争い、松茸にみる山城・丹波・他府県との競争もその一つといえます。

本書では、「献上・名物・土産」の枠組みから京都の産物の事例をみてきました。各産物における人々の考えや動きは、より多様で複雑で、かつ深いものです。もちろん、現在も産物・商品の生産・流通・消費は複雑ですが、規格が統一され、大量に生産・消費される社会といえます。現在に比べると、近世・近代は、生産・消費の規模は小さいですが、産物や産地、村や町、家や人の個性が強く表れているといえます。しかし、現在でも、はじめにで紹介した地理的表示（ＧＩ）保護制度のように、新たに地域の個性（生産方法、気候・風土・土壌などの生産地の特性）をとらえなおし、評価・保護する動きが進んでいます。その背景には、同じ規格で大量生産する時代のなかで、他地域の産物との違いを強調し質量を確保する、近世・近代と共通する動きがあると思います。

一方で、減少・消滅した産物も数多くみてきました。環境の変化により減少した鮎・松茸や、経済活動の変化により利用されなくなった桐実です。また、当時の宮内省の方針変更により御猟場は廃止されましたが、現在、猪・鹿は増加しています。このなかで、一度消滅した産物が復活している事例もあります。宇治の喜撰糖は、人々の嗜好の変化により昭和末期に消えましたが、二〇二一年能登椽稲房安兼によって復活しました。このように産物は、人の歴史と同じように誕生・発展・継承・断絶・復活する存在です。日々新しい商品が登場し販売、消費され、消えていく現在にも通じており、歴史から学ぶことはたくさんあると思います。

本書の内容は、京都府立大学歴史学科で刊行している『文化遺産叢書』の論考がもとになっています。二〇〇九年以来、すでに二六号まで刊行され、歴史学科のＷＥＢなどで電子公開しています。これまで取り組んできた府内各地の文書・歴史資料調査のなかでみいだしてきた史料のなかから、地域と産物の歴史をまとめたものが本書です。この調査では、史料を所蔵する各所蔵者、関係機関・団体、調査に参加した府立大学学生・院生、みなさんのたくさんの協力がありました。そして、学生・院生の卒業論文や修士論文の成果も一部引用しています。

また、本書のもとになった史料は、ほぼすべて目録や翻刻、解題などが公開されています。本書で地域の産物に興味を持った方は、より理解を深めていくために『文化遺産叢書』を御覧下さい。史料があってこそ、地域、産物などの歴史を語ることができます。今後、均質化が進む時代のなかで、地域の個性がますます重要になりますが、そのもとになり得るのは、地域の歴史、産物ではないでしょうか。近世・近代における京都の産物の歴史を知ることが、現代に生きるわれわれの道しるべになると考えます。

・協力者・機関（五〇音順）

小室智子　相良直彦　新谷一幸　高井幸左衛門　高橋大樹　中井正寛　中村治　中村公紀　能登掾稲房安兼　波多野眞　京都府立大学文化情報学ゼミ生他院生・学生・卒業生

雲ヶ畑自治会　多門院区　堂奥区　有限会社成生水産　舞鶴市郷土資料館　舞鶴地方史研究会

・初出一覧

一章　新稿　対象史料は、京都府立大学文化遺産叢書一九『京都雲ヶ畑・波多野六之丞家文書調査報告』、二〇二〇

二章　新稿　対象史料は、文化遺産叢書二二『あのころの雲ヶ畑—雲ヶ畑写真資料調査報告』、

二〇二一、同二三『文化財の保存活用と地域コミュニティ』、二〇二二
三章　「近世丹後国加佐郡成生村と漁業―献上・肴米・魚寄―」文化遺産叢書一二『「丹後の海」の歴史と文化』、二〇一七
四章　「近世の道中記にみる宮津・天橋立・成相寺・切戸文殊―宿と名物―」文化遺産叢書五『丹後・宮津の街道と信仰』、二〇一二
五章　新稿
六章　新稿
七章　「幕末・明治期の加佐郡・堂奥村における桐実生産」文化遺産叢書一一『舞鶴地域の文化遺産と活用』、二〇一六
八章　「近代における青谷地区の梅栽培と梅林の歴史形成―城陽地域の「村誌」編纂と物産―」文化遺産叢書六『城陽市域の地域文化遺産―神社・街道の文化遺産と景観―』、二〇一三
九章　「宇治神社の石灯籠と清水屋次兵衛」文化遺産叢書一『南山城・宇治地域を中心とする歴史遺産・文化的景観の研究』、二〇〇九、「御菓子司能登椽稲房と喜撰糖の再現」文化遺産叢書六『八幡地域の古文書と石清水八幡宮の絵図―地域文化遺産の情報化―』、二〇一〇
いずれも、一部改稿、追加しています。

東　昇（ひがし　のぼる）

京都府立大学文学部歴史学科教授。

愛媛県大洲市生、岡山大学文学部・京都府立大学文学研究科・九州大学大学院比較社会文化研究科で学び、愛媛県歴史文化博物館学芸員、九州国立博物館研究員をへて現職。

主な著書：『対馬・宗家と安徳天皇陵―「宗家文庫」の新資料―』（交隣舎、二〇一四）、『近世の村と地域情報』（吉川弘文館、二〇一六）、「大洲藩の狩―御鷹野場と生業―」『鷹狩の日本史』（勉誠出版、二〇二一）。

京都の産物――献上・名物・土産

二〇二三年三月三十日　初版発行

著者　東　昇
発行者　片岡　敦
印刷　製本　モリモト印刷株式会社

発行所　606-8204　京都市左京区田中下柳町八番地
株式会社　臨川書店
電話（〇七五）七二一―七一一一
郵便振替　〇一〇七〇―二―八〇〇

落丁本・乱丁本はお取替えいたします
定価はカバーに表示してあります

ISBN978-4-653-04564-9 C0021